走出唯一真理观

陈嘉映 著

前记

经青年朋友王远哲鼓励催促，又编了一本集子。近年来很少发表文章，收集在这里的主要是一些对谈、采访、讲演。分成三个块，第一块是没有什么主题的漫谈，第二块大致围绕我这些年出的几本书：《哲学·科学·常识》《简明语言哲学》《说理》《价值的理由》《何为良好生活》。第三块是关于读书的漫谈和书评。

采访、对谈，表达比较松散，有些话一时兴起，所说的也有不少重复，编订时改动较多，有时删繁就简，有时把相近的内容加以整合，所以，发表在这里的篇什可能与最初的模样差异不小。

有些篇什在刊物上刊发过，刊发时因篇幅限制等缘故或有删削，这次补全。有些讲演对谈，网上有流布，一则我讲演时不大严谨，二则听众的记录难免残缺或讹错，这里发表的，是我自己认可的版本。

编成这本小集子要感谢很多朋友的帮助，尤其要感谢肖海鸥和吴芸菲，从遴选篇什到文字修订，她们全程提供了协助。

2018年7月于北京

目录

辑一

走出唯一真理观　003
我们不再那样感受世界　035
读懂一两个大哲学家　063
思想增益元气　088
未来之思的臆测　096
聊聊爱情与死亡　107

辑二

哲学关心的是事物的意义　117
漫谈人工智能　138
说理与对话　145
"说理"四人谈　160
反思与过度反思　206
教育与洗脑　241
行之于途而应于心　260

召唤爱思考的人来一道思考	272
关于痛苦与灾难	281
《查理周刊》血案余想	284
起而斗争未必声称"正义战胜邪恶"	290
关于查尔莫斯"语词之争"的评论	298
传心术刍议	314

辑三

漫谈书写、书、读书	321
书是地图,是画,是歌	337
读《知识分子》	342
序阿坚	345
从黎明到衰落	349
无限与视角	354
最好的告别	356
想象的共同体?	358
《绝·情书》序	361
朱利安·巴吉尼《无神论》序	363
海德格尔《存在与时间》导读	365
海德格尔《林中路》导读	389
说,所说,不可说	415

辑一

有不同的道,从前有不同的道,现在有不同的道,将来还有不同的道。重要的问题不是找到唯一的道,而是这些不同的道之间怎样呼应,怎样交流,怎样斗争。你要是坚持说,哲学要的就是唯一的真理体系,那我不得不说,哲学已经死了。

走出唯一真理观

（2016 年 12 月 14 日为"总学馆"所作学术自述）

一、少年

这听起来像是在讲我一生的故事。我写过一篇带有点回忆录性质的文章，叫《初识哲学》，讲我怎么走上哲学这条道路，以及后面几年的变化。要是从更早的时间说起，我小时候就像所有爱学习的好奇的孩子一样，喜欢读书，各种书都读，读小说，读古典小说，读科学的书。我们那时候有一套《十万个为什么》，还有《趣味数学》，诸如此类。

我没有受到精英的少年教育，就是一个普通孩子，出身普通家庭，当时也没有什么精英教育。学习的进度很慢，学到的东西很少，不过呢，就我个人来说，也没觉得有特别的缺憾，因为你一直就在那里，当然主要是玩，玩之余读各种各样的书。而且我碰巧有两个哥哥，一个长我两岁，一个长我四岁。哥哥带着你学东西可能是最好的——这是个小小的优势——他们学物理，学俄语，在你面前显摆，教给你一点儿，你会好奇，跟他们学到一点儿，然后自己闷头再学一点儿。实际上我从小就跟我这两个哥哥和他们班里的同学玩得更多，聊得更多，跟自己的同龄人、同班的同学，聊得反而要少一点。

到上了初中的时候,就像当时大多数所谓学习好的学生一样,兴趣基本上完全被数理化吸引住了,开始读那些科普的书,什么直尺圆规作图,什么量子力学、相对论。很浅的,给中学生读的,但是非常有兴趣,然后就希望自己能够成为一个数学家或者物理学家。课堂上没学到很多,成绩也不一定很拔尖,但那点儿功课你肯定一学就会了嘛,就想知道更多,就去读我哥哥的教科书。中学一共上了两年,初二快结束的时候闹"文化大革命",就失学了。这两年里,我把高一高二的数理化都读完了,就觉得挺好玩的,小孩如饥似渴地吸收知识。这都是史前史了。

然后就来了"文化大革命",关于"文化大革命"当然有非常多可说的,对于我个人尤其如此。1966年5月16号被认作是"文化大革命"正式开始的时间,对于我个人来说,是6月1号,就是《人民日报》发表第一篇社论叫《横扫一切牛鬼蛇神》,早上醒来的时候,家里的收音机、外面的大喇叭都在用那种义正词严、慷慨激扬的语调宣读这么一篇让人吃惊的社论。对我来说,"文化大革命"是从那天开始的,我相信对很多人也是。从那一天之后,很长的一段时间,day by day(一天接一天)我都记得,记得6月1号、6月2号、6月3号都发生了些什么,大概几个月的时间,每一天都出了什么事情。我不细说了,因为不是今天的主题。但是从心灵的变化来说,那肯定是一个很关键的时点。我当时马上就要满十四岁,我想一个少年,本来就在心灵转变的时期,有这样一个巨大的事件发生,必定会对整个的心路历程产生重大影响。

"文化大革命"开始两个月的时候,8月5号,我父母被当作黑帮揪斗,然后上劳改队,对我们儿女当然是更进一步的刺激。另一方面,现在回想起来,也可以说,在心理上,在各方面,让我们成熟得很快。我要看我女儿现在，跟我当时正差不多大，她还完完全全是个小孩子。但是我们当时就好像已经开始在心理上需要给父母某种支持了，他们被莫名其妙地打成黑帮，突然去过他们完全没有想到的那种劳改队的日子。

我哥哥陈嘉曜，他也不知道为什么是个思想非常独特的人，至少在当时是这样。他早在6月中的时候，6月15日，红卫兵运动刚刚开始的时候，他就提出质疑。7月底的时候，他被打成了我们学校的六大右派之一。当时我在师院附中，师院附中也是一个红卫兵运动闹得很凶的地方，可以说压力非常之大。这个压力包括人身迫害，包括死亡威胁，全都有的。所以，我们在那样一个年龄，我十四岁，嘉曜十六岁，就经历到一些特殊的处境。同时，当然也会思考很多。

到了9月初的时候，虽然家里面是那个样子，但我们还是忍不住随着大串联的浪潮，开始跑向全国各地。一个十四五岁的年轻人，忽然有机会可以免费跑到任何你想去的地方，这个诱惑绝对是没有办法抗拒的。一开始还有一点革命的想法，去了解外地的文化革命，把自己的想法付诸实践。不过其实，我当时没什么想法，基本上嘉曜有什么思想我就有什么思想。我说了，在当时，嘉曜的思想非常活跃，在这一点上我是沾了很多的光。

第一次是三个人到北京站，人山人海，上车后，发现那个同伴挤丢了，结果在上海、杭州转了一圈就回来了。再出去，另外的一个念头压过了投身革命的念头，那就是去游历更多的地方，去看看祖国的大好山河。这个念头让我们做出了不失为明智的决定，就是到祖国最遥远的地方去，比如说到新疆去，到云南去。当时看来，绝大多数的人，恐怕都不大有机会离开自己的村子或者县城，我们北京人当然要好一点，但是谁将来还有机会到新疆、云南去玩啊。

当时可想不到以后还有机会去美国去北欧，就想到这样的机会绝对不可错失。这样断断续续往外跑了七八趟，最后一次串联是1967年6月回来的，之后就没有再出去。

到1967年的3、4月份，在北京的中学生里面又兴起了一场大辩论，当时叫做四三派、四四派和老红卫兵这么三大主流。我也算参与其中，仍然是作为嘉曜的跟屁虫，他什么主张，我就什么主张——但你以为是自己在思考。可就在这段时间，现在回过头来看，能看出其实我跟嘉曜的性情并不太一样。4月份有一次我到学校去，进校门之前，两边的墙上贴着各种各样的大字报，像平常一样，我停下来看大字报，赞赏这个观点，认为那是错的，诸如此类的。就这样看了半个钟头，一个钟头，完全无可理喻地，就突然觉得非常无聊，觉得这些讨论、这些辩论都非常空疏。这是个忽然莫名其妙涌上来的感觉，一下子就失去了兴趣。然后我调转车头——当然是调转自行车的车头——就骑车回家了。

从此以后我就基本上没有再回过学校。那年秋天，1967年秋天，复课闹革命了，同学们又回到学校去了，我也没回去——回学校复课闹革命是个要求，但并没有人能管你回不回。反正，从那年四月份以后，我就开始了自己独立的读书生活。当时家里堆了很多很多的书，这些书主要来自我另外一个哥哥嘉明的同学，他们前几个月去抄家，抄出来很多书，《杜工部全集》《李太白全集》《资治通鉴》《史记》《静静的顿河》《安娜·卡列尼娜》，古今中外的这些书吧。我说了我小时候就跟嘉明的同学和嘉曜的同学很熟，他们都知道有那么一个小弟弟，爱读书，他们抄这些书对他们来说没有什么意义，就送到我这儿来。那么这时候，我就开始了我的读书生涯。各种书都读，手里有什么就读什么，当然也读《鲁迅全集》、读毛泽东。鲁迅的书有很强的吸引力，《鲁迅全集》，我记得是十卷，不敢说翻来覆去地读，但是肯定读了不止一遍，在当时能够读到的中国人的书里，大概只有鲁迅能给一个年轻人这样的一种诱惑吧。

总的说起来，我当时的兴趣在今天如果分类的话是在文学方面。也会读一点历史等等，但是不很多。尤其读得少的，是理论书。我叫做理论书或者哲学的，在当时主要是马恩列斯毛，我也会去读，因为人人都在读。但觉得这些书太高大上了，深入不进去，我不在那个等级上。嘉曜读这些书，这就增加了我对嘉曜的钦佩之情，但我自己到不了那儿。

那个时候，好多人还在学校里面所谓进行"文化大革命"，也有不少到处乱逛乱玩的，我呢，住在一间单独的小屋子里面，从早到晚就是读书，或者思考——如果有思考的话。对，同时也写作。十五岁上下吧，我想那样大的孩子是，只要读哪方面的书，就有自己也写点儿什么的冲动，读小说就想写小说，读诗就想写诗。

二、插队

这样的日子过了一年多，当然还玩，还做别的，但是咱们不是说读书吗？一年多，到了1968年夏秋之际，开始了上山下乡运动。此前有少数朋友去参军。夏秋开始，我们这些中学生就开始被分配了，去工厂矿山，上山下乡，去建设兵团。内蒙古突泉县的人到学校来宣讲，介绍那边的情况，我去听了，听到在草原上放马，没有电灯，我觉得挺来劲的。当时，很多人想方设法留城里，不得已下乡，很痛苦，我个人不是那样，我从来不是很懂这个世界是什么样子的，我听了插队，一个社员平均40亩地，海阔天空的，我觉得挺好,那种生活有吸引力。所以,我还挺主动地就报名去呼伦贝尔盟的突泉县。

当时,我两个哥哥都有污点,嘉明是老红卫兵,这是个污点,被审查,嘉曜反红卫兵,也是个污点,所以都没有被正常分配。但若去插队,可以走。他们两个也跟着报名到突泉去。我们家兄弟姐妹一大堆,但我们三个好像是核心,忘了,核心这个词不能乱用,我们三个总在一起玩,结果,插队我们也就一起去了,这是1968年9月20号。

插队呢,当然生活很苦。我从小也没过过饫甘食肥的日子,但是也没过过太苦的日子——没肉吃,甚至好长时间没菜吃,拿北京带来的辣椒面干烤大葱下苞米茬子。经历过一点儿小危险,但不是这种日复一日的辛苦,从早到晚的,大太阳下锄地、割谷子、割苞米、掰苞米,没这么干过。不过我那时候不怎么在意过苦日子,因为当时我们志向高远,想的是要把自己锻炼成杰出人物,将来有一番作为。那时候对自己有很高的要求,这些要求中也包括能够过艰苦的生活。所以,别看生活已经挺艰苦,我们还会找更艰苦的事儿去做,比如说冬天到井台上去洗冰水澡,夏天下暴雨的时候去登山,想着牛虻啊、拉赫美托夫啊什么的,想把自己锻炼成将来无所不能的这么一个人。

当时我们读书的热情在很大程度也跟这种心智状态有关,跟当时的志向有关,就是你将来要有一番作为,得饱读诗书。这当然是个糊涂想法,我们都知道刘项原来不读书,可还是以为要有一番大的作为就得读好多书。跟现在相比,那时很难弄到很多书。不过,也够你读的。我从北京带去一些书。另外,很快你就会知道周边几十里都谁是读书人。你会去那里,聊一阵,他会把他的书箱打开,你就会挑你要读的书背走，下次他会到你这里来，在你书箱中挑他要读的书带回去。这是当时爱书青年的交往方式，互相借书，读完了讨论，争论。

说起读书，有一个变化，我开始读哲学书或者说理论书了。怎么开始的，我在"初识哲学"里写过。读起来就一发不可收，可能是我的性情中有某种东西跟这东西还挺投合的。从马克思、恩格斯读到黑格尔，从黑格尔读到康德，从康德一直读到柏拉图、亚里士多德。前几天有个比我小上一二十岁的朋友，我们闲聊，他这几年读哲学，着迷，他一向读书甚多，而且很有想法，他以前更多读的是法学、经济学、文学和历史，哲学他也读一点，但是最近几年，越来越迷哲学，跟我说，这几年，觉得其他的书意思都有点不够，读哲学最过瘾。这个呢，肯定是见仁见智的事，但是我跟哲学看来是有点缘分，当时没有任何需要，也没有任何激励，就是被吸引进去了，难解难分。那是1969年，十七岁吧，到现在六十七不到，但是也算半个世纪了。

本来，你是在琢磨怎样能过得幸福，或者怎样让你女儿过上幸福生活。想着想着，你开始琢磨什么才叫幸福生活。哲学关心的，大致说来，就是何为幸福、何为正义、何为智慧这一类问题，一般说来什么是幸福，而不是具体地问朝鲜人幸福还是美国人幸福——显然是前者喽。不是具体去琢磨怎么让我女儿过得幸福，就此而言，没什么很实际的用处。一般人也会去想何为幸福这样的问题，但浅尝辄止，他有更实际的事情要操心。我想让我的女儿过得幸福，这时候，似乎我已经知道"何为幸福"。

但哲学问题是从这样的具体问题来的，你希望女儿嫁个有钱人，这样比较幸福，可她偏要嫁个穷学者，她觉得那样她才幸福，你跟女儿各说各的道理，这时候难免要引到究竟什么算是幸福这样的考虑，是一些确定的条件保障了幸福呢还是依着自己的性子去做才算幸福？这样的思考常被称作"概念分析"、"概念考察"，更少误导的说法是"概念层面上的反思"。更少误导，但有点儿绕。

可以说哲学问题是一般问题，比较抽象。但这么说也容易误导。人们说到哲学的一般性，往往是这样的意思：哲学家谈论幸福，不是这个人那个人的幸福，而是对所有人都有效的幸福。你不是想追求幸福吗？我教给你追求幸福的一般方法，不管你是谁，不管你是男人女人老人青年，做 IT 的还是捡垃圾的，我教的是获得幸福的普遍方法。这种抽象普遍性很容易会混同于概念考察的普遍性，好多人心目中的哲学，就是这种东西，在我看，这种东西最无聊，差不多可以说是骗人的。

哲学家琢磨这样一般的问题，平常人不大去想这些，他有他自己的想法，不用去思考，他认定了自己所认的幸福就是幸福。但有哲学倾向的人，比如我，就对这些一般的问题特别着迷，有点像有些人碰到数学问题就特别着迷，有的人碰到数学问题就闪了。

哲学而外，我也学好多别的东西。数学、物理、化学、天文学、经济学、中国历史、外国历史。文学自然还读，读不少。还有外语。先学俄语，我初中学过两年俄语，有一点基础。对俄国文学，对托尔斯泰、陀思妥耶夫斯基、契诃夫这些人的著作非常喜欢，后来还买到他们的全集，俄文全集，其中比如说有陀思妥耶夫斯基的《群魔》，这本书当时还从来没有翻译成中文。希望能够用原文去读这些书，那么就学俄语。不久又开始学德语，对哲学的热情越来越高涨，当时心目中最高的哲学就是德国古典哲学，从康德到黑格尔，于是希望能够用原文去阅读他们的著作。也不止他们，我对歌德和席勒也特别着迷。我学德语学的是哑巴德语。1972年在北京的时候，一位德语老师对着音标把基本的读音教了一遍，接着我就带着一套教科书、一本语法书和一本词典跑回农村，把一本词典从第一个词背到最后一个词，把语法书从第一页读到最后一页，然后就拿出歌德开始阅读。外语不该这么学的，应该从好好发音开始。但是有什么办法呢？自己编造了一套似是而非的德语发音，因为背单词的时候你总要读出来才记得住。单词后面注有音标，老师当时教过音标，但你没有录音设备，只是记在脑子里，一来二去就走样了，我读出来的德文，是全世界只有我一个人听得懂的德语。当时也无所谓，因为当时根本没去想今后可能会跟一个德国人说德语，念出来，唯一的作用就是能够让你记住单词而已。学外语，当时只想到一个用处，就是阅读原著。再后来学英语，差不多也是这样，后来在美国待了八年，仍然说不了很好的英语，也写不了很好的英语，但我学了不久就能相当流利地阅读了。

年轻，没到删繁就简三秋树那种境界，学得越多越好。由于无知，起点低，学东西就显得特别快，读了一本世界史，一下子了解了好多新事情，这让人很兴奋，也特给人信心，好像自己在突飞猛进。其实只因为先前啥都不懂，这种兴奋，这种信心，现在看起来挺可笑的，但当时的确是鼓励青年的心灵不断向上的动力。当时要是像现在这样，知道天下的学问你就是花一辈子也学不到一星半点，可能就没那么大激情了。还有一种动力大概是虚荣吧。你想年轻人嘛，要跟别人比，比别人多知道一点。回北京度假的时候，各地回来的同龄人聚到一起，谈天说地，谁知道的更多，也怪让人得意的是吧。

三、回京与北大

到了 1975 年、1976 年，"文化大革命"还没有结束，但人们对"文革"的态度已经大不一样，至少在北京青年当中，很多年轻人对现状高度不满，觉得一定要有所改变。在 1976 年，这应该说是优秀青年的共识——年轻人中间，差不多就是拿这种见识来评判一个人是不是足够优秀。

从历史看，1976 年是个根本的转折点，这个大家都知道，我简略说一下。1 月 8 号，周恩来逝世，天安门所谓十里长街，老百姓违抗官方意愿在寒风中目送灵车开过去，没有多久就爆发了"四五事件"，从悼念周恩来开始，没几天就发展成明确反对当局的运动。这在当时不可思议，快三十年了，从来没有这种大规模的自发的政治表达。7 月底，唐山大地震，朱德逝世，9 月，毛泽东逝世。毛刘周朱（毛泽东、刘少奇、周恩来、朱德）三个是在 1976 年死的。毛去世后没几天，华国锋就把"四人帮"抓起来了。事件发生的密集度有点超乎寻常。我那个时候二十四岁，是对世界相当敏感的年龄，眼前的转变不亚于 1966 年那样的转变，不同的是，1966 年我还懵懵懂懂的，而这个时候，我对中国对世界已经有明确的看法。

在那之前，我们插队的地方几乎所有的同学都已经走了，去当兵的，去当工人的，去当教师的，病退回北京的等等，我们青年点只剩下我一个人了。另外我一个好朋友于洋的青年点只剩下他一个人了。我们在农村已经待了八年，跟当地的乡土社会或者说当地的豪强社会已经相处得非常之好，因此生活过得在那个时代应该说是非常好了。你跟老百姓关系好，跟官员的关系好，你跟粮站的人关系好，大米白面，你要他们就提供给你。我和于洋都在中学教书，不用下地干活。你有一帮学生，学生喜欢你，甚至崇拜你，是个很好的环境。我跟于洋本来不想回北京，但周恩来逝世后，听到老百姓在长安街送灵的景况，我们觉得中国要发生剧烈的改变，觉得这个时候我们在塞北这么一个偏远的地方过着这种安逸的日子，似乎有点不太对头。我们就商量回北京，办了手续。那时候想回北京已经不太难了，你说你是高度近视，无法种地，县里的医生跟你熟，你说你一千度就一千度。各级政府也不刁难你，你只要有个证明他就给你办了。那么我们就办理了病退手续，回北京了，1976年后来发生的事情，我在北京，都经历了。

那一年发生了很多大事，那一年的情绪像过山车一样，一时高涨，一时沮丧，但我尽量把握住自己，不间断自己手头的事情。我有个想法：天下滔滔，时局动乱，但自己要沉得住气，不能不断兴奋，荒疏了自己的学业。每一场运动都像一场大潮，把很多人卷进来，往往，海潮退去，满地不过一些瓦砾而已。

在1976年、1977年的时候，可以说整个社会有个共识：事情不能再这样下去了，这个制度不能再这样继续下去了。上到中央最上层，中到所有的干部、知识分子、爱思考的工人，都有改变现状的强烈冲动。这是一种能量极大的共识。剧烈的改变是完全无法避免的，虽然在具体的改变上，会因为你在冲破一个体制，还是会有延迟，有阻碍，等等，但是，中国这个大钟摆摆到了一个尽头，它往回摆的总体的势能确定无疑，别说我现在回顾，就是在当时这一点也已经相当确定。

下一年，1977年，对我们这代人来说，最大的事情是恢复高考。这件事改变了整整一代人的命运。那真是天下英雄尽入彀中了——不是这个意思，但是有这个效果。大学的恢复，第一批就是我们所谓的77级、78级，这给了有为青年一个十分现实的施展抱负的进路。大家都想有所作为，但是作为啥呢？那时候没有商业，你不可能去开个公司做个企业。当然，你可能当个车间主任，当个小学校长，或者在农村做个大队会计，但是一般来说这些人的抱负要高于这种预期。他们期望到更高的位置上，到更高的层次上去做事。进大学开放出了这么一个非常清晰的路线图。至少对77级、78级来说，无论是他们自己，还是当时的决策层，显然不只是把他们当作普通大学生招进学校，多多少少类似像黄埔那种设想吧，要把精英青年拢集起来，学点儿这个那个，然后投入社会去建设一个人们还不知道怎么应付的新的时代。

旧的时代是要过去了，但是新的时代是什么样，要干什么，都不知道。在大的方面，大家可以说心思是在往一个方向使劲，我说大家指的是从青年到老年，从党内到党外。但是很快就显现出一些差异，这些差异当时还不是那么对抗，但是已经看出来，最简单的说就是有的思想更激进。各种分歧已经开始了，但总的来说，当时的矛盾还没到要把我们民族的整个方向分离开来这样一个程度。

回来说我们大学生。我说了，其中很大一部分人是有为青年，本来就读书上进，但这个读书跟后来所讲的做学术还离得很远，读书往往更多跟做一番事业连在一起。学经济的非常典型，他一边如饥似渴地学习那些在中国被中断了几十年的知识，一边非常关心具体的经济政策。当时的决策层也求贤若渴，希望这批年轻人尽快学成，来为经济建设出力，哪怕还没有学成就要他们来献计献策。学理科的、工科的，也有很多后来去做企业了，去从政了。

我是77级的，考的是北大西语系，我当时想象没什么人会德语，人家一看居然有这么个会德语的，赶紧招进来吧。但是我已经说了，我只会书面，不会说，差点没考上。不管了，最后人家还是收了我。1978年2月份进校，不久恢复了研究生招生，我就去应考，进了北大外哲所。我二十五岁了，自己挣生活费八年了，当大学生回过头来依靠老爹老娘养活，不太好意思，考上研究生，是领工资的。北大外哲所的所长王老师从哪儿听说有那么一个人读了点哲学书，辗转托人找到我，鼓励我去考他的研究生。其实我跟王老师的各种看法都不一样，但那个时候，上一代的这些先生真是惜才，我们这代人回忆这段时期，讲到入学，讲到第一篇小说的发表，或诸如此类的，差不多都会讲到哪位伯乐费心费力提携后生。

到外哲所之后，根据所里建议，我没有跟王老师读苏联马克思主义，而是跟熊伟读海德格尔。熊伟先生很少跟我谈哲学，我们常见面，听他讲他求学的经历，他对一些事情的看法。对我的学业，他提供一般的指导，让我去读《存在与时间》。这本书难读，我一边读，一边用中文做摘要，变成汉语之后感受来得更直接，用德文来理解总觉得还隔了一层。这本书，熊先生已经翻译出其中最重要的章节，全书83节，他翻译出大概12节，这12节是最关键的。我做的中文笔记多半沿用熊先生的译名，有时候也会根据自己的感受和理解另创译名。熊先生读到或者听到，他就会说，这个译名不错，比我那个译名好，或者，不说比他的好吧，但至少可以一试，诸如此类的。熊伟先生对我很宽容，总是鼓励。

到这个时候，就是1978年、1979年的时候，我读哲学也快十年了，但谈不上什么学术。要说学术，坦率说，我们这一代人先天不足。我们年轻的时候，谈不上有任何学术环境。我好学努力，但仅此不足以造就学术家。我们这一代人很少有谁敢自称自己的学术做得如何的好，像李零那种成就是个异数。能把学术做好的，应该是比我们年轻至少十岁到二十岁的。但也分领域，在哲学思辨这个领域里，我不觉得单单做学术有多大的意思，有人可能觉得有意思，但我个人没这个兴趣，实际上，我觉得当今的学院哲学在向更无聊的方向发展。不仅在中国，外国的学院哲学也是如此，只不过，它再无趣，它还是在它那个传统中汲取问题，但我们再去捡人家的残渣，当然就更无趣了。

我就是为己之学，这书有意思，我就读，读了有收获，我就高兴。也自我膨胀，写书，写自己的思想，但也没打算发表。反正，就是民哲，野路子。要把它当作学术道路来说，那可以说走的是弯路和歧路，我走了十年，走正规学术道路的年轻人可能两三年也会比我强。当然，野路子有野路子的乐趣，有它的心得，反正我就这么走过来了，改也改不过来了。

到后来，我发现我也不完全是民哲。区别在哪儿呢？我琢磨了好多年，最后我想，这跟翻译《存在与时间》有关系，那是个磨人的活儿。民哲读书，只为引发自己的思想，读得对不对他无所谓，可你做翻译，实实在在的，得先把别人弄懂。

要说做学术就是发表专业论文，成为一个什么教授，那我并没有打算做学术，这本非我的初志，不是我的兴趣所在。但是，自然而然这个要求就来了，你读了硕士要写个硕士论文吧，论文得有脚注吧，引文得规范吧。你可以随意读哲学书，你说我大致读懂了，可这还不是太够。你要能够把你弄懂的东西写出来，比如写一篇关于海德格尔的论文，这跟聊天侃山不太一样——我读了海德格尔往这儿一坐跟你们侃，我读过你们没读过，当然我说什么是什么，但是，写一篇文章，你要落地，印出来，这东西有案可查的，你每落笔是不是还得小心一点，这里那里还得再查查、再想想。我开头得太晚了，但进了学院，还是要满足学术的最低最低的要求。

我们这一代人，幸或不幸，经历了不少事情。人类的生活形式本来就转变得越来越剧烈了。我的思考从来没有完全地脱离我所身处的这个世界，无论是世界格局的变化，还是我身边人的沉浮生死，就此而言，我作为一个爱思考的也只会思考的人，我觉得还是蛮幸运的。

读研究生那几年，没怎么上过课，但有一个收获，就是结识了不少非常优秀的同代人。比如哲学系的研究生胡平，我们很谈得来，无论是在政治观点上，在问学上，都有很多共同语言。1980年，大学里开展了民选人民代表的活动，涌现出了一批有抱负的品质也相当高的年轻人，好些人都是那个时候认识的。

三年很快过去，写了个硕士论文，注解不规范，论文没通过，后来修改之后，第二年过的，这些不说。毕业后，我留北大，是熊伟他特别希望我留在北大外哲所。我呢，在这些事情上，一向无可无不可的，留就留了。毕业不久，去西安参加一次现代哲学讨论会，结识了赵越胜、徐友渔、苏国勋等一批朋友，他们多数还没毕业，还在读研究生。回到北京以后，这些朋友经常到我家里聚会。那时我已经结婚了，住在黑山扈，在颐和园北边，这间住房本来是一个小学的教室，大概21、22平米，在当时住家里算很大了，把床板立起来之后，能够容纳下二三十个人喝酒聊天。有些是每次都来的，有些，如我的研究生同学岳长岭他们，有时也来。除了漫无边际的议论，年轻人在一起，肯定也想做点事。当时已经开始有了《走向未来》丛书，金观涛他们做的，还有汤一介他们做的国学的研究也是一块。我们这些人，当时主要的兴趣是在西方哲学这一块，也想做点类似的事情。但是，一直到我出国，基本上还停留在议论的阶段，我出国之后，他们在甘阳的主导下办起了"文化：中国与世界"这么一套丛书，还办了个相关杂志。这群人里头，甘阳最有执行力，对学术潮流也最有洞察力。

四、留学美国

1983年秋天，11月下旬，我到美国去了。此前，熊先生去参加一个国际会议，认识了一位美国教授，叫做 Joseph Kockelmans（约瑟夫·科克尔曼斯），Kockelmans 特别迷海德格尔，他听说中国居然有一个年轻人在翻译海德格尔，高兴极了，邀请我到美国去跟他读博士。当时大家都很想出国，给我这机会我就去了，到 Penn State（宾州州立大学）投在 Kockelmans 门下。

到美国后第一件事是要把你的知识从中文转到英文。我原先也读一些英文原著，但主要还是读翻译的东西。到了那里，写 paper 或者参加讨论，当然都要用英语。我的英语当时还算是比较好的，但还是比较烂，跟现在的年轻人比，完全不能比。那么，提高英文，把哲学史知识什么的转化为能够用英语表达，这个占了一大块时间。

然后是听课。我在北大读研究生的时候，没怎么上过课，当时在北大讲的这些课，大多数还是非常老套的，基本上学不到什么东西。这里不同。Penn State 虽然不是顶级大学，可也有几个著名教授，Kockelmans 是一个，还有 Stanley Rosen（斯坦利·罗森），还有 Alphonso Lingis（阿尔方索·林格斯），都是在美国很有影响的哲学家。他们开的课对我来说很新，比如罗森讲柏拉图，走的是细读文本的路子，Leo Strauss（列奥·施特劳斯）那个路子，列奥·施特劳斯现在大家都很熟悉了，罗森是他的学生。我们以前讲柏拉图，讲讲理念论啊什么的，他讲柏拉图不是这种讲法，他拿着文本一句一句讲，把希腊的生活、希腊的思想背景连到一起来讲，一个学期可能只讲了几页的那种。柏拉图我读过，但是对我当时来说，这完全是一种新颖的读法。林格斯是做法国哲学的，讲拉康、德里达、福柯，这些对我来说几乎是陌生的名字，他已经研究有年，这些后现代的思想，对我当时来说，显得非常之古怪——我们好容易从我们的那个时代走出来，读了西方正统的哲学，现在这些稀奇古怪的观念突然涌现出来，实在是有点不知所以。因此，这些课程我都蛮感兴趣的。福柯的《知识考古学》好像刚刚翻译成英文，同学们就在一起读。

一边有这些事情，一边继续翻译《存在与时间》。到美国前已经翻译了一半，到美国后继续翻译。译好的稿子复印后寄到国内，我的师弟王庆节、王炜提修改意见。从一开始他们就跟我一起讨论译名，讨论一些句子的译法。

到美国一年多，要考 Comprehensives 了，就是博士资格考。可能大家也知道，美国的博士资格考是个挺严厉的考验。我的博士资格考是在 1985 年夏天，到美国也就一年半的时间。准备博士资格考这段时间，我主要是读维特根斯坦。维特根斯坦早就读过一点儿，但就像几乎所有初读维特根斯坦的人一样，一方面几乎是一句也读不懂，另一方面就觉得里面有东西，被他吸引。这次有点儿读懂了，于是更放不下手，也不管它备考不备考了。好在哲学史我本来比较熟，这时候也大致能用英文来表述了。

考过 Comprehensives 之后，按道理说，应该开始写博士论文了。可这时候，接到国内朋友的请求，要我写一本海德格尔研究。那时候，甘阳他们已经做起了"文化：中国与世界"。你们大概知道，甘阳一直有这个雄心，就是做中国的文化领路人。现在有了"文化：中国与世界"这么一个实实在在的平台，那是他施展抱负的一个很好的平台。我说甘阳，实际上他当然是跟赵越胜、苏国勋、徐友渔、周国平这些人一起做，不过我相信甘阳是主要的动力，在大方向上他也起主导作用。甘阳他非常有学术眼光，他读书有时候读一读就知其大意，不一定读得很透，但是对大的局面、大的结构，他有一种敏感。这是文化领袖应当具备的一种能力吧。

他们——或者说，我们——我也是"文化：中国与世界"的主要编委之一，反正，大家看到，中国引进西学，整个架构是扭曲的。整个脉络好像是从马克思倒述，倒述到黑格尔、费尔巴哈，然后是康德和费希特、谢林他们。我们都知道费尔巴哈是个无足轻重的角色，可是在这样的框架里他成了重要的一环。甘阳他们的一个设想是引进一些被忽视的重要著作，最后能向中国学人整体呈现西学的真实面貌。这事儿主要得靠刚踏上学坛的青年学者来做，把这些青年学者纳入麾下，带领他们崭露头角，同时也将改变中国学界的结构和面貌。

在这样一个背景下，他们寄厚望于《存在与时间》。当时的年轻人能拿出一部有说服力的译作还不多，《存在与时间》的分量又特别重，在二十世纪的思想史上占有很重要的地位。这本书是我翻译的，但是这本书的出版完全是靠甘阳、王庆节、赵越胜他们的努力。我们今天可能觉得无非就是出本译作而已，但是在当时，大家的观念还比较保守，这样一本重要著作的出版，出版社挺谨慎的。甘阳他们邀请了熊伟、王玖兴、贺麟等一批老学者看译本，座谈，有他们的支持，这本书才印出来。书是1987年年底出版的，正赶上了八十年代的文化热，首印就五万多册，影响非常大。我今天见到谁，他仍然会说，陈老师，我年轻的时候就读你的书，我问哪本书？《存在与时间》。我不得不纠正说，那不是我的书，是海德格尔的。

甘阳他们当时有宏图大略，要整体上建设中国的思想学术，分三步：第一步是翻译一批重要著作，第二步要写出有分量的论述性的著作，第三步，五年、十年以后，要写出我们这代人自己的著作。到那时候，中国学界就有了自己的东西，在我们的指导下成形了。

我个人没有领袖群伦的雄心，但是朋友们做，当然我也会支持。于是就开始写《海德格尔哲学概论》。全面阐论一位重头的哲学家，写得不是太偏太离谱，当时，我们这代学人里面，现成的也不多。相对来说，我算积累得比较厚的，所处的环境也有优势，我在美国，海德格尔的书，论海德格尔的书，都能找到。我们的编委会对这本书可说寄予厚望，希望它能为"文化：中国与世界"的第二阶段开个好局。

我就这样开始写《海德格尔哲学概论》。从1986年夏末开始写，1988年春天完成，写了将近两年。写这本书，对我在美国的学业安排来说挺不利的。我是在写博士论文的阶段，而这种概论性质的书当然不适合作为博士论文。写这个《海德格尔哲学概论》耽误了博士论文的写作。不过，当时没把一个人自己的学术道路看得那么重，大家还把它当作一个多多少少共同的事业在做。

顺便说说这本书的命运。1988年写成之后，寄到国内，他们就开始排版校订，结果赶上了咱们1989年，一时间想不到出书的事儿，事过之后，你们知道，这书也不能出了。当时比较可怜，没有那么多电子件什么的，一份复印件在出版社，自己手里有一份手写的稿子，可搬来搬去，走南闯北，稿子也没了。谁都没这书了。一直到我1993年回国之后，三联哪位编辑见到这么一个稿子，有这么个叫陈嘉映的人写了这么本书，拿出来请他们信得过的学者看，那位学者看了说书很好呀，应该出。时隔六年之后，书出版了。

五、博士论文与所谓学术转向

完成《海德格尔哲学概论》之后，我是断然不打算论文写海德格尔了。I was fed up with him，够了。我去找我的导师 Kockelmans，说我要换一个题目来写，我说了，Kockelmans 迷海德格尔，他把我弄到美国，为的是要培养海德格尔一系的苗子。他听了这个话，唯一的一次对我发脾气了。发脾气之后，当然，后来就过去了，他是个非常老派的善良的 gentleman，他说我不拦着你，但是你不做海德格尔，我就没有办法带你了，你要另找一个导师。

我想写语言哲学方面的论文，可是我们系没有哪位教授做这方面。我就去找林格斯。林格斯是个很开明的教授，他说我来带，你不就需要一个导师吗？最后我的博士论文导师是林格斯。我跟林格斯很熟，常在一起玩，聊得比较多。他不大把我当作一个博士生，更多把我当作一个青年哲学工作者来看待。他不怎么指导我，他本来也不是做这方面的，是做后现代的，但他读书超多，这个领域他了解的不少，给我推荐了一些书去读。

这时候，1988 年夏天，我母亲诊断出胃癌，我就回国来陪母亲，一直待到 1989 年 5 月份，我的签证要过期了，我才回的美国。1989 年的事情，我大半在国内经历了。在国内的大半年里，读了不少材料，一回美国就想赶紧完成博士论文。我觉得读博士的时间有点偏长了，急于想结束学业。匆匆忙忙的，几个月，把论文写完了。结果，一读没通过，像我的硕士论文一样，也是隔了一年之后经过修改才通过的。论文的确写得不好，前面说到，我在读博期间，译完了《存在与时间》，写了本《海德格尔哲学概论》，用在准备论文上的时间太少，用英语写作我也费劲。但我当时实在无心恋战，一心想把这个博士论文交差，交了之后，不管是不是拿到 Ph.D，该去做别的事情了。不过，几位答辩导师认为论文通过是没问题的，只有一个，the Second Reader，Lachterman，他投了否决票，其他几位导师说你就按他建议的改一改，他说要改，你也改了，就完了。我做了不多的修改，几个月后再次答辩，就通过了。

常有人问我是怎么从海德格尔转向维特根斯坦或者转向分析哲学的。在我自己看，几乎没有这样的一个转向。我一开始读海德格尔，也没有准备去做海德格尔的学术，像我的导师 Kockelmans 那样，以海德格尔哲学为归宿。我只是觉得他的思想博大精深，有感召力，我可以从他那里学到很多很多东西。我学无专攻，并没有特别想做哪个流派的哲学，我也从来没有自称是现象学学者或者分析哲学家，我就是对一般的哲学问题感兴趣。我已经说到了，我花好多年读海德格尔，这本身有点偶然，至少不是一开始我有这样的学术计划。我在北大外哲所精读海德格尔，是因为我在跟熊先生读研究生，精读细读，深受吸引，就读进去了。既然读他，何不好好读？不仅如此，学院环境也要求你在一个阶段里比较集中攻读某个哲学家——你得拿出"研究成果"，至少要把硕士论文写出来吧。接下来翻译《存在与时间》，再接下来写本讲海德格尔的书，那就得继续读海德格尔。那可不就越读越多。不夸张，我是把海德格尔当时出版的所有的著作都读了，论述海德格尔的二手著作不敢说都读了，但是都翻过吧，重要章节还都是读了一下，大概是这么一个工作量吧。读懂海德格尔也的确得花个几年时间。一来二去，差不多十年，一直到1988年，反复读海德格尔，成了半个海德格尔专家。这之前和这之间，我自己有很多想法，我觉得跟海德格尔的很多想法相通，读海德格尔颇有助于我把自己的一些想法成形。对我来说，我就只想弄清楚一些问题，至于读谁，通过谁去弄清楚它，一开始在你读之前，不是一个至关紧要的问题。但是你一旦读进去之后，你难免就会深深地受到这些思想家的影响。在这个意义上，你不由自主地选择了一个路径。

要不是这些工作，我想我不会读海德格尔一读就读十年。我个人是觉得人生有限，还有那么多好东西要学呢，黑格尔、康德、柏拉图、亚里士多德……人生没那么多个十年。我以前读鲁迅，鲁迅全集，也许加在一起也没超过一两年。

虽然攻读海德格尔对我很重要，但我没想要成为海德格尔专家，没想着一辈子研究海德格尔，或别的谁。一旦把《海德格尔哲学概论》写完，我就赶紧去干点我好几年想做而没来得及做的事情，尤其是读维特根斯坦。可以说，这个愿望一再推迟。维特根斯坦我早就很想精读，但像上面说的，我的实际工作进程没给我留下大块的时间，现在有了点儿空闲，我就去攻读维特根斯坦。要读维特根斯坦，必定要读一点儿一般的分析哲学和语言哲学。这样就显得是在学术志趣上有个转变。别人也许觉得我有个转变，我自己不这么看，不觉得那是学术志趣的转变，我本来也没有什么学术规划，只是跟着问题走。我的思考发生过哪些变化，这个我自己不大知道，应该是别人看得更清楚。我自己一直追索自己的问题，"一条道走到黑"，但别人也许会判断说我的想法变了，内容、重心、方式发生了变化什么的。海德格尔和维特根斯坦读得多，因为他们对我最有吸引力。在读海德格尔的时候，读维特根斯坦的时候，有很深的共鸣，能够更真切地感知到他们的思想内容。斗胆说一句吧,跟他们形成了一种对话关系,自己的思想在跟他们对话中展开。我也会说,这两位是二十世纪最重要的哲学家,不过这个见仁见智。而且,谁更重要,这事儿本身并不那么重要,重要的是你学到了些什么。

六、走出普遍主义

总之,对我自己来说,无所谓从海德格尔转向分析哲学。要说转变,思想的总体倾向倒是有转变。是什么呢?简单说,是走出普遍主义。我一开始读哲学,是读黑格尔,后来一直读到柏拉图,不管读得深浅,但是大致是在这样一个思想框架和精神框架下思考的。简单说,有一套终极的真理或者唯一的理念,其他的都是这样的一个一的分殊。可以说是普遍主义的或绝对主义的。后来我渐渐离开了这种普遍主义。我不知道这个转变是啥时候发生的,也说不上是在哪一位的影响下发生了这种转变。1975年之后,我读杜威、威廉·詹姆士,读罗素,后来读海德格尔,读维特根斯坦,渐渐地,离开了唯一真理的想法。有不同的道,从前有不同的道,现在有不同的道,将来还有不同的道。重要的问题不是找到唯一的道,而是这些不同的道之间怎样呼应,怎样交流,怎样斗争。你要是坚持说,哲学要的就是唯一的真理体系,那我不得不说,哲学已经死了。不是我说的,二十世纪好多哲学家这么说,比如海德格尔,他晚年有篇文章就叫做《哲学的终结与思的任务》。

我认为在西方哲学史上,一直到德国古典哲学,一直到马克思,普遍主义是主流,我认为到尼采之后,到这个世纪比较有代表性的思想家,像海德格尔、维特根斯坦,开始松动真理唯一性的传统。

这样的思想家也许仍然是少数,但这第二类思想已经有了丰富的思想资源。当然了,这种思想资源远远超出二十世纪,你可以一直回溯到古希腊——这个思想资源一直在那里,但它不是主流。

海德格尔说,永恒真理是基督教思想的残余,我们也蛮可以这样说唯一真理体系的观念。年轻时读观念史,都说比起多神论,一神论是一种进步,后来我越来越不明白了,一神论在什么意义上是种进步?近世以来,唯一真理的观念又有科学真理观的影响。科学追求唯一的真理,而人们由此认为,要么只有科学能提供真理,要么其他真理也都像科学真理那样是唯一的。这两种主张我都不同意。

我从普遍主义转开,这可能跟我的政治思想也有点儿联系,在政治观上,我也不再信从唯一真理。我年轻时候对专制政体深恶痛绝,对民主无限憧憬,认为民主就是人类的目标——无论要经历多少艰难困苦、挫折和倒退,人类社会最后要归于民主。但八十年代之后,我不再认为历史有一个必然的目标。我个人始终向往民主,进入近代以来,我看不到什么别的政治体制能够比民主制度更优越,想不出如果没有民主,近代世界会是一个什么样的世界。民主带来的远远不止于经济增长上的成就,还有文化艺术方面的成就,还有人与人的关系的成就。就此而言,我的想法没什么改变。但我不再认为无论哪个国家,无论处境如何,都应该采纳这种制度。民主是不是人类政治制度的最后归宿,我也不那么肯定了。民主制度是十六七世纪以来在西方生长起来的,那时候,西方开始主导整个世界的走向,二战之后形成的世界格局大致和平繁荣。但这个格局我个人认为正在扭转当中,由西方主导世界的局面将一去不再复返。这个转折是全方位的,经济的,政治的,文化的。二战结束的时候,美国一国的经济总量占全世界的一半。苏联解体的时候,自由主义似乎完胜，福山甚至认为历史已经终结。这简直成了笑话，看看这二三十年以来世界的政治经济变化吧，民主制度还说不上在衰败，但它的生命力远不像从前那么强大了。会不会有另外的制度更适合新的社会状况？会不会有一种新的政治形式或多种政治形式代替民主，成为将来的主流，或者干脆就没有主流，这些可能性我现在觉得都是有的。这些可能性也许来，也许不来，我不知道。

我说代替，并不是说新的可能性一定更好。我不是进步论者。适应性不一定是好的，适应性在一个意义上当然是好的，但在另一个意义上不一定是好的，蟑螂比熊猫更适应地球的环境。你要是站在公元前后的罗马展望此后的一千年，你不见得会为将来欢欣鼓舞，你倒可能感到挺焦虑的。

我倒也不是悲观绝望。乐观和悲观，其实都跟长程历史没多大关系。这也是我的想法的一个转变。刚才说到，我们一代人的抱负，总跟社会有关，跟政治有关，希望能够对社会有益处，最后实实在在改变这个社会，使这个社会向我们所认为更可欲的方向发展。刚才也讲到，最初，我会认为社会的发展有一个确定的目标，就像黑格尔或马克思所设想的那样，无论什么道路，逐渐会归聚汇到这样的一个目标上来。我们个人的追求要跟历史的发展相应，历史会往这个方向发展，我们个人就往这个方向去推动历史的发展。但是，后面，八十年代之后，我的想法不同了，大概意思是说，历史并没有这样的一个终极的目标，历史会沿着意想不到的道路去发展。历史的远景我们看不清楚。技术发展会带来意想不到的社会变化，人工智能、基因编辑，它们的影响，你们年轻人比我感知的多。历史的远景我们看不清楚，不必投入太多的情绪。

实际上，小到个人的一生，大到世界的历程，不一直是这样吗？让我们憧憬，让我们焦虑，让我们的一些希望失望了，让我们的一些恐惧成真了，也让一些我们意想不到的美好事物产生了。我觉得我们的行动，我们做什么，我们怎么做，不能够过多依赖我们对世界大势的判断，这些判断几乎从来都是错的——大势的走向倒不一定跟我们判断的相反，但世界总是提供了很多我们事先没想到的可能性。

从前，我可能倾向于把自己的政治理想投射成人类发展的方向，现在，我不是这样来思考政治和历史。没有像柏拉图理念那样的一种政治理想，更需要了解的是实际的历史进程，我们眼下的实际社会状况。我们并不是看到了历史的最终走向，把所有的努力归拢到一起来促进历史发展——即使真有这么个走向，它还可能是我不喜欢的走向呢。引用长程历史走向来为政治行为作证都是伪证，几十年里发生的事情就够我们用来做判断了。我有时候会跟周濂交换这方面的看法，我们有很多共同语言，要说不同之处，可以说，周濂更多关注政治哲学、政治理念，我更多关注政治史和实际的历史吧。

但这样一来，个人跟历史还有什么关系呢？如果你说的是长程历史，那我干脆说，没谁能看清他跟历史发展的关系。所以，我们不要把我们要做的事情过多地跟历史的大趋势联系在一起。我们要把我们做的事情拉近到你大致看得明白的地方来——你知道这是好的，你不知道它终极是好的。你知道它是好的，你知道这是你应该做的。它不是什么千秋功业，但它是实实在在的思考和行动。

我希望我这么说不是完全胡言乱语。我针对的是过去的那种历史观，把我们个人的所作所为融入到那种整体的历史发展中去。历史往哪里发展，一千年后的事，我们真的不知道，但眼下有些可能性，我们能看到一点儿，我们就我们所能看到的去做一点儿。我们的认知十分有限，我们努力放开自己的视野，但我们仍然不知道太远的远景是什么样子的。历史也许有些大趋势，例如，技术越来越发达，成指数进步。例如，近几个世纪，整个世界向平民化发展。但这跟你要做什么没啥关系。我想说，不管你的政治立场是什么，你的历史观点是什么，更多的从那种大的历史观拉回来，拉到一个你比较有把握的认知中，以此来塑造和调节你个人的生活和事业。

这并不是说，历史就这样发生了。如果历史就这样发生了，我们还去阅读和研究历史干吗？最多只是满足好奇心而已。我们读历史，因为历史拓宽了我们看待现实的视野。我们读千年的历史，并不是为了看清历史的总体走向。在人类的整体发展中给自己找个位置，这只能是幻觉。历史教给我们更具体而微的东西，让我们更真切地了解我们自己的处境。

七、回国与写书

我是1993年回国的，那时候，中国的文科衰落到了底点，大家都知道的。哲学系招生，门庭冷落，回想恢复高考那几年，很多精英青年争着进哲学系，那几年招收的哲学生里，后来出了不少人物。当时文科特别悲观，悲凉之雾遍被华林。我个人倒觉得事情不会一直这样下去，文化热是过去了，但中国那么大，林子大了什么鸟都有，这话本来是骂世的，但你也可以反过来说这句话，那么多人，哪怕百分之一、千分之一、万分之一，还是会有好多人热心哲学。

实际上，我回国的时候，已经开始了思想上一个小小的小阳春，很多人出国了，散到商界去了，但还是有些人，人还在，心不死。朋友们又在想办法办杂志，努力恢复一点儿八十年代的那种思想气氛。朱正琳、梁晓燕他们在办《东方》杂志，找我写文章。过去的写手不少人流落国外，或者转行做别的去了，新的写手还没长成。那几年我写了一些小文章，还写书评什么的，写得比后来多，后来写的更像学术性的。我大概不是那么要成为作家，更爱做点儿钻研，一个问题想好多年那种，主要是写笔记，不是写文章。

回国不久，王炜张罗我回北大教书。讲讲海德格尔，讲讲维特根斯坦，讲讲语言哲学。有些学生常来听课，张华、周濂、陈岸瑛、陆丁、刘畅、李旭……他们小我二十岁，但在一起蛮谈得来，亦学生亦友。

后面没什么可讲的了，就是教书，读书，写点儿东西。我曾经说，中年以前人有故事，中年以后就是干活。华师大的郁振华读过我的不少东西，独独对这句话印象最为深刻。人到中年，要做的是一项一项地干活。九十年代，前面说了，先把《海德格尔哲学概论》出版了，在系里领了个任务，写了本《语言哲学》。讲维特根斯坦的时候，顺便把《哲学研究》译出来了。接着出了一本《哲学·科学·常识》。后来又出了几本书，《说理》《何为良好生活》，还有什么。

这些书，有人说这本比较专业，那本比较通俗，也许是这样，但是对于我自己来说，区别不大，都是有一些让我自己困惑的问题，经年累月思考，自觉有了比较连贯的思路，就写出来了。这跟报章杂志上的文章不一样，你不仅需要这里那里有一点心得，你要能够把这些想法联系到一起，这就要求你对一个问题或一套问题沉浸较长时间，系统阅读，长期思考。刚才说到，这些多半是概念层面上的困惑，何为正义，何为美，何为知识，何为生，何为死。大多数人在这个层面上思考得少一点。

比较起讨论热点问题，我更偏向于这种坐冷板凳的活计。朋友们在做更重要的事情，从商的，从政的，做媒体的，各种事情。很多重要的事情在发生，重要的事情需要人去做，但坐冷板凳的事好像也需要人来做。做这种事情，碰巧我还算适合，我比较坐得住，而且我碰巧就已经在做着了。坐冷板凳的人还有一些，有的人在做近代史，像杨奎松、沈志华，有的人在做考古，像李零做古文献。这些人做的工作我佩服得不得了，他们的书我特别喜欢，他们的书我说不定全读过。我做的这一块，我没有见到很多人在做，我碰巧做这一块，为什么不好好去做呢？

我算相对认真的，但这些书每一本都写得不太好，每一本，刚写成就觉得应该重新写过，比如说《语言哲学》，我一直想改写，后来终于从头到尾改写了。也许每一本都不该急着出版，还不够成熟就出版，有种种原因，从我自己这方面说，一个题目，一时也就做到这里了，想放下，想把在另一个领域里的思考整理出来。这些不同领域有内在理路上的联系，比如说，语言领域的工作，哪些属于思辨，哪些是要去实证的，这背后是哲学和科学分野的大问题。再比如，思考伦理问题，人生问题，这些思考有真理性吗？抑或你只不过是把你所钟爱的一些价值用似是而非的论证来作装饰？这就要去考虑说理和论证的一般性质。你是在说理呢抑或各自在为自己的价值观鼓呼？一个问题引向另一个问题，我在一个领域工作一段时间，放下了，又到下一个领域做一点儿。那些领域还没有人去做，荒芜着，或者，做了，但做得相当差，比我还差很多，甚至完全不得要领，我坦率说是这样。所以，虽然我对自己做的工作从来都不满意，但我也没有觉得那么后悔，我早就知道一个人的能力很有限，能做的事情是非常有限的，大概也只能做成这个样子。说起来一晃也差不多二十年了吧。

我的基本看法是，关于人生社会问题的思考，跟科学的思考有根本的不同。科学的思考在一个很简单的意义上是有真理性的。一道数学题，最简单地说，我们承认有一个标准答案或者类似标准的答案，关于人生问题，社会的问题，对我来说很显然，没有一套标准答案。另一方面，并不因为没有一套标准答案，这里就完全没有真理性，而无非是我喜欢这样你喜欢那样，各是其所是非其所非就完了。这里仍然有实质性的讨论、对话、争论，我们可能实质性地被说服，获得更富真理性的见地。要把这里的真理性说清楚，殊非易事。一条思考路径是，去弄清科学如何成其为科学的，它为什么会得到它所得到的那类真理，弄清了这个，你岂不就明白了人生问题的思考为什么不能够达到那种真理性，以及为什么不应该达到？岂不就对怎样去思考人生社会问题有个更牢靠的自我意识？我写了几本书，大致是在这个思想框架下写的。

哲学思考并不会提供终极答案，这一点，有些人听来觉得怪绝望的，但不一定，有点儿像维特根斯坦说的，他说哲学问题是这样一些问题，是些你随时可以把它放下的问题。至少到我这把年纪，我没那么勉强自己，能做点最好，因为我喜欢工作，不工作就觉得没好好过日子。但是，做不动了或做不好了，我就不做，我跟我的学生说，等到什么时候我在课堂上像一些老先生那样，不断重复自己过去讲过的，说上一遍又一遍，我说你们如果真爱你们的老师，你们就要好好告诉他，您该好好回家吃点喝点，过你的日子。油干灯尽，啥都不做了，我觉得 fine。年轻人接着做，用新的方式来做。

眼下说，我还会接着走一段，但大概不会沿用从前那种工作方式了。写一本书，把你在一个领域的思想整理出来，曾经被认为是天经地义的方式。我现在对这种方式抱有很深的怀疑，时代变了，传播和交流的方式变了。我不知道下面还会怎么做，大概不会是再写一本书，比如政治哲学方面的书，可能更愿意就一本别人的书，做 comments（评述）来阐述我在政治哲学方面的一些思考。我读过一本书，这本书不太流行，叫做《弑君者》，判查理一世死刑的那个律师约翰·库克的传记。读那本书我挺有感觉的，你可以从中看到在中国和西方这两种不同政治传统中，碰到这种政治危机时刻，这种重大的历史转变时刻，人们的不同的思考方式，不同的反应。要是沿着这样一个事件去讲中西方政治思考和政治处理方式的不同，比起在政治哲学层面上来讲中西政治哲学差异，我觉得更落实得多。

八、放弃唯一性，坚持真理性

这就到了最后了，来说说你们要我说的，对年轻人说几句话，提点儿希望什么的。说的是打算从事哲学的年轻人吧？我刚才提到哲学已死这话，愿意做哲学的年轻人听来，这怪丧气的。我个人理解，哲学的终结大概是这个意思——哲学是求真的思考，目标是无所不包的唯一的真理体系。简单说，两个方面，一个是真理性，一个是唯一性。很多人，包括我，不再接受真理的唯一性。非把两者连在一起，有些人就干脆放弃了真理性。我的想法不是这样，我认为，一方面要放弃唯一性，另一方面要坚持真理性。这是有点儿难的，但难的才有意思。

放弃唯一真理这个想法，并不是要引来粗俗的相对主义结论。尼采提倡"视角观"，用后来的话说，他不接受上帝之眼。各有各的视角，这的确可以导致相对主义，但相对主义是绝对主义的一种变体，把自己的视角视作无法调整的。其实，我们在对话中时时都在调整自己的视角。能对话就不是相对主义。我一直说，我们不能靠把一切都归拢到一个绝对的观点之下来克服相对主义，真能消除相对主义的，相反是这样一种东西：你要深入到自身之中，了解你真正相信的是什么。你实实在在相信一些什么，你为自己相信的东西做点儿什么。这时候，你的信念和行动是实实在在的。但并不因此，此外的一切都是虚幻的虚假的。跟你不同的人，跟你冲突的人，他有他的实在。在具体的思考和行动中跟其他的生活理想对话、互动。是的，他有虚假的虚幻的东西，因此你要与他一争，但这个过程是双方的，你也有你的虚假和虚幻，你也要在这种争执中变得越来越实在。

如果我想的对头，那么，可做的事情还多得很。叫不叫它哲学？哲学死了也没有什么关系，思想还远远不会死。愿意思考的年轻人，一代一代都会涌现。跟我们相比，年轻人有优势。单说外语，他们明显比我们这代人强很多。他们受到更正规的学术训练。但我希望他们不要把眼光拘囿在学院范围之内，要把学术上的问题跟他自己人生的问题，跟他时代的问题连到一起。即使说到表述方式，也不要完全限制在学院论文体上。实际上，我很怀疑像从前那样做哲学还有多大意义，需要更诚实地面对我们的真实处境来思考。

我们不再那样感受世界

（2011年7月与艺术家向京对谈）

人曾经是那样生活，那样感受世界的

向：您的小孩应该是不到十岁？

陈：九岁。

向：我看您在《无法还原的象》里面讲到，本来不期望过一种普通人的生活。

陈：我本来的确是没打算，但我的生活一向不是特别去选择做什么，有点儿碰上什么是什么。

向：小孩带来的改变其实特别大。比结婚的改变要大多了。

陈：大多了。特别是现在，以前结婚有点像是两个家族结婚，现在就是两个单个的人，好像不是牵动那么大。

向：小孩就太具体了，是全部的现实。

陈： 以前出去旅行或者到什么地儿都说哪边没人往哪边去，现在都说这边人多往这边去。事实上我有一次真说了这话，我说这边人多去这边吧，当时朋友们都笑了。

向： 您一直喜欢旅行是吧？中国您都走遍了吗？

陈： 对，但我不是犄角旮旯都走的，就是大面儿上都走过。"文化大革命"开始不久，有个"大串联"，当时觉得这是一个非常难得的旅行的机会，要到处跑跑，到了云南、新疆这种平常不太容易去的地方。

向： 是怎么去？坐火车？

陈： 坐火车。坐很久。比如我们那时候去乌鲁木齐，不可思议地要坐一周。过戈壁滩有时有点儿上坡，火车慢到和走路差不多。去乌鲁木齐那次车里头挤满了人，也不好坐，也不好睡的。我们帮餐车运饭，一个竹筐里头装满几十个铝饭盒的饭菜，现在想想，一个十四岁的小孩，扛那一大筐盒饭，肩上垫一块围裙——盒饭会流汤嘛——在车厢里挤来挤去，分饭。我忘了，好像也不收钱。

向： 那您坐火车收钱吗？

陈： 不收。我们帮餐车运饭，乘务员、大师傅还有列车长都对我们格外照顾，让我们在餐车和乘务员室待着。跟他们关系好，就把车门开了，坐在上车下车的铁梯子上，坐在那上面过戈壁滩，盯着大片的戈壁滩，就这么逛悠逛悠一天。之所以敢让我们就这么坐在外头，也是因为火车速度很慢，感觉跳下去再跑还能跟上。

向：那是西部片了。

陈：等到"大串联"结束的时候，中国的大多数省份都已经跑过了，但只是大面儿上的，像省会城市、风景点什么的，比不了我认识的那些旅行家式的人物，他们几十年都在一些个稀奇古怪的地方转。

向：我爸有一个很奇特的经历。他十几岁就上大学了，厦门大学中文系毕业的时候才二十岁，毕业后分到北京。因为一直生活在福建，那是第一次去北方，又是首都，他就先把行李——一箱书一箱什么破烂寄到北京。他自己扛着席子、一个小包，想趁机就这么慢慢地走，一路走了一个星期，从厦门到北京。

他被分到民间艺术研究会，还是五十年代末，他们的工作就是到中国各个少数民族地区和地方上，去收集民歌和不同地域民间艺人的绝技，比方民间诗歌、说书什么的，我想象是特别好玩，也有意义的工作，包括黄永玉画的封面的那个《阿诗玛》，都是当年他们一起去搜集整理的。很多快要失传的东西都被他们记录下来了，当然"文革"的时候又丢了很多。因为他年轻嘛，特好奇，主动揽了很多事，也通过那个机会走了好多好多地方。跟我讲的时候，我觉得太有意思了。可以想象那时的中国感觉肯定是不一样。从个人来说也是很浪漫的事。

陈： 那真是不一样。第一个就是各个地方还都很不一样，你去新疆，新疆是一个样，你去广州，广州是一个样。第二个我不知道是不是在文章中写过，但是至少我印象特别深。我在 1970 年的时候曾经坐船从苏州坐到杭州，苏杭水路，除了候船室门口有一个电灯，否则那一水路你觉得跟唐宋更近，跟当代更远，那船一出小码头就进了芦苇荡，在芦苇荡里穿行进入主水道，四周没有一点灯光，仰头看星星、云。船工和乘船人都是当地人。这个变得太快了。我们这个年龄的人，真的好像活了两三辈子似的。我们当老师嘛，年轻人接触得多，他们有时候让讲讲我们当时的事儿，我说这个挺难讲的，要讲一件事儿，就得讲好多背景的事儿，否则你听不懂：当时这两人怎么这么恋爱法？人的想法那么怪？生活环境是那个样子的。

向： 我记得徐冰有一篇文章，讲当时插队的时候，他待的那个村里面特别穷，有一姑娘只有一件衣服，衣服脏了还得洗，洗的时候她只能把上身裸着。他有一次从那儿经过的时候，阳光很强，树荫底下那个女孩裸着半身坐在那儿，正在晾衣服。他经过时有点不知道该怎么办，那个女孩跟他打招呼，特自然。我觉得他写的感觉特别好，有光线、有颜色、有空气、有空气中传递的人和人之间自然的带有哀伤气息的感情，平淡又真切。我可能年龄还近点儿，以前我们八十年代中期上附中的时候也下过乡，知道那种农村的状态是什么样。现在的小孩几乎是不能理解这里面的背景、情景、人情关系等等，它里面很多纯真细腻的东西，现在的人不能理解，因为那个情境已经没了。

陈： 是，我刚到美国的时候，跟他们文学系的年轻小孩在一起玩儿，我比他们一般大几岁，因为我们上大学晚了。有一次就聊起，说这些古典小说，像安娜·卡列尼娜她们这些人，她不是特别明白，她说两个人处不好离了就完了呗，干吗那么多纠结，然后要悲剧。我当时感受挺深的，这现代化是让生活变得简单了，容易了，轻松了，可就不知道是不是有些东西永远不会有了？有些深刻的东西好像跟那些坏的制度连在一起，这么说简直太奇怪了，但的确是。那些名著里写的那种生活，那种感情方式，离得多遥远啊，是吧？想想《苔丝》，爱上了，好容易冲破重重阻力走到一起了，苔丝讲到她不是处女，丈夫就把她抛下走了。他是当时思想最开明的那种男人，特别爱她，家里是牧师，自己不要上大学，不要当牧师，要当一个自由思想者，可一听她不是处女，就像世界破灭了似的。说起来也不过一百多年，人曾经是那样生活，那样想问题，感受世界的。

向：而且那种状态其实持续时间特别长，变化只在特别近的这段时间以内。

人类在那个时候，就像青年或盛年的一个人

陈：各方各面好像都是这样，就说艺术吧，就算艺术以前也老在变变变，但是二十世纪之前艺术的共性还是非常之多的。然后就从，也许是"立体派"，也许是"未来派"，也许是"达达派"，反正忽然就到二十世纪初的时候……

向："印象派"之后，变化相对很大。

陈："印象派"变革很大，但它还是跟传统连着，"印象派"之后，忽然冒出各种各样的流派，我这样的外行，连流派的名称都叫不全。

向：无限的可能性。

陈：艺术变得跟原来所谓的艺术完全不同了，面目全非了。

向：您看过那种国外的当代艺术的大型展览吗？

陈：也看，不是太多。

向：不得不感慨，这个世界在最近的这几十年里变得太快了，网络改变了人认识世界的方式，也让"知道"变得很容易，科技进步，时间距离的概念都改变了。你要是完全在一个现实层面，你的注意力被现实牵制，你会恐惧自己有什么"不知道"的，一个观念非常快会被刷洗，就像翻牌一样。个体被强调了，但是其实更汹涌的洪水带走的是无意识的集体，除了广告里不再有"永远"、"永恒"这样的词。对个体来说，有时候也不知道自己想坚持什么。这个世界总是令我痛苦，而我不确定用现有的这一点才能会对世界的未来有什么帮助。艺术有时就像个乌托邦梦境，艺术家每每搭建它像是急于在旧世界倒塌之前建造成功一个新世界。这样的理想和忧郁症一样的情绪始终夹胁着我。我差不多三年做一个个展，每次情绪也就是一个展览的周期。展览之前那段时间饱满而坚定的自我膨胀，沉浸在封闭的世界里，之后将近一年的时间完全处在一种空虚怀疑的状态里面，怀疑所有的价值，挺可怕的。我不知道像您这种从事和哲学有关的职业的人，会不会也产生同样的怀疑？

陈：有一样的地方。你有个问题，你一直跟着这个问题，一直盯着它，不知道外面的世界在干吗。一本书写完了，一旦跳出来，就觉得挺边缘的——你不是很知道它哪儿咬合在现实里面。时代的关注点在不断变化。我想到丁方，我跟丁方接触得不是那么多，但他在这方面比较典型吧。八十年代末九十年代初的时候他是一个重要的画家。那时，中国主流上还在压制当代艺术，但艺术圈已经转向当代艺术了，比如说像"八五"新潮、"八九"的展览这些。但是丁方这个人，他仍然坚持原来的路线，原来的艺术理念。到现在十好几年过去了，赞赏他的人说他在坚持，不赞赏的人就说他是老前辈。前几天我在他画室聊天，他仍然在研究拜占庭、文艺复兴，认为现在闹得热闹火红的，不一定就是艺术。这种态度我觉得里头有一种可敬的东西吧，就是你管他天下滔滔，是什么就是什么，你别因为天下滔滔就怎么着。但这里还是有一个问题：好的科学得出的是客观的真理，我量出月球跟地球的距离，量出来了，大众再说什么，它就是这个距离，可艺术做出来是给人看的，要是大家都把这些当作艺术，你能说大家都错了，那不是艺术吗？当然我不是说谁最被接受，谁就是最好的艺术，我不至于这么傻，但是其中是有一种关系的，我说得清楚吗？

向：清楚，很清楚。

陈：我愿意听丁方多给我讲讲，因为他的立场比较极端，而且他读很多书，想很多事儿。丁方读书很多，是个知识人，他当然是个画家，但同时是个典型的读书人。

向：而且据我所知，他对古典乐也很精通，而且近乎固执地坚持听，喜欢所有古典的东西。"古典主义情怀"——可不可以这么说，有一类人具备这个东西？

陈：我们这一代人里头有古典主义情怀的挺多，我觉得可以把我自己也放在里面。不过，过去的东西，无论我多喜欢，我认为有很多的确不再适应现代的生活形态。比如，我小时候读古诗，也写古体诗，但是，古调虽自爱，我倾向于认为古体诗过时了，写古体诗，那是个人爱好，我认真觉得它跟实际的所感所思隔了一层，不那么真切。跟写古体诗的年轻人在一起，他们不同意我，认为古体诗仍然能真切表达现代的思想感情。换句话说，我接受古体诗被边缘化这个现实，我觉得这是正常的、正当的。

向：艺术在我看来，不管是我自己做的事儿，还是平时喜欢的听音乐什么的，我觉得它无非是各种形态，只有好坏或者说你的偏好，什么东西能够碰巧触动了你哪根筋。而从艺术史的角度讲，只有好艺术坏艺术，应该没有这种先进或者是后进之分。因为我觉得简单地用"进化论"的方式去看待艺术，或者认定一个经典，像中国古人一样去单纯效仿，艺术基本上就可以止步了。如果仅仅是爱好古典主义的东西，我觉得意味着你现在可以什么都不用做，高峰太多了。当时去欧洲的时候，欧洲的尤其是文艺复兴时期的那几个巨匠，像达·芬奇、米开朗基罗，虽然达·芬奇的东西特别少，很多只是实验性的作品，但是印象特别深，我感到一种极限。我在佛罗伦萨看到米开朗基罗著名的《大卫》，几乎就是落泪的程度。旁边是一堆米开朗基罗晚期打的石头，我觉得就他一个人已经完成了美术史至少是雕塑这一块的历史的一大部分，他雕塑后期的那些东西直接可以接立体派，因为他对结构、空间那些抽象的概念已经有了非常深的感悟和理解——因为他做建筑。就这么一个人，你可以想象他那么年轻，二十四岁的年轻人，做的《大卫》几乎是完美，看到这样的作品，激动是肯定的，同时又觉得难以想象，他是怎样的雄心、精力、体力、意志，所有的一切支持他。这是人类的盛年时期，这个艺术家做出来就是一件极品，一件已经让你无法再超越的极品。他那些晚期的东西，从艺术的理解上水平更高，虽然是未完成的石雕，全都是打了一段时间，就停在那儿了。但是他那个理解，那种概念已跨越整个古典时期，可以直接连接现代派，甚至再往下走就是观念主义，太厉害了！这么一个跨度的艺术家，我都觉得难以想象。人类在那个时候，就像青年或者盛年的一个人，那种自信和雄心让人特别震动，那是一个很正面的能量。就像有时候看到一个特别年轻的生命一样，你就觉得太强了，能量太强了。站在他面前的感觉就是感动，电流一样被贯注的。你会相信有"永恒"这样的概念。现代派之前的艺术有境界、内在吧。所以我想，如果你把这种东西当作追求的话，真就可以不用做了。

陈：你说到那个时代人的雄心，让我们羡慕，但今天的人如果有那种雄心，你反倒觉得挺可笑的。

向：为什么？

陈：我说不清楚，但有这种感觉。这不是个人才能的问题，是因为这个时代我们不那么感受世界。好多年前，我们两三个人读王勃的《滕王阁序》，"老当益壮，宁移白首之心？穷且益坚，不坠青云之志"，字字珠玑。我们今天不是说写得出来写不出来，即使写得出来，谁还那么写文章？我们能欣赏，但是另外一方面，我们不再那样感受世界，在真实生活中我们不是那么感受世界的。

向：那这里面变化的实质是什么呢？

陈：我不知道。但人的确是在特定的社会里感受世界的。像雅典，一个城邦不过一两万公民，几十年间里，却产生那么多悲剧作家、喜剧作家、雕塑家、历史学家、哲学家……你能想象当一个人生活在这样一个community里面的时候，他个人的份额，个人才能的份额跟这世界是有个比例。他真的能触摸到整个世界，诗人们、哲学家们、政治家们，他们互相认识，人生活在一个很可感的世界里面，人的才能或者雄心都是实实在在的，随时都碰到很实在的东西在鼓励它和反对它。

向：世界变大了嘛。

纪念碑的方式

陈：我们好像不再用那种纪念碑式的方式来感受一个人的成就了，而更多是痕迹呀什么的。出了名的歌手、歌星，一时大家都在传唱，三五年之后就剩个痕迹。那种纪念碑式的看待历史和个人的方式不复存在。当然，还有很多很多其他变化。比如批判性。像你来信中说，对弱势群体，对社会不公，好像无法做到不闻不问。像米开朗基罗这些人，我没好好研究过，我猜想他们不太受这种困扰。他们的眼界更多向着上帝、历史上的伟大作品，或者什么，他能够很纯净地生活在这种高尚艺术的世界中，但是一个当代人就不完全是那样。我们所受的教育，我们所处的这个世界，两三百年来，越来越关注民众、社会责任这些问题，要是在文艺复兴时期用这种问题去问这些艺术家，我猜测他们会觉得跟他们的艺术创作风马牛不相及。

向： 陈老师，我回到一个很个人经验的事儿，也许和您那些观点相关。中国现在变化真的是很短促的，是这几十年里发生的。像我们这个年龄的人，可能是最后一批还沾点精英主义教育的尾巴的一代人。我不很清晰，但产生这个意识，应该说是从1984年上的中央美院附中。特别少量的人能上那个学，当时自己不觉得，那是一个很精英主义式的教育。学生和老师的比例很小，我们在一个特别小的院子里，就是美术馆旁边的一栋小楼里面，我们教室挨着的街道就是隆福寺商业街，那个时候刚刚有点私营业主、小商贩什么的。底下每天都放着张蔷、张行这类人的歌。围墙隔绝了两个世界，我们在上面画画、上课，就挨着那条街。每天都在图书馆里面浸泡着，我们受的教育还是在对古典主义的迷恋里面。当时我觉得完全不能接受、始终保持和大众文化的距离——虽然那时我还没有"大众文化"这个概念，只是觉得这个东西是我完全厌恶和排斥的，所以一定要警惕和保持距离。那时我时常意识到自己是卓尔不群的少数人中的一员。但是我想，在后面的教育里已经几乎没有这种意识，不仅仅学生自己没有，整个教育都不给你这种意识和这种训练，你不再是一个少数人。对现在的小孩儿来说，他完全是在一个大众文化的环境里长大。我不知道这些东西和民主这种概念有没有关联？

陈：有关联，我觉得有关联。

向：从我们这代人之后，我们慢慢处在那样一个平的世界里面。

陈：这个话题有意思，我觉得有好多可说的。有个叫刘瑜的青年政治学学者，在国外很多年，现在在清华，在读者中很有号召力，很多杂志都在抢她写专栏。听说她在网上的影响力比专栏还要大。非常优秀的一个女孩，文章写得很实在也很漂亮。有一天我们三四个人一起聊天，我讲起好多东西丧失了，她不是特别接受。她说，陈老师，您所说相对于以前的那个社会，现在社会平民化了，把高的东西拉低了，为什么您不想象因为平民化了，我们整个的水平就上去了。我们谈到这个话题有点晚了，没太深入，只是把自己不同的看法说了一下。今天你提起来，不是说谁对谁错，真是有好多内容。有一点就是 the many 和 the few 的关系，有时候不管是他降低了还是你提高了，the few 就是 the few，他永远是 the few。

精英这个词主要用在八十年代，现在这个词儿还在用，但是意思变得有点儿像成功人士。精英跟成功人士有相像的地方，又很不一样，所以两者之间的关系特别值得想。极端地说，精英就是精英，不在他成功不成功，我们刚才提到丁方，在我看，丁方是顶级的精英，但在今天的画界肯定不算最成功的。但两者又通过奇奇怪怪的一些线路相联系。精英可以说，时代变了，我仍然坚持我的。但是另外一方面，我坚持什么？要是坚持的东西真跟时代没关系，你干吗要坚持？如果你说，我坚持那些好的东西，这样才有机会最后让民众也知道什么是好的，那么这个问题就回来了，如果民众最后投向你这一边了，那么，在一个明显的意义上，你就跟成功联系在一起了。你肯忍受孤独，不仅在于你相信你所坚持的东西是好的，你还是在期盼某种成功。而且，一般说来，你不能用失败教育人家，看哪，这些人多精英啊，他们都是失败者。

你说苦行僧吧，他不在意民众怎么样，他只跟上帝发生关系。但是呢，有些人受到感召，相互传扬，奉之为高僧大德。中世纪有个安东尼，他跑到埃及沙漠里去，找最少人烟的地方静修，但他名气太大了，他到沙漠里去，就有好多人跟过来，让你想孤零零一个人静修也不行。高僧大德香火盛了之后，人们来捐款，菩萨金身塑像，你看，虽然佛教是出世的，但是，有影响力的庙宇，镀金的菩萨，真金的菩萨，金碧辉煌的大殿有气派，这才吸引来更多的香客。优秀的、超凡脱俗的东西被这个世界接受，一方面提升了世界，另外一方面呢，世界要用镀金的方式来接受你，不让你保持在超凡脱俗之中。

向：这里面从个人的角度我觉得分两个部分，他作为个体，因为信仰，自我修炼而自己有所获得，以及获得之后就会对这个世界发生影响。后一部分，我觉得其实并不能够更好地还原给修行的个人，至少说它更复杂吧。

陈：是，更复杂，从我们身边就可以看到。九十年代社会生活发生巨变，我们应当怎么自处？我有个朋友叫邹静之，特有才华、特别勤奋，人也好得不得了，另一个朋友叫阿坚，著名边缘人，大家都是最要好的朋友，也都是有理想的。九十年代，有人邀我们写电视剧，静之接了，阿坚不接。静之后来获得了很大的成功，现在是国内数一数二的剧作家，好几个剧在国家大剧院上演，没得说，当然是成功人士。阿坚坚持不碰电视剧这类东西，整个不屑于成功。电视剧当然是有点儿俗的，成功的东西里难免有点儿俗的东西。我简直想说，阿坚这个人就是要坚持走不成功的道路，谁成功谁就俗了。所以对静之也不以为然。阿坚自己也写作，主要是写诗，有些诗很出色，在诗人圈子里挺有影响的。两条道，各走各的，都挺好。静之没什么不好，电视剧难免有点儿俗，但电视剧也有好的差的之分，那么多人看电视剧，写个好点儿的出来不好吗？静之不只是写电视剧，他写话剧、电影、歌剧，有些作品非常出色，比如《我爱桃花》。静之勤勤恳恳工作，实实在在拿出了这些作品。这些作品里有没有迁就受众的东西？被时代接受不一定都靠讨好时代，也可能是作品有某种东西激发起时代里向上的潜能，通俗说，提高时代的东西。怎么区分？这要拿出一件一件作品来说。我个人的趣味比较老派，格外喜欢静之最早的那些散文、小说，觉得棒极了，大众化的东西看得很少，依我看过的那一点点，我相信在大众化作品里，静之的那些剧也属于我们当代里头最好的一类。

有没有那样的时代，产生出来的相对最好的作品也不怎么样？而且注定如此，所以一切创作的努力都是 futile，徒劳？我们的时代很可能就是这样。不过，即使如此，也不意味着我宁肯什么都不做。本来就不应该单从这个角度来看待创作。我们不是为了达到某种标杆写作的，我们本来就想写，这才为自己设立某种标杆。

设立自己的标杆，不迁就世人，不等于不管时代，只为自己写作。你一开始为自己设立的标杆里已经包含作者与受众之间的互动了，没有受众就没谁一开始想表达什么。我们有时会自言自语，但我们都是在跟别人对话的过程中学会说话的。与受众的互动可能变得越来越内在，最后竟好像完全目无受众似的，好像你只是在坚持你已有的东西。所谓"自己的标准"里已经含着受众了。成功不止是外部的东西，它也是一种约束，要求你在创作过程中保持对现实的敏感，依于这种敏感不断重塑自己。说我不管现实是什么样的，也许是放弃了对自己的约束，只是放任自己，放松了对自己的要求。

艺术：满足自己还是救赎世界？

向：您说的约束自己，落实在作品上我特别认同。作品往往是个物证一样的存在，证明自己一段时间的思考，这个是对创作者个体而言的。我一直以来的困惑和怀疑在于，创作除了对自己有意义之外，还能承担什么？举我自己的例子吧，艺术是种容易实现个人价值的职业，满足了表达的需要，在这个时代还能获得很多的利益，就是您所说的"成功"。有时候你当然认为自己的作品是好的，而且创作的时候是关门的，很封闭的，自己那么沉浸专注，坚持了那么久，就像一个人说了很多话，你当然希望被别人听到，希望那个你坚信的东西也能够传播出去，成为一个能影响他人的、至少是能分享的一个东西。另一方面，我们总是对这个世界有很多意见，这样那样不好，当你自己做了个自以为好的作品之后，你在批评世界的同时也希望自己拿出些有建设性的作品，建构些什么，这种努力让你觉得这个世界不会再变得那么糟糕。当你拥有了这种"权力"之后，有时候你就分不清这两个东西，艺术是一个最好的满足自我实现的方式，但并不一定是救赎世界的好的方式。我经常会在这两个事情上很纠结。

陈：我的想法大概是，"为什么创作"这个问法不好。很多事情直接问不出它"为什么"、"为谁"这样的问题。有点儿像我最近写的一篇小文章，说跳水救人。他为什么？他不为什么，你非要问他为什么，他就说我是为了把他救起来。这里，落地的问题在于你是什么样的人。为什么他跳水救人，别人却袖手旁观呢？他们是不一样的人。到你已经在做作品的时候，你不是想着为公众做，为社会做。作品具有社会意义，不在你要尽社会责任才去写，但你得是个有责任感的人。我刚才说创作总是跟受众的互动，也不是说创作的时候在想着受众会怎么反应。再说，你的作品有没有社会意义，对社会有什么意义，差不多那是作品自己的事儿，不是你说了算的。人们说作品有自己的命运大概是这个意思。作品通过事先很难料到的重重渠道跟社会发生联系。

向：就像我刚才说的，我每次做完一个展览就跟忧郁症一样，有一段时间就像被抽空了，怀疑这个事情是对个体还是世界有意义，完全陷在一个巨大的怀疑里面，信心突然被挖空了，没法再进行下去了。

陈：你刚才那种描述特别切实，做作品的时候是关着门的，等作品长出之后，我跟我自己这段情缘就等于告一段落了。作品放到世界里去了，这时候呢，我可能会去听受众的反应。这个听也有好多种的听法，你是什么人就会怎么听。不一定受众说好你就高兴。

要是好多听众都喊好，都说陈老师你讲得真好啊，简直达到了于丹的水平，我不见得听了很得意。你听那个反应，主要不是在意好评、差评，而是通过他人的反应检查自己，是不是真正做出你自己想要做的那个东西。你做的时候百分之百的自信，你知道一定应当这样做，但是你的确可能看错，可能自我欺骗，你以为那是你想要做的，等到作品抛入世界，你发现不是的。下一次你再做，会对这些评论作出反应，但不是这回你知道怎样能得到更多好评了。

你说到完成一件作品后的感受也很有意思。比较容易想到的是终于完成了作品之后的喜悦和满足，一种放下来了的轻松感，可你说的是抽空了的感觉。人们经常把它比作生孩子。我觉得也有点像送孩子出国。有时候更像后者。孩子生出来，父母的责任刚刚开始，他自己一点能力都没有，完完全全等着你去为他做。送孩子出国呢，你完成了你的责任，有一种成就感，甚至有一种轻松感，但你不能不感到，走了，不再是我的一部分，我不能再为他做什么了，你只能看着他。有点像说作品有它自己的命运，掏空了你，他走了，迎接他自己的命运去了。

向：我有时候还爱用一个比喻，做完之后的作品有的时候特别像一面镜子。对我是个镜子，对观众也是个镜子，每个人在上面照出来全是自己。我经常会被自己的作品吓一跳，那个陌生感太强烈了。做的时候，它是从你的身体里出来的，你只要专心于心里所想所感，尽可能地把这个东西转换出来，通过一个好的渠道，让它出来。当它在展厅里面的时候，你像面对一些你不认识的生命，有时候它吓我一跳，它的能量是作者完全意想不到的。这个时候你会跟那个作品产生一种距离，作品陌生的能量反作用于你的那种感觉，你没想到那是无法控制的。我用镜子形容是因为它照出了自己,这有时候让你挺感到惊吓的。

陈: 我想所有的人对自己的作品都会多多少少有这种感觉,不过你的作品在这点上更突出,所以不少人说是存在主义类型的。你说的,让我想起福楼拜,福楼拜被评论说是最冷静的作者,记得我看福楼拜的第一幅漫画,他像医生一样穿着大褂,手里拿把手术刀,他的作品就像用手术刀做出来的,可是据他自己说,包法利夫人就是他自己,那就是一面镜子吧。

今天,我们都是普通人

向: 我不知道。今年的新作品,可能会有点不一样,我不知道还会不会有那么强烈的那种感觉。

我年轻时候精英的概念比较强,也许是时代的大环境下的缘故吧,渴望成为一个精英似的人,期望努力朝向最高级,期望成为"少数人"。但是好像中间有挺长一段时间就忘掉这个概念了,不知道为什么,我不知道是不是民主的理想,影响了我还是怎么样的,我有点厌恶精英的概念。会去想象人人是平等的社会。尤其在我早期做艺术的时候,很长一段时间,其实对当代艺术或者说对一部分晦涩难懂的艺术,有困扰,甚至反感。当时一直在尝试想做一种东西,理论上来说是人人可以看得懂,人人可以感知的,我特别想还原艺术的可感知性。这是在艺术受制于庞大的阐释机制的背景下产生的,看似艺术更多元了,更多可能性了,但由于艺术越来越难看懂,它变成了圈子化的东西。我反感的大概就是这个。我想艺术不一定需要解释，或者说不能依赖于解释而存在，"理论上"来说，它触发了人的其他通道，是可以被感知的，它反映的是我们自己和我们所在的世界。很长一段时间，简单讲我是在这样一个想法里尝试去做东西，尝试去反映人性的部分，我假设它是人人都可以看得懂的。可能因为我在这么长一段时间里面想做的是这样一种东西，以至于我就忘了最早的关于"精英"的想法。

我现在在这两个方面有挺大的纠结，包括我在信里跟您讲的，当我看到这个社会本身种种的贫困、不公平，越来越深的差异，我指的是人和人之间那么大的差异；虽然貌似这个世界是变平了，很多东西是可以共享的，但是实际上，这种不公平会越来越加剧，权力会越来越集中。很多事情好像变得很矛盾，这时候我就会完全处在对自己关门所做的事情的怀疑里，不管我做艺术还是为人，作为社会中的一分子，我怎么样去处理自己的位置，您想在精英的观念里，一定是有担当的，我会觉得更多的事情比艺术对社会的改变有意义。

陈：当然，用精英的标准要求自己是年轻时的事儿，后来你做事情，不会老去想精英不精英的，无非想着怎么把事情做好。考进美专也好，上到北大也好，他自然而然的想法是成为精英，今天你要是考上清华北大什么的，想的大概是成为成功人士。八十年代只有精英观念，没有成功人士的概念。

你说到对社会问题的关切，我也很有同感。朋友圈子里，有些人还不是一般关切，他们投身社会问题，从事民运，从事维权活动。有的是律师，有的是警察，社会的那一面接触得多。上海的一个朋友，职业是心理治疗，老会碰到让人难过的事儿，也容易关心这些事儿，富士康跳楼什么的。

向：还有医生，都是负面的。

陈：本来，艺术家、哲学家，作为职业，接触那一面不一定很多。关心社会问题也有很多角度，以前那种要救苦救难的，也是抱着精英主义的态度。

向：那种救世是有心理优势的。

陈：我们现在还该不该、能不能从精英主义的角度来看待社会问题？我觉得，在一个挺根本的意义上，现在大家都是普通人。我们面对尼采式的问题：在现代社会中，精英是如何可能的？

向：以前我会很简单地去假想，不管历史也好，这个时代也好，它应该是少数人推动的，我始终这么认为吧。在现在的时代里，可能还是这么回事，但已经不是这个概念了。有段时间我对政治感兴趣，发觉很多的关系本质上不过都是权力，只要牵涉到对事情的影响都和权力有关，甚至在艺术的范围里，走出创作的第一现场，你马上就会进入权力结构，甚至很多艺术家在创作的时候已经带有权力关系里的策略考虑了。这个时候不是好、较好、最好的关系，而是权力的制衡和突围的问题，当然这又是另外的话题了。

陈：说到少数人推动，从前，无论从哪个角度，人们关心的都是少数人。例如，古希腊人讲 arete，那是属于少数人的，现代人讲道德，适用于所有人。一开始，arete，人们把它翻译成 morality，后来人们强烈地意识到 arete 跟 morality 或者道德什么的差得也太远了。在中文里，我们现在倾向于把 arete 翻译成"卓越"。

向：卓越？

陈：最典型是《荷马史诗》里的阿喀琉斯。阿喀琉斯武艺高强，特别勇敢，卓然高于众人，但从今人的道德来衡量，他并不道德。优秀的人把追求卓越视作当然之事。后来西方人发展出道德观念，例如基督教道德，但 arete 的影子一直在，比如刚才讲到文艺复兴时候的人，像希腊英雄一样，简直可以说他们不管不顾地追求卓越。

向：从这个角度就很容易理解文艺复兴和整个古典时期人的追求了。

陈：再比如说在十九世纪末的维也纳，我们看到一整批这样追求卓越的人，你随口就能说出一大堆名字，勃拉姆斯、茨威格、维特根斯坦、米塞斯和哈耶克。维也纳当时就像另一个巴黎。你看到一整批精英，都追求"卓越"。做音乐也好，绘画也好，做哲学也好，无论你做什么，就是要把它做得足够好。你只要做得卓越，意义就有了。好像在全面现代化之前一次古典的回光，像是最后的这么一个时代。他们一个个都对自己有很高的要求，卓越的人当然对自己有很多要求——跟我们的道德要求不完全一样。相差一百年，那时候人的心智跟我们现在那么不一样。今天呢？每个人好像怎么做都是有道理的——你追求卓越是一种生活方式，我好死赖活也是一种生活方式。卓越被拉平到种种生活方式中的一种，也就无所谓卓越了。

精英要找到一种媒介，音乐也好、雕塑也好、公共政治也好，可以把他的才德发挥得淋漓尽致，用亚里士多德话说，实现他的潜能。于是成就了各种各样的作品，就像我们人类要建造一个万神殿，看看最后我们摆上万神殿的是怎样一些光辉灿烂的作品。这多半跟劳苦大众没关系。好像人类的至高目的不是其他，而是这些作品。这是个非常古老、非常强大的aspiration。到了两次大战之后，好像一下子变成过时的了。

向：那取而代之的是？

陈：这我不知道。取而代之的是普通人吧。我们再问到意义的时候，好像首先是问每个普通人生活的意义。所有人过上免除贫困和恐吓的生活，这成了每一个人首先要关心的事情，就像你刚才说到的，社会不公等等，你不能事不关己。你不能再像普鲁斯特那样，那边在打世界大战，这边自顾自写他的追忆似水年华。一些年前，你到颐和园溜达，喇叭里会放"这些雕栏玉砌都是劳动人民血汗建成的"。是啊，它说的对，金字塔、万神殿、帕特农神庙，的确是劳动人民的汗和血建起来的。

向：我也经常在想，同样人民的血和汗还在，可怎么创造不出这些人类文明的奇迹了？

陈：从前，目光是向上看的，那里有一种更高的存在。丁方老说文艺复兴时代的那些画那些雕塑所表达出来的那种内在信心——

他用的就是"信心"这个词儿。他把那种内在信心和信仰连在一起。看谁的作品更靠近上帝,更靠近神性。艺术家也改变世界,是这么改变的:他借来神性的光辉,这个世界的面貌由于这种光照而改变了。哪怕在人间做事,哪怕去造福民众,他都好像是要做出一个成就,让更高的存在满意——叫它"上帝",叫它"天"——他在那儿。尘世间的变化倒是第二位的。今天,我们直接把眼光投向下边,通过政治、技术、实业,把世界变得好一点。

向:人跟这上面连接少了,但是跟下面连接却产生了很多很多渠道。

陈:甚至艺术家也希望他的作品能直接改变世界。这种背景下,对底层的关怀成为衡量一切的正当性标准。而我们,我说的是你我这样的人呢,难免会感到两者的冲突矛盾。

向:原来您也有这种困惑……

陈:所以我们就没有以前人的那种信心,只顾去追求卓越。

向:也就没有那个狂奔的速度了,进步的速度就慢下来了。

陈:像陈寅恪、章太炎那个时代的人,在转折点上,他们一开始都还相信,吾侪所学关天命。

中国文化的托命之人

向：陈老师，我这儿插一个问题，我一直特别不理解的问题——陈寅恪用最后很多年，我不知道具体是多少年，写了《柳如是别传》，我不知道您怎么看他这么大的一个学者，为什么花那么多时间去写这样一个人？

陈：有一种说法说那是他晚年的消遣之作——当时的政治氛围下，什么正经事都不让你做。这种看法我不接受。我有个朋友叫王焱。王焱是个人物，世家出身，博闻强记，中国文化界那些人和事儿他全知道——他八十年代时候是《读书》的执行主编，那时候《读书》杂志影响特别大，围绕这本杂志聚拢了好多文化人。他有很长一段时间都在研究陈寅恪，写一本书，说是在写，不知他在那儿磨蹭什么——我老说王焱，太名士派了，非常棒，但不像个劳动者。他是这样理解陈寅恪的：陈寅恪看到几千年来的大变局，就在琢磨，中华文化大统还有没有希望，或者说，谁是中华文明的托命之人——他爱这个文明爱得不得了，要弄清楚这个文明的血脉是怎么传的，这个香火是怎么传下来的——我们弄清了它到底是怎么传下来的，也许就能看到它还能不能传下去。他研究隋唐政治，说单一民族时间久了会衰落，它需要民族融合的新鲜血液。他对隋唐特别感兴趣，他研究李氏家族的族谱，并非偶然。将近隋唐那时候，汉人跟西北民族血脉交流，是中华文明通过民族融合的一次复兴。他研究敦煌文化，那里最鲜明地体现了汉文明跟佛教等等异域文化的交流融合，思想上的冲击和回应。据王焱理解，陈寅恪通过对明清变局的理解，悟出来中国文化的托命之人并不是士大夫，而是在柳如是这样的人身上。女性，社会的边缘人，不是从上层来的，不是考了功名的士大夫，可她们有着深厚的文化素养，对我们这个文化的实质反而体悟得特别切实。是这样一些人托住了中国文明的血脉。大概是这么一个意思。所以他要写柳如是，可不只是文人雅集、诗文唱和。我没研究过陈寅恪，说不好，但即使这本书只是为柳如是立传，已经是本了不起的书，国恨家愁纠结而成一个整体，爱情、人品、学识才情、明清易代，已经是一部出类拔萃的文化史、政治史，可说是空前绝后。但王焱从中国文化托命之人的角度来解读，当然更深一层。

向：刚才听您说这个托命之人是女性的时候我已经很吃惊了，我觉得无法想象，在中国的文化和传统里面，能够去认可这么一个想法。

陈：我记得王焱是这么说的。我们的的确确看到那么多优秀的女性，各行各业。女性若不是被桎梏着，被拦着，不知道还有多少才能要发挥出来。不过，另外一方面，我觉得女性比男性更容易被这个消费社会吸引，有时候都觉得当今这个消费社会就是为女性发展出来的。

向：我觉得这个逻辑应该反过来吧，因为女性首先是被消费的对象，为了塑造这个被消费物而制造了一个消费世界，教育女人打扮成悦目的样子而去被消费。不过，今天不谈女人的话题，我最害怕谈这个，我只是刚才听您讲到柳如是之流成为文化的托命之人，这个让我惊了一下，我从来没这么想过这个问题。对陈寅恪写这样的传记他寄托了一个什么东西,我一直很不理解。今天听了,觉得非常新鲜,您刚才说的这一堆,还有"灵魂",好像在中国的文化概念里面也很少能听到这个词儿。

我们是生产者

陈:或者我们就说"心"也行,文化要沁在心里,不只是有文化修养,而是在心里要那个东西。有个年轻朋友推荐《生活》杂志来采访我,题目叫什么不记得了,大致是隐居与高雅。我说这个题目我特别不合适,高雅的生活我没过过,见都没怎么见过。后来采访中,我引我以前说过的,我们是干活儿的。贝多芬不高雅——这个我们都知道——听贝多芬的高雅。

向:我们属于生产力。很多人都会有这种误会和想象,把艺术家的生活和艺术混在一起,就是把做工作的人和那个工作的本身连在一起。生产者其实就是个劳动者。

陈:他读你的书,把你当作文化人,一个风雅的人,但你自己知道你不是,你埋头工作。

向:一点没情趣。

陈:是,没情趣,没情调。实际上,一个劳动者、生产者,一旦入了风雅圈,生产力就大大下降。他要是习惯了这种圈子,他作为一个生产者就基本上没什么用了。

向：这个我觉得在艺术圈特别明显，因为艺术家在非常短的时间里被纳入所谓成功人士这样一个群体，所以大部分人在这当中如果没有一点点定力，基本上马上就变成一个"风雅"的人。

陈：是，这我没经验但是有观察。例外也有，比如说像歌德，他出入宫廷，同时始终是个生产者，生产力一直旺盛。

向：歌德太完美了。

陈：那时的宫廷圈子，艺术能力和思想能力也比较高。不过，贝多芬就不行，他的灵魂状态就是那么一种。

向：有这样一类艺术家，永远不能进入。有的时候我会觉得支持你走下去的，还是价值观。就是当你把所谓的成功当成希望自己慢慢进入更高的层次——把这个当成价值所在的话，可能那个根本的东西不是创作本身，创作本身只是支持印证这个价值观，而其他附带的东西你会觉得打扰你或者困扰你，并不会给你带来太多快乐。

陈：这跟刚刚谈到的也有点儿关系。柳如是他们，诗文唱和，的确不俗，她有文化，但首先她有血肉有灵魂。本来是血肉和灵魂才成就文化。血肉消失了，灵魂流失了，文化就飘起来了。所谓文化传承就只是在表面上传，最后传成了旅游文化什么的。传承的是你从心里感到的东西。你只有身在当前的现实世界里才能感到什么，才能从传统中汲取力量和意义。文化传承，不能低到没文化，也不能高到飘起来，始终要有血肉和灵魂。

向： 关于文化的传承和心有关系，这个部分我特认同。这真的恰好也是很多艺术家目前在想的一个问题。我觉得您想的都是大问题、大事儿，我经常会觉得艺术就是一丁点事儿，我有时候很无望，觉得用了一生的时间，可能做了一个特别特别小的小局部，一个点，甚至一个渣，一颗尘埃。

陈： 我呢，正相反，觉得人家都在风风火火做事，自己却总是在想那么一点事，往牛犄角里钻。有时候都恨自己没别的本事。唯一好的是一直在劳动，劳动好呀，怕只怕时间长了之后，会不会变成生产线那种。

读懂一两个大哲学家

（2009年5月与华东师范大学学生座谈）

我们都很好奇，您当初是怎么走上哲学研究道路的？

我在《初识哲学》这篇文章中讲过这个故事。我们这代人没有谁是从学校到学校，中间不是插队就是当兵当工人。"文化大革命"后期，这代人里很多人都在读书，在思考问题。后来就是考大学。报考什么专业，跟将来就业没什么关系——当时大学生都是由国家分配工作的，分去做什么工作收入都差不多。主要根据自己的兴趣，当然，也要考虑考得上考不上。我对哲学兴趣浓厚，但我没觉得要在学校里学哲学——到今天我仍然怀疑是不是一定要在学校里学哲学。我报考的是西语系，学德语，此前我已经自学德语好几年了，自学，几乎没听人念过德语，整个是个哑巴德语。后来由于非哲学的缘故考到北大外国哲学研究所。

现在很少有人报考哲学，功课好的学生都愿意考理工科。

要么就报考经济金融什么的。考研究生的倒有不少报哲学的。其实从前也有点儿这样。很早的时候，反正就你们还不存在的那年头，有一次我到青岛，住在我父亲的同事家里，他是一位著名的化学家,说起来,我说我是文科生,读哲学的,怪不好意思的,这位老先生他说,真不错,你读哲学,你学的东西是你喜欢的东西,你的工作就是你的生活,你的生活就是你的工作,多好,你看我这读化学,一辈子学的东西跟我的生活没什么关系。你读你爱读的书,读着开心,这个好处留给我们文科生的是吧,我觉得读文科的应该珍惜这个好处,高高兴兴地得到教化。当然,如果你真的一直做哲学的话,你会碰到一些技术性的东西需要去掌握,也不只是好玩。但总比学财会好点儿,是吧,你学了一大堆财会报表,复式记账,你的确学到了本事,到处都需要你,但是跟你的人生没多大关系,你的生活需要复式记账吗?

您那时候高考也像现在这么难吗?

1977年恢复高考时,全民失学已有十几年,实际上,在所谓"文革"爆发之前,大多数文科教师早已多年不做正常研究了。恢复高考时,没办法对专业知识要求很高,考试内容很简单。但另一方面,那时有十多年没举办高考了,积累了十几年的考生。大多数考生虽然没多少专门知识方面的训练,但至少是爱读书学习的,是十几年里的"精英"。所以,虽然考试内容很简单,考上来的学生并不差,有很多有潜力的青年。77级78级是两届特别的学生。后来的情况证明我们之中有能力的人比例较高。但我们这两届考生少年失学,专业底子薄,前面没人时,不少人很快崭露头角,但现在普遍后劲不足。

现在还能用当时的方法来高考吗?

不可能。77级78级的学生比较优秀，不是因为制度设计得好，反倒是因为此前的制度压制了十几年里比较拔尖的人才。

可大家都在批评现在高考制度。

现在高考制度弊害甚深，这些弊害一直延伸到小学教育。现在的问题是替代方案何在？近年来很多学者在探讨探索，这类探索具有头等的重要性。但弊端那么明显的制度一年一年延续，说明这样的坏制度有深层结构性的原因。阻碍改革的因素中有巨大的利益诉求。我们的高等教育类型单一也是一个因素。我们有科举制传统，科举制的一个毛病是选拔途径单一。但改起来也不容易，这跟我们的文化有点儿关系，例如，在国外，教师的评语等等会起较大的作用，外国教师讲规矩，评语比较可靠，中国人写评语就多讲人情，可信度不高。在中国升学若看重教师的评语之类，弊端可能更重。

您一开始研究海德格尔，后来转到语言哲学，很多学校都用您的《语言哲学》做教科书。您能简要讲讲您对语言转向的理解吗？

我的看法已经写在《语言哲学》里了呀。不过，最近我写了一篇"语言转向之后"，集中谈这个问题。眼下让我这样说吧。哲学一直在寻求天然合理的东西，表达得更强的话，寻求必然如此的东西，不得不如此的东西。必然合理的东西的源头在什么地方？一开始人们认为必然合理的东西在世界里，例如在月上世界那里，到了康德，必然合理的东西从世界那里转移到理性认知主体之中。语言转向可视作又一次转移，认为必然的东西的源头在语言中。可以把语言转向视作康德转向的延续。我觉得这是刻画语言转向的一个比较好的、我比较有心得的角度。当然你可以从别的角度来刻画。

比如，有些区分似乎是必然的，例如实体和属性的区分——哲学家历来热衷于讨论实体/属性问题。从前，人们倾向于认为实体和属性的区分是事物自身固有的区分，依照语言转向的思路，人们更倾向于认为这一区分要从主词和谓词的区分来理解，若说这种区分是必然的，那么这种必然性是在语言之中，语言要求我们从实体属性的区分或类似的区分来谈论事物。

科学革命之后，有一点越来越清楚：哲学的任务并不是纯事质方面的探索，那是科学的任务。哲学要探究的是我们自己的理解，探究这种理解中稳定的"必然"的东西。语言转向基于这样一种基本认识。"语言转向"只是一个名号，用来标识哲学对自身的这一反思。

但是，语言转向引起一种误解，就是认为哲学应该主要去研究语言，Linguistic turn 被译成"语言学转向"，我觉得就反映了这种误解。我最近几年主要不是谈语言转向的来历，而是谈"语言转向之后"，就是要问：语言转向之后，哲学就成了语言学吗？我自己的看法，简单地说，哲学关注什么是合理的东西，什么是真道理，而很多基本的道理凝结在语言中，所以哲学对语言感兴趣。例如，上面谈到实体属性的区分，这样的问题语言学家并不感兴趣——这不是一个语言学问题，它是个一般道理。

形形色色的道理，做人的道理，治国的道理，当然不只是语言问题，更何况，每个语族的语言跟它的历史—文化连在一起。不过，在反思这些道理的时候，尤其是要贯通这些道理的时候，把这些道理连成一片的时候，差不多总是要涉及这些道理如何凝聚在语言之中。例如，我们可以在很多层面上阐述知行合一这个道理，但我们对知行关系的一些基本理解已经凝结在我们的语言之中，凝结在我们的基本语词之中。哲学始终是对基本道理感兴趣，只不过语言转向可以让人们更切实地认识到很多基本道理凝结在语言中。

您翻译了《存在与时间》《哲学研究》等等二十世纪西方哲学的一些经典文献，您觉得我们在学着翻译西方哲学的时候需要注意哪些问题？

我翻译这些著作，主要不是因为它们重要，是我自己喜欢读，读得最熟。我觉得学西方哲学的人，必须做点儿翻译。你要说训练，哲学上到底有什么训练我说不好，我想中国人读西方哲学，翻译是个训练。我们一边读书，一边在理解，有时是模模糊糊的理解，有时是清清楚楚的理解，怎么区分？你翻译出来了，翻译对了，就是清清楚楚理解的最好证据。

当然，这里说清清楚楚的理解还是字面上的。我们所要追索的道理一层一层，没有完全清楚的时候。但这种基础层面上的清楚很重要。古人谈义理，先要有小学或者说语文学的基础。我们中国人读外国哲学，翻译最能体现这个基础。

西方哲学研究离不开翻译。实际上，至少在西方哲学这一块，我觉得一部好的译著通常比中国人写的一部所谓专著更重要。要把更多的著作翻译过来，我们以前了解的西方哲学还是比较窄，还需要把更多的流派更多的重要著作摆到那里，谁对什么感兴趣就去做什么。现在翻译的面宽了，量也很大，可惜翻译的总体品质还是太差，好的翻译凤毛麟角。我一直说，每个人少译一点儿，把这一点做得好些。中国这么多人，我们每个人其实都用不着做得太多，求多不如求好。如果每个人都做一点，把它做好，咱们中国那么多人，就会做出很多很多好东西。我是建议，每个人去翻译他真正喜欢的东西，认真研究过的东西，认认真真翻译，这个译本是尽可能可靠的。不像现在，翻译出来的东西不少，大半粗制滥造。这个问题挺突出的，特别是哲学书，也的确不好译。我和一些同道一直希望能建立一个翻译基金，至少在西方哲学这块，成立一个译者联合会来审定译本，奖励优秀的译本，把质量差的译本公开列出，起警示作用。可惜我们无权无势，只能空想。

对哲学生，翻译还有一层别人不常谈到的好处。论理往往不只看对错，更多在乎深浅。读哲学时间长了，会让人在这一点上变糊涂，丧失对错感、清晰感，什么事情都理解得稀里糊涂，还以为自己得道。翻译是有对错的，它提醒我们，并非在什么事情上都能自我辩护说：你有你的道理，我有我的道理。你可能出了硬伤，错了就是错了。因为翻译有硬意义上的对错，有的批评你就躲不开。常听人说，翻译是件吃力不讨好的工作。但被人挑错是好事，老是自说自话，倒是没人挑你的错了，可那有什么意思？

至于说应该注意什么问题，我的一点感受是，译名还是尽少依赖制造新词，如果要制造新词，尽可能制造可感的，就是单看汉语字面它也多多少少有点意思。我的意见从来都是这样，翻译是如此，写作也是如此。中国这么多人，每个人都制造十个新词，新词就太多了，弄不懂了。

最近又刚刚出版了您主持翻译的《西方大观念》。

《西方大观念》挺有用的。译得也不错。《西方大观念》本来是工具书，不是用来读的，不过，有人爱读字典，这种人也有的是吧。你现在思考一个话题，比如说你现在对时间这个题目感兴趣，或者对勇敢感兴趣，你可以去看看那个条目，了解一下前人都从哪些角度讨论过，它可能只说了一两句，但你一读，发现我的想法原来前人早说过了，也可能发现自己想偏了，前人多方面的讨论给出了一个整体的画面。

您还主持翻译过《希腊精神》那套讲古典文明的书。

那是挂个名。多少做了一点儿校对，尤其是《希腊精神》那一本。伊迪斯·汉密尔顿的这套书里，我觉得《希腊精神》是最好的。《罗马精神》也不错，《上帝的代言人》似乎稍差一点。

我特别喜欢陈老师的写作风格。我不是学哲学的，但喜欢读哲学书，可是大多数文章太难懂了，学术文章能不能用日常语言来写啊？

更多读者愿意来读哲学，这是大好事啊。读者希望学术文章平易近人，显然是个合理的希望。学术文章里充满了古怪的干燥的模糊的语词，弯弯绕绕的句子，别说让普通人望而却步，业内人士也照样头疼。当然，学术不属娱乐业，不能指望由媒体广为传播，让老百姓喜闻乐见。用中学生读得懂的话探讨深入的问题，当然最好，但你也不能指望都那么平易易读。

娱乐当然也有不同品味。人们谈论文艺，有时会想起品味，谈起思想，倒好像就没有品味这回事了。文章写得像会计报表。把维特根斯坦译成了粗人。其实，在思想领域，品味同样重要。你们研究生绝大多数肯定还做不出什么好东西，因为太难了嘛，但是，有些学生已经有一定品味了。他自己说不出来什么，但是在听另外两个人谈一个问题，他能够听出这个人讲得有意思，有启发，那个人在讲一些空话。

现在，好多学术文章难读，跟内容深奥曲折没什么关系。很多时候无非显示他是个学术家，是个身份标志。我们要识别一个人的身份，可以看他穿什么品牌进什么餐厅，但最保险的是听他开口说话，萧伯纳在《卖花女》一剧中把这一点写得淋漓尽致。派个中学语文老师去和卖毒品的接头，一开口人家就识破你不是同行。一个行当有一个行当的行话，主要的功能是设置门槛，不让这个行当外面的人混进来。你要搞学术得有个"会员证"，证件上的戳子就是学术语言——你可以不会德文、英文、希腊文、古文，但你不能不会学术语言。你说"天冷，水都结冰了"，他说"在外因的作用下量变导致了质变"，一听就听出谁有学问谁没学问。你没啥悟性，没啥才华，只要你会说学术语言就是学者，所以你埋头苦练，四年大学外加三年研究院，毕业后再实习三五年。费这么大劲儿学到的东西，谁挡得住他玩命用？

中国的学术语言还多一种特色。现代中国学术基本上源自西方，"理论层面"上的用语差不多都是译名，即使研究国学的，开口闭口说的也是客观、主观、超越这些"西方语词"。在中国人有自己的学术思想之前，总要受一点外文的欺负，对这也得有个思想准备。

总之，艰深的语言有时出自学术内容的要求，有时则用来骗自己吓唬别人，浅显的语言，有时是大师的炉火纯青，有时是流于表面不肯深思。如何分辨，我找不到一望而知的标准。不过我相信，读者只要留心,分辨起来也并不是很难。

说到写作,您的哲学写作风格很独特,特别注重清晰和通俗,这种写作方式是否与您对哲学的独特理解有关?

这跟我的经历有点关系。我本来只是自己读哲学,不习惯也不喜欢那种纯学院派的写作。我是寄生在学院里的民哲(笑)。哲学工作者聚在学院里当教授有点不可避免,不过这只是这一两个世纪的事儿,早先不是这样。

不过你是对的,这跟我对哲学的理解很有关系。哲学写作有时候很生硬,讲不到点子上,因为他是在那里构建理论。我呢,我根本不认为哲学的任务是构建理论。科学要构建理论,哲学不要。这个主张也许有点儿极端,我承认,虽然我不喜欢大喊大叫,但我有很多想法其实蛮极端的。但也不是我这么想,我喜欢的哲学家,尼采、海德格尔、维特根斯坦、威廉斯,他们都是"反理论"的。西方哲学一开始就有理论化的倾向。本来,他们也不分哲学还是科学,我把那叫做"哲学—科学"。时至近代,康德、黑格尔、马克思,还是把构建一套万全理论作为哲学的终极成果。今天,思想的环境早变掉了,要说建构哲学理论即使在古典哲学时期还有些道理,在今天就全无道理了。

维特根斯坦反对理论,他认为哲学是用来治疗的,但这是不是太消极了?

治疗不消极啊,医生给咱们治病,这可不消极。他要是承诺给我打造一副全新的身体，那倒太积极了。维特根斯坦所谓治疗针对的是智性上的困惑，智性上的治疗靠的不是理论，而是靠一种贯通。他不光谈治疗，也谈综观什么的。只有触类旁通，这种智性上的困惑才能消解。不谈贯通，单说治疗，听起来会过于消极和简单了。

您把哲学理解为穷理，穷理跟理论怎么区别？

哲学思考一开始的起点总是我们平常想的事。后来慢慢会离开这个起点。比如，我借钱给一个人，没想到写收据，后来他赖账，我告到法院，法院不支持我。作为行动者，我得想方设法让他把钱还给我，作为思想者，我可能去琢磨为什么明明我有理而法院不支持我，琢磨法律和习俗之间的关系，等等。我从一个具体的遭遇开始去考虑这些问题，但到后来就跟起因没什么关系了，变成穷究道理了。但一方面，穷理若要有意义，它必须跟产生问题的原生情境相联系，虽然随着穷理的发展，这种联系越来越不容易看清楚。我们哲学系的学生，常有这方面的困扰，他本来带着一些问题来的，可进到学院里，好多理论摆在眼前，你不可能两三年把它们都弄明白，学院体制鼓励你挑定一个理论，钻进去，越做越细，你最后可能成为专家，但你也许完全忘了你一开始想要弄清楚的是什么。后来，你的所有"学术"就是在理论里绕来绕去。比如语言哲学，一开始，在弗雷格、罗素那里你都能看见源始问题，虽然他们已经是专家了，但到二十世纪七八十年代，很多语言哲学的论文，是纯粹的学院哲学，你已经很难看到它们讨论的事情对澄清源始问题有什么意义。

困难在于，一方面，穷理并不停留在常理上，它会发展出某些比较专门的讨论，另一方面，它必须以某种方式与常理相联系。我们没有什么外部标准来确定某些专门化的讨论实质上是否有意义。我们既不能泛泛要求哲学都写得明白晓畅，也不忍眼睁睁看着哲学变成单属于几个专家的活动。学院哲学很大一块最后变成了自产自销。是，从前一个时代就那么几个哲学家，现在，哲学从业者成千上万，人多了，自产自销才能玩转起来。

我们也想从源始问题想起，但想着想着，就不知绕到哪里去了。

这个困难，我们从业多年，仍然天天碰到。最近有个学生写论文，大学本科毕业论文，题目"什么是语言"，我是他的导师，我看了说，你一上来就建立了一个语言理论，我不知道你的这些思考跟前人的哪些思考连着——无论是赞成还是反驳，你也不顾及我们一般了解的语言现象——无论是用这些现象来作证还是指出这些现象是些假象，一句话，我不知道你的思考跟哪儿连着。他说我就是不要跟已有的理论连着，就是要建立我自己的理论，我想从头思考，我就从语言本身思考。我说，你也从头思考，那个同学也从头思考，每个人都没有 reference，每个人都从头思考，别的不说吧，单说一点，你不能指望老师来从头弄明白每个学生自己的理论，是吧。有些民间哲学家就是这个路子。最好从某个大家比较了解的哲学家或哲学思想出发。维特根斯坦够离经叛道的，但他的《逻辑哲学论》从弗雷格和罗素出发，他的《哲学研究》开篇先引奥古斯丁。你尽可以标新立异，但你得以某种我们熟悉的东西为参照，然后我们才能明白你与众不同的东西是什么。

前面的哲学家那么多，哪些是应该去攻读的重要的哲学家？

哪些哲学家最重要？一般说来，哲学史列出的那些哲学家是重要的。不过，谁重要这件事没么重要，重要的是你看看哪个最能帮助你思考。也许是康德，也许是休谟。依我的经验和观察，要紧的是读懂一两个大哲学家，康德也行，黑格尔也行。一个大哲学家，你要思考的问题，他差不多都思考过，作为思想资源，作为对话的依托，系统读懂一个两个哲学家就够了。当然，其他哲学家你也得深深浅浅再读几个。

您觉得读柏拉图，哪个文本比较适合我们大一学生？

我觉得可以先读苏格拉底的申辩，《申辩篇》。读柏拉图，最后肯定要读《理想国》，它的确是柏拉图比较全面的一篇，而且是人人都读的。

我是学黑格尔的，但老师让我先读康德，说不读懂康德就读不懂黑格尔。可黑格尔我都读不过来，实在没时间再去读康德。

老师这话有点儿道理，不过，也有个限度。我也听人说过，你读《存在与时间》，你要是没读过海德格尔的早期讲稿，你无法理解《存在与时间》。他也可以反过来说，你真要读懂《存在与时间》，你还得了解他后期思想是怎么发展的。还有那么多二手资料呢？再说，你不读胡塞尔你不可能真正读懂海德格尔，从胡塞尔又可以连上去，连到康德，连到整个西方哲学史。这有点太吓人了，有点超过我们凡人能把握的东西了。

当然,艺多不压身,学哲学,不仅最好对整个哲学史都有点儿了解,还应该对历史、科学、文学艺术什么的都有点儿了解才好。不过,生也有涯知也无涯,真能读通一两个哲学家,那就很不错了。

有老师说,到了研究生阶段,主要不是去读书,而是要去读杂志上的最新研究。

按说,到研究生阶段,是该研究了。不过,咱们的研究生多半还在初学者水平,尤其咱们哲学系。哲学杂志不是给初学者读的。你哪天碰到了翻一翻,没坏处,至少你可以了解你的专业环境。在杂志上发表一篇关于亚里士多德 Delta 章的诠释,那他是认为你对亚里士多德已经相当熟悉,也熟悉此前关于 Delta 章的争论。他是在这个背景下 make a new point。专业杂志是知识增量,不是教育性的。所以,一个人拿到杂志,一般不会通读它。像我,这有一篇讲海德格尔的,我看看"海学"最近又有些什么新的说法,在争论什么问题——我对"海学"还是比较熟悉的。亚里士多德,你可能不是那么熟,但人人都知道一点儿。但是他要是在讨论一个二维语义学的问题,你就不会去看,看也看不懂,因为他假设你对二维语义学的一般背景已经很熟悉。

老师,我是研二学生,两年一晃就过去了,好像读了不少书,但也好像没抓到什么重点。

中国的大学,就像高中一样,是课程主导的,学生跟着课程走就好了。到研究生阶段，你要往哪里去，要由你自己来确定了。我常用一个比喻，研究生之前，像在河里航行，到研究生阶段，你被抛到大海中间，你要是自己没有方向感就糟了。当然，即使有了方向感，航程也很漫长。慢慢走着逛着，关键是一路赏心悦目，乐在其中就好。

读别人的哲学书，觉得很有意思，但一轮到自己写论文，简直不知道写什么。

是啊，要能不写论文就好了。你爱读小说，不一定爱写小说。干吗读哲学就非要写哲学呀。大多数人读哲学，个人有所得就很好了，不一定能对知识体系做贡献。但用纳税人的钱办了大学，不是光让你来享受的，要把你培养成专家。一方面，唯对某一片断做研究才可能达乎专精。学术者，无论多么聪明，多么见多识广，非经专科学习，专门训练，不能为也。另一方面，所谓哲学问题，从来都互相之间紧密联系，不知从哪里可以切割。

还有，硕士论文要写三万字，这可不只是比你从前写的东西长了两倍三倍，这牵涉到结构，就像摆家具，一屋子家具这么摆是一个样，调一件，其他的都要跟着调。

还有一个问题。我们写论文，要求有创新。我的确有我自己的想法，可是我不知道从前是不是有人已经写过了。

这是个挺实际的问题。文科生，书读得少，你就不知道你做的事情别人是否已经做过。当然，最好是多读书。不过，你无法遍读天下之书，要了解哪些事情是前人做过的哪些还没有做过，有个略取巧的办法，你去读最新的概述性质的著作，从那里你大概能了解到前人做过什么没做过什么。当然，权威的概述仍然会有遗漏，你发现，某种大家以为新的见解其实某个不那么知名的前人已经相当完备地阐述过了，那太好了，这件事本身就是个小小的学术成果了。

究竟什么算创新呢？

各种。例如，对某个哲学家的思想，在有争议的诠释上提出自己的主张；如果研究的是古人，评判古人在他的思想环境里是否做出了成功的论证。不是要站在自己的立场上评判古人，那没啥意思。总的说来，创新就是说说，能把前人读懂就不错了。尤其不要去学尼采、维特根斯坦，那倒是创新，可咱学不来。

依我看，本科生，甚至研究生，不用要求什么创新，毕业论文写一篇好的读书笔记就好了。你好好读一本书，所谓好好读一本，你肯定读了好几本吧。你能从自己的角度讲一讲，他到底说了什么？如果你要说哲学也有什么训练的话，就是弄清楚"那个人在想什么"。

我们选论文题目，应该选古代哲学家还是近现代哲学家呢？

没有一定，但我觉得选近现代的好一点儿。你选柏拉图，人家研究了几千年，你很难说出什么新东西。近人的世界跟我们自己的世界相近，问题意识相近，语言相近，就此而言，比较容易进入。但近人在讨论问题的时候，心里有学术传统的积累作为当然背景，初学者没有这种积累,往往茫然。古人不掉书袋,没有书袋可掉,他们论证方式素朴,古人的论证围绕着他们的基本主张,用的是厚重的常识,从他们那里我们容易看出一些基本道理的组织。不像近人的大批古怪论证,即使无可挑剔,对我们理解世界往往帮助不大。但古人的世界图景、习惯进路、语言,都离开我们很远。例如,今天我们谈到人性,免不了会跟生物演化连在一起来思考,古人基本上不是这么想的。再例如,古希腊人想到的德性,多半从 the few 着眼,我们想的多半是普遍道德,善良、勤奋啊,男女关系啊。他们的进路也不一样,讨论一个概念,他们常常从是否可分离、在何种意义上可分离来讨论,这种进路对我们挺陌生的,有时很难弄懂他们究竟论证了些什么。我不是说他们的进路不好,实际上,了解他们的进路,往往有助于松动我们的习惯,开阔自己的思路。读古人,主要是想从古人那里学习,这尤其包括意识到自己的世界图景中的问题。例如,我们恐怕很难再接受亚里士多德的目的论,我们已经具有一幅不同的世界图景,基于这种目的论的论证对我们无效。但即使如此,我们仍然有可能从目的论学到一些东西来修正我们自己的目的观念。

对了,还可以去写老师的某个想法,如果你对这个未尽的想法感兴趣。好处是老师会给予切实的指导。

陈老师,我想问问,怎样能提高自己的思想能力?

一时不知道怎么答,说个浅显的,提高思考能力,我想,主要靠读有思想的书,跟有思想的人交流。

我想问一个很傻的问题：我们到哲学系来是学什么的？我是说，我们学了哲学，将来能干什么？

这个问题一点儿都不傻。哲学是一种反思活动，我们学哲学的本来就该时不时问问自己，我们在干什么？化学系学生不用问化学是干什么的，他不大问的，也不大用得着问。

我年轻时候，有位老先生调侃我，说你们学哲学的，学会了就去教哲学，学生学会了，再去教下一代学生，跟别的啥都没关系。好吧，哲学系学生毕业后，一个选择当然是当哲学老师。那哲学老师除了教书，还干些什么呢？

一项工作是显而易见的，比如说我翻译海德格的书，然后我写了本《海德格尔哲学概论》，还翻译了几本别的书，写了点儿什么，介绍罗素的理论啊什么的。这个显然占了哲学系老师的相当一部分工作。做中国哲学的不用翻译，但也要用现代汉语做诠释。我们离原始文本已经很远了，或者语言不同，或者年代或者地域不同。现在社会发展又那么快，我们每一代人接受的都是很不同的知识和世界图景。柏拉图的知识跟我们所了解的知识当然非常不一样，他那个时候的社会状况跟我们现在的社会状况非常不一样，你直接去读柏拉图，不经过中间的这些诠释者，我们不懂希腊文，不熟悉希腊文化，很可能读歪了。这个就需要一代一代学者不断地重新诠释。而且这个工作，因为要诠释的是哲学思想，除了哲学系没有人做这些事情。诠释也分很多层次，从文字到思想，要诠释得好，有时候需要很高的思想水平。

为了做好这项工作，首先我们就得读好多文本。这点上，古人跟我们完全不同。最早的时候没那么多文本，苏格拉底不读书，柏拉图恐怕也没读了几本。他们更用不着去做翻译。他们之前已经有过一些哲学家，一些哲学理论，有过哪些哲学家，有过哪些理论，这些理论是怎么论证的，他们大致都清楚，一共就这么多嘛。观点可以不同，道理可以争，但前人都有过些什么学说，大家都知道。我们先秦的情况也是这样。我们今天完全不一样，我们面前有无数多的文本。而且，今天的知识体系无限庞大，谁跟谁的知识都没有多少交集。两位老师在那里讨论一个理论问题，第三位老师过来，这第三位老师虽然也做了好多年的哲学，但那两位在讨论什么，他们讨论的人、文本、观点、论证，他可能完全不了解。

不好意思，扯远了。对，第一类的工作是翻译、诠释，多数论文属于这一类，诠释之后也许做点儿评论，多数评论没什么大意思。

另外一类论文，另外一类工作，可以把它叫做前沿问题研究。"前沿问题"现在有点用得烂了。黑格尔研究中有前沿问题吗？大概不如说近期以来的热点问题。依我看，只有科学研究才有前沿问题，科学生，学完了基础课，你学 computer science，准备做博士论文，你说我正在读 1975 年出的那本书，没有人读那个，都读上个礼拜出的论文，这个叫做前沿。这跟哲学生反着。柏拉图、亚里士多德，两千多年了，大家还在读。当前火得不行的哲学家，可能下一代就不知道他是谁了，两代之后被忘得干干净净。《论语》《道德经》《庄子》，永远有人读，读得开心得不得了。

要说哲学工作里面有哪部分前沿，今天来说比较突出的就是心智哲学，但所谓前沿，无非是说，他们追科学的前沿，跟进脑科学的最新研究等等。我出国求学那时候，比较热的是语言学方面的，现在主要是心智哲学。

第三类工作是做观念批判，反思现实问题，这一类工作在媒体上比较活跃，本来学院里不一定要做这个，不过，这几十年在学院里面也很热闹。

还有一类，大概想成为柏拉图这种人，成为孔子这样的人，想着建立一个大理论，指导社会，为万世开太平的那种。老学生都知道我是不太能接受这种想法的，别说咱们，就说孔子和柏拉图自己，也没开出万世太平来啊。不过，这些年，抱这种大志的人在哲学系里不多了，现在基本都转到中文系去了。构建宏大理论打算领导全世界的多半是从中文系出来的。

我就想到哲学系的老师在干这四件事，还有没有？你们想起什么告诉我。

陈老师，您说的这些，那还有没有创造性的工作呢？您说的都是哲学教授，不是哲学家。

哲学教授是不是哲学家？化学教授是化学家，可把哲学教授称作哲学家让人觉得很别扭。古代哲人不是贵族，不是统治者，他是依凭精神和智性的优越成为优越者的。在这个平民化时代呢？今天的哲学从业者通常缺精神维度，智力也平平，刚好当个教授。不过，诠释前人的著作是件实实在在的工作。我觉得诠释工作，至少有一类，也是创造性的。孔子述而不作，谁也不会说孔子没有创造性。我只是想，创造不一定是创造哲学体系。最重要的是把事情弄明白，最后是不是自成一家之言，这个让别人去评判。哲学问题没有完全弄明白的时候，几乎所有传统问题都还可以再去思考。

古人做学问，说是"为己之学"，我也想做为己之学，但学校不让我毕业。

是，那时候所谓学问，跟做学问的人是连在一起的，跟读书人的心性连在一起。读哲学要求有点儿智商，但它不是智力游戏，它要能够通达我们深心中的感受。人们常说，哲学是一种生活方式——一种自我提升或自我转变的方式。孔子甚至说，行有余力才去做学问。孔子、墨子、庄子，各有各的哲学思想，各有各的治学方式，他们的学问显然跟他们是什么样的人连在一起，我们没法把孔子的主张跟他这个人分开，没法把庄子的文章和他这个人分开，很难想象庄子这个人写出的文章会像孟子那样，或像荀子那样。反观今天，我们都用格式化的论文体写作，看不出一篇论文是谁写的。这种写作方式是在模仿科学写作，模仿得越像，就离开人文越远。它倒有个好处——方便刊物采用匿名评审制度。不少哲学论文写得起承转合中规中矩，就是不知道它跟我们的所思所感在哪儿连着。好在现在的哲学从业者是 the many，成千上万，学术刊物也成百上千，只要我挤进了学院哲学俱乐部，哪怕我没什么有意思的事儿可说，哪怕大多数所谓学术刊物并无读者，仍然有希望找到个地方把文章发出来。

不过，古人的这个"己"，跟我们所理解的"自我"有很大区别。粗说，古人所说的个人不是由个人隐私构成的那个个人。我们不能想象孔子的"己"是由他的个人欲望、个人利益构成的。孔子的"个人"生活理想跟他的政治理想、社会理想很难分开，所谓"成己"本身也主要是从社会意义上来讲的，成己与成物相连，是内外之道相合的一个面相。《中庸》里有句话说："诚者，非自成己而已也，所以成物也。成己，仁也；成物，知也。性之德也，合内外之道也。"孔颖达的疏说："言人有至诚，非但自成就己身而已，又能成就外物。"这一部分在于古人的公私之分跟今人的公私之分不同，我们今天会把恋爱结婚这些事都视作个人的事儿，在古代，这些事是典型的社会生活。而且，古人的"公共生活"离日常生活不那么远。这里还要考虑到上一条：古人谈论这些事情的时候，眼里看到的只是 the few，那些起引领作用的人物，他们的自我是什么样子的，天然就有社会意义。孔子把君子之德比作风，风自刮它的风，草木就跟着动了。庄子的意象其实也有相通之处：一棵大树，它自长它的，我们普通人可以到树荫下面乘凉、逍遥。今天我们讲到己或者自我，背景大不相同，在我们这个平民化时代，the many 也有自我，每个人都有个自我。我是个什么样的自我，差不多只是我个人的事情，跟社会没什么关系，除非这个自我去违禁犯法。

我没有做学术的想法，我来上学，是想成为一个有文化的人，可我都不知道到底什么是"文化"。

"文化"的意思太多了，我说个荒诞不经的定义吧：没文化的受到有文化的熏陶，有文化的从没文化的那里汲取营养，这个双向活动叫做文化。我想说的是，有文化挺好，但也不一定一味文化。

我想问的是，为什么很多学过科学的人，很多科学家，他们对神都深信不疑？

首先我想说，信不信上帝并不都是思想问题，主要是文化环境。你出生在基督教家庭里，你从小就信上帝，你要是后来不信了，人家会问，怎么这个人不信上帝呀？在这个家庭里，在这个社会里，信上帝自然而然，不一定会去问为什么会信。

更实质地回答你的问题，我恐怕答不好。说两个想法吧。现在，大多数科学家不会认为上帝不断干涉物理世界的活动，但是，还是有很多问题，物理学使不上劲，人生的问题，人的灵性生活的问题。有的科学家认为即使好多物理学问题也无法在物理学的框架里解决，比如薛定谔，大物理学家，当然，不一定要求助于基督教的上帝，薛定谔没有走上帝路线，他走的是阿赖耶识路线。

至于牛顿他们，情况又不一样。基督教与科学革命的关系，是科学史上一个热门话题。不少论者的结论是，只有在基督教世界中近代科学才可能产生，例如对牛顿来说，整个宇宙是上帝的表达，因此，这个宇宙本身是有意义的，它是有秩序的，由一套规律统治着，是我们可以理解的。我们说话，互相能听懂，自然是上帝的话语，物理学家能够听懂。

您怎么看待网络写作？

没读过，不知道。从网上下载书读算吗？网络小说什么的没读过。当然，会上网查资料什么的。

您反对互联网？

我们老年人难免有点儿怀旧，不过，我好像不是厚古薄今那种类型。互联网里充斥着大批无聊的东西，但同时有好多好东西，好东西照样可以借助互联网传播。对我个人来说，网络公开课是互联网所做的最有益的一件事了。我最受益的是TTC，一流教师，伯克利的，哈佛的，要想享受到世界上那么多一流的课程，除此之外，别无他途——这些地方我不一定考得上，即使考上也只能在一个学校听课，现在你却能听到各所大学名师的课程。当然，多数只是导论课，佛罗伦萨史、量子力学导论，对我来说够了，听听这些introductions对我就很好了，至少能温故知新。何况，有了今天的廉价技术，即使小众的课应该也能制成公开课，比如说前沿的物理学研究，只有几十几百听众，也可以制成网络课程，把它挂在大课上就行，一个链接而已，你只要喜欢一下子就能连到那里，小众就小众，大多数人不去链接就是了。互联网教学的发展不一定需要总有一百万听众。现在主要是英语课程——小语种做起来要难点儿，汉语倒是大语种，但不知道有没有那么多好老师，那么大的学习需求。将来应该能够做起来。我猜想，互联网教学很快就能够取代现在的各种学校。

不过，互联网也带来了很多负面的东西，例如大家常说的信息碎片化什么的。网络初兴时，有人预言网络会带来很多良性变革，其中不少看起来预测得岔出去了。人们预言意识形态欺骗会变得不大可能了，网络上的确能找到很多披露历史真相的材料，或至少是引向真相的质疑，但大多数网民仍然是各取所需。甚至有时会加剧简单化的倾向，因为网络传播本来就有简单化的特点。互联网将促进民主化的预言也颇可疑。我们本来想当然地以为信息流动加快会使得社会流动性更加活跃。所谓美国梦，可以说成社会自由流动。可我读到的研究显示，现在美国的社会流动性是在减低而不是在增加，关于中国的研究也大致是这个结论。这是不是事实可能要等一段才能知道，如果是个事实的话，就有意思了：一方面信息流通在加快，获得信息的途径在增多，另一方面社会阶层在固化。

我觉得互联网带来的好处更多，尤其是扩大了人的眼界，把我们从生活的局限里解放出来了。

从前远在天边的，现在近在眼前。这当然有好处。比如说一个小城镇的孩子，爱读书，以前找不到什么图书，那里没有公共图书馆，有图书馆也没有什么好书。现在网上有好多好课程，也可以找到很多好书。再比如，你有个特殊的爱好，爱好东西伯利亚的音乐，以前，你很难找到同道，现在却能够通过网络形成一个兴趣共同体。眼界扩大当然有好处，但眼界太宽也有负面作用。以前我们在公社打球，公社篮球赛，各个大队都派球队参加，好多人来看，你是哪个大队的主力，人人都认识你，佩服你，拼命给你鼓掌——倒不是明星感，熟人中间没明星，你不是明星，但很自豪。有了电视之后，谁都不去乡里县里看打球了，大家都去看NBA——把你那场比赛放在一起实在没法看。其他方面也都是这样。现在说创新，大家都去创新没问题，但创新成功的毕竟是少数。本来是一个个小的community，有点小本事一点小创新就行，有点儿小成就就怪激动，别人也跟着激动。现在不是全世界最新的就不算创新。要做就得做到世界上最好的。那我们哪有这个机会？我们现在见多识广，你没做到世界级，就算失败了。从前的藩篱打破了，有一种解放感。我出生在一个小山村子，第一次来到海边，站在大海边上，会有解放的感觉。可是你永远回不到你的村庄，永远站在浩瀚无际的大海边上，甚至漂流在大海中央，那就可能不是解放感而是无力感了。今天的人容易产生失败感和无足轻重感，原因非常多，我想这跟人人都面对漫无边界的整个世界有关。一个人直接面对太大的世界会带来一种无力感。

我的想法很老套——新的时代来了，有些东西会失去，有些人怀旧，我的朋友里甚至有人设想建立儒家保护区。在我看，退回去是不可能的，我们能做的是设法把我们所珍爱的东西融合到互联网时代之中去。每个时代都有它自己的好，自己的坏。我们争取把自己的好东西传下去，不管时代有多艰难，只要你挺过来了，就可以把一些美好的东西传下去。你们的时代已经大大不同了，但还是可能把这些美好的东西融化在你们自己的生活之中。

思想增益元气

(2018年3月2日《新京报·书评周刊》书面采访)

汤唯问：当今时代，科学占领话语权，哲学如何自处？何去何从？以及先生如何看待科学技术哲学这一门学科，是当今时代科学与哲学最好的结合吗？

感知和思考按自身的逻辑起伏进退，科学和技术按自身的逻辑要求进步，不断进步，最后取得压倒的优势。何况，科学技术制造出有用的东西。哲学早已退下王位。这是好事，有利于不张声势、更真纯地思想。

智慧的一个要求是，不让任何一种智慧充当王者，来统治世界，统治自己。我们有智慧，形成智慧之友的朋友圈。智慧之光照射多远，不由我们决定。

科技哲学要么是协助从事科普，要么是思考在科技统治的时代怎样保护思想和感知的活力。

尚心问：在科学横扫一切的时代，尤其是科学进步日益挑战原有人文观念的时代，人文学该怎样发展，人文学者该有怎样的作为？

人文学在不断社会科学化，大势所趋，不过，只要你愿意，不见得必被大势裹挟。

摘星星的孩子问：经常进行哲学思考、审视人生的人被认为是多愁善感，经常用科学数据进行分析的人才被认为是理性，明明这两者都是对现实世界的思考，只不过一个是量化的一个是描述性的，可为什么现在的人只崇拜数据，却鄙视文字的描述呢？

因为人们渐渐不那么在意在友爱的意义上理解世界，更在意利用世界。数据帮我们大力开发世界，利用世界。

缺了感受和思考，世界就索然无味了，然而，世界好像是为横冲直撞的人设的，不是为善感求真的人设的。也不尽然，想想希腊人。第一位的是活力，活力既是鲜活地感受、好奇，也是敢作敢为。不要盯着自己的感受，放开来去感知世界，不要盯着自己的善意，出手去为你在意的人多做点儿什么。

陈彬华问：这些年多多少少读了些哲学的著作，很可怕地有了所罗门说的加增智慧的也加增忧愁。想问老师，究竟该如何面对尼采、萨特揭示的悲观一面后，再能够学会他们面对人生强大的力量呢？

忧愁也不是坏事，只要你扛得住忧愁。要是快扛不住了，就别读哲学了，去看娱乐节目什么的。不说变得强大吧，说保护、增益元气。你觉得读哲学增益了整个人的元气，就读，觉得气短了，就放下。

谢玉问：2015年您在和周濂老师访谈里说："伯纳德·威廉斯认为，这种无所不在的反思会威胁和摧毁很多东西，因为它会把原本厚实的东西变得薄瘠。我们是否能够以及在什么程度上以何种方式不陷入过度反思，这是当代生活面临的一个很重要的问题。"您建议人应该多做事，多实践，"何为良好生活"的主题是建议人要多实践。但有时候反思也是一件挺费时间和心力的事情，我就有这个问题，您可以说说该怎么减轻过度反思，或把反思引导到帮助更好地实践上？

瞎说几句，只说防止过度反思，不说反思不足。一、我们循着道理反思，反思时，时不时停一下，跟自己的经验对勘。别只被道理领着走，因为我们认之为道理的，不一定是真道理、实实在在的道理。更不要事事"上纲上线"。二、跟不那么好反思的人交谈，跟未经反思的想法对勘。三、体会一下自己的生性有多厚，反思以不压垮生机为限。四、参加足球、篮球之类的团队体育活动，要求你即时反应，即时与他人互动。归结为一点，用厚实的生存托起反思。

陈徐颖问：箴言式的哲思到底在什么层面上有意义？我总觉得成体系、有坚实的论证过程的思考更让我信服，但不少哲学家也写了很多箴言式的哲思。我们该如何去阅读、理解这种哲学？

像"成为你自己"这样箴言，可以有无数不同的理解，深者得其深，浅者得其浅。很多人好道，但没有时间或心力去阅读、去理解系统的哲学，记一些箴言在心里，随自己的实践成长，时不时回味对照。这跟系统研习有坚实论证的哲学不是一回事，但从实践领悟来说，两者也会有殊途同归之妙。箴言也分好多种，像"己所不欲勿施于人"这样的箴言，内容相当确定，可以视作一种系统伦理观的概括。

揭乐问：我记得 2015 年您回首师大图书馆做了一期关于读书的演讲，提问环节有个女生问您文学理论和文学创作的关系。您说："做理论就是做理论，不会带动别的发展，理论只是学院的派生物。"我对此记忆犹新，想请问您能不能再具体说说理论到底对于我们的生活意味着什么？

"理论"的一个意思是概念层面上的反思，这是我理解的哲学，是一种重要的精神活动。一个意思是把握深藏在可见事物背后的唯一的实在结构，也就是科学理论。科学理论促生现代技术，技术改变历史进程。若在这个意义上看待哲学，哲学的理论化将误导哲学思考，接受哲学理论指导的人将伤害他的人生，如果从事政治，则将伤害政治实践。艺术和诗保持在可见的、可感的事物之中，抗拒对世界的唯一正确解释。文艺理论有多种类型，现在流行的理论往往喧宾夺主，不是围绕着作品生发，而是把作品理解成了社会学心理学理论的示例。至于创作的一方，我一时想不出谁按一种理论创作出好作品来。

谢东阳问：在阅读中我发现哲学史的书写和学习似乎很少涉及哲学家的生平及社会背景，但文学史总会考虑到作家一生的经历。为什么我们几乎不从哲学家的人生经历去理解他们的思想而更多地从他对之前的哲学家思想的继承与创新来解读？

你的问题很有意思，可以沿着它想很远，我只说个开头。你的观察大致成立。即使我们对荷马其人或莎士比亚其人没什么了解，我们至少很在意他们的时代背景。哲学家的情况更多样些，例如蒙克的《天才之为责任》，也许为我们理解维特根斯坦提供了不少助益。想来，是否关注母鸡，要看了解母鸡对理解鸡蛋有多大帮助。举个典型的例子：学习解析几何，不怎么需要了解笛卡尔其人及其时代。这跟我们的一般印象相吻合：在好多方面，尤其从个人性和时代性来看，哲学间于数学/科学和文学之间。数学史在更强的意义上是自成一体的问题史：后人解答前人未解决的问题。一件文化—思想产品，一方面跟具体经验相联系，一方面跟同类产品相联系。诗人、小说家、画家的创作，更多是处在特定时代中人的精神表达，虽然他同时也可能有兴趣回应前辈同行遇到的困难，发展他这个特定行当中的某些技术。

徐晓娟问：我本科是学习哲学的，研究生研究康德的宗教哲学。我想问陈老师您觉得有没有一种所谓的哲学性格，就是感觉非常敏锐、细致，易于察觉事物或问题的丝丝扣扣。

当然有。各行各业都有与之相应的禀赋。你列举了几项适合哲学的禀赋，还可以添上很多，例如视野宽阔。尤其独特的，是对概念差异（这该叫做"行动"还是叫做"行为"）和概念联系（"功能"和"目的"是怎么联系的）敏感；代价是对物质差异不敏感，对八卦不敏感。

郑锐君问：前几天去香港，发现那边有吸毒人员，会聚集在天桥，行人不敢路过，对整个城市的文明，市民的生活其实造成了困扰。但是香港又是个讲究人权的地方，没有法律规定可以抓吸毒的人，只能抓贩毒的人。所以我很纠结，在这样的情况下，部分人的人权跟大多数人的生活诉求，该怎么去抉择和平衡。

个人权利和当下集体利益时有矛盾。负责任的政府尝试解决这类矛盾的时候，不可能只是就事论事，必须在现行法律等等一般社会框架下行事。现代社会总体上给予个人权利较大的权重，我个人认为，有时给予了过大的权重。但不管更重视哪一端，这类矛盾不可能完全消除。我倒觉得，一个城市不要太过追求整洁，这里那里有点儿芜乱并不是坏事，学会生活在这种环境里，心更宽，说不定还有一番乐趣。

陈杨问：陈老师如何看待道德与自然之间的关系？道德更多是人对自然的超越与建构，还是自然与人类演化的一种衍生？换句话说，道德的确定性应该更多地从人类间的共识中寻找还是从人类演化历史中寻找？

我相信实际生活中的道德追求是以社会共识为参照的（这是道德/自然关系的一种）。各个社会的道德形态和水准差别极大，此一社会中人很难依彼一社会的标准行事。在一个特定社会里，有道德追求的人努力比平均水平做得好些，有人多多少少好些，极讲究道德的人好得多些。即使自利受损，他们也愿意这样做。放长眼量，也不见得自利受损。一则，诚信有时是有回报的。二则，不走歪门邪道，多半会加紧锻炼自己的正经本事，这些正经本事多半也有回报。

但若去思考道德起源，恐怕必定要把演化论一道考虑进来（这是另一种道德／自然关系）。以演化论为背景来探究道德起源是一个理论难题。

江小鱼问：我一直有个困惑未能解开，借此机会想向您请教。假设，是您在日本侵华时的沦陷区生活，您是有名望的学者，日本人以您全家及一个学校的学生的性命来胁迫您做校长，如果不做，就杀人，那么，这样的境况下，是否没有一个忠孝两全的办法？因为我知道，那些曾被迫为日本人做事的，都会被认定是"汉奸"，所以，为了保全自己的名节，就只能死么？可是，自杀以后，不是还会有别人来做么？是不是没有两全的办法？

对生活在平顺时代的吾侪小民，你的问题很"虚拟"，但在动荡的年代，对那些处在潮头的人，这类问题可以实实在在。两全的办法恐怕没有。该怎么两难择一，恐怕也没有一般的答案。具体评价历史人物的选择，需要好多好多细节。但你的问题里有两点，我有比较明确的看法。第一个，我不做恶事别人也会做，不是我去做恶事的理由。第二个，我要是方孝孺，恐怕会向暴君屈服。当然，这有一部分是我无法深入骨髓地体会忠君观念的分量。大忠大勇的故事可歌可泣，但我承认我更多从一介升斗小民来设想自己的生活。跳开来说，平常时候，咱们都多少做点儿这个那个，改善我们的环境，防止暴君和暴虐局面出现。

丁雷问：在今天，当现实与正义冲突时，追求正义往往会被认为是"单纯"、"不成熟"的表现。原本应该公平的驾照科目三考核中，拒绝绝大多数人都默认的潜规则，宁可凭自己实力的情况下不合格，也不要在输送利益后得到额外帮助而通过，这样不切实际的理想主义，是否有价值呢？而如果要破坏潜规则又必然会伤害一些被裹挟的人，又是否值得呢？

我不是康德主义者，不认为有放之四海皆准而具体可循的道德要求。但各个社会、各个人都有些确定要求。我希望自己比平均水准做得好一点儿。

未来之思的臆测

（原载于王庆节、张任之编，《海德格尔：翻译、解释与理解》，三联书店，2017年）

过渡之思与未来之思

海德格尔一直把自己的思想视作一个过渡，这一点在二十世纪三十年代之后更加明确，直到他最后的日子。过渡包含两个显而易见的要素：一是上一个时代的结束，即形而上学时代的结束；二是下一个时代尚未开始。

形而上学时代

海德格尔对形而上学时代有多种刻画，本文强调两个相互联系的要点。[1]

一是整体性及普遍性。《哲学的终结与思的任务》第一节开始就说："哲学即形而上学。形而上学着眼于存在，着眼于芸芸存在者在存在中的联属而把存在者——世界、人、上帝——作为一个整体来

---

1 海德格尔一向从思想发展的内在理路来谈论历史，不屑多看纷纷杂杂的历史演进。在我眼里，内在理路并不是什么事先注定的道路，而是我们在回顾纷纷杂杂之时努力清理出来的线索。

思考。"[1] 然而,"'体系'时代过去了"。[2] 形而上学的终结在于:形而上学完成了——"完成了的形而上学的时代就要开始了"。[3]

二是哲学发展为科学。只有对象化的研究方式才能达至整体性。物理学家把这种整体性的探求称为"统一理论"或"终极理论"。

过渡之思

"并非随着哲学的终结,思也已一道终结。思正向另一个开端过渡。"[4] 海德格尔一般把自己定位于过渡之思。

为什么不是新时代的开创者呢?因为有待思想之事太巨大、太伟大。

> 今天还没有一个足够伟大的思想家说话,直接地、以清楚成形方式把思带到思之质的核心从而也就把思引上正途。对于我们今天的人,有待思想之事的伟大处是太伟大了。我们也许最多只能努力沿着所行不远的狭窄小路为过渡到有待思想之事稍事修建。[5]

稍事修建狭窄的小路,"这一任务只是准备性的而不具建树性质。它满足于唤醒人为一种可能性做好准备,而这种可能性的轮廓

---

1 《哲学的终结与思的任务》,载于《海德格尔选集》(下),上海三联书店,1996年,1242—1243页。本文所引的海德格尔文句有时是我自己的译文。
2 《哲学论稿》,商务印书馆,2012年,4页。
3 《形而上学的克服》,载于《演讲与论文集》,三联书店,2005年,80页。
4 《形而上学的克服》,83—84页。
5 《只还有一个上帝能救渡我们》,载于《海德格尔选集》(下),1317页。

却仍晦暗不明，它的来临仍悬而未决"。[1] 未来之思是否来临仍悬而未决。的确，我们还有没有未来，这本身就悬而未决——"如果历史还将存在的话"。[2]

那么，我们为什么还要不懈地探究思的历史？正因为"这种可能性的轮廓却仍晦暗不明"，我们才需要不懈地探究思的历史，并不是为未来指明道路，而是无论怎样走上未来之路都有所追忆。"更原初地去深思那种原初地被思考的东西，这并不是一种要恢复过去之物的荒谬意志，而是一种清醒的期备态度。"[3]

未来之思的可能性

关于思的新的可能性是否来临，海德格尔并不总是这样犹豫，有时他说得很肯定。无论如何，事涉思想在未来的可能性，海德格尔说了不少。

理所当然，未来之思的可能性与他对形而上学时代的刻画相对照。它不是对一切价值的重估。在海德格尔看来，尼采一方面颠覆整个形而上学传统，另一方面自己仍处在这个传统之中。尼采判断，最高价值已遭废黜，而最高价值曾在的"那个旧位置"还作为空位保留着，将由新价值来填充。[4] 这不是海德格尔眼中的新的可能性。那么，我们似乎可以得出结论说：未来世界中，不再有最高价值的位置？

未来之思将从形而上学过渡到存有历史〔性〕的思想。[5] 它是"另一个"开端（4页）。"另一个"，不是一般意义上的"第二个"；换

---

1 《哲学的终结与思的任务》，1247 页。
2 《哲学论稿》，26 页。
3 《技术的追问》，载于《演讲与论文集》，21—22 页。
4 《尼采的话"上帝死了"》，载于《林中路》，上海译文出版社，2004 年，237—239 页。
5 《哲学论稿》，1 页。本段其他引文亦出自该书，随文注出页码，不另立脚注。

言之，它不是在同一条长江里后浪推前浪。未来之思恐怕是一种对我们来说极为陌异的思想。它不是对象性的把握，不是"关于"某物进行论述，"把某个对象性的东西描绘出来，……而是……Vom Ereignis"。(2 页) 未来之思乃是一种思想过程。(2 页) 规定着这另一开端中的开端性思想的风格是"抑制"或"谦抑"(Verhaltenheit)(17 页)，即"向 Ereignis 之转向的克制着的先行跳跃"(40 页)，"在离—基深渊中的创造性的经受"(41 页)。

我们真能对其来临尚悬而未决的未来之思会有何种轮廓加以猜度吗，甚至能够知道规定未来之思的风格？只是眼下正在做准备的思不可能取成形而有所建树的方式抑或未来之思将永远如此？从海德格尔对他自己的思想的刻画来看，从他对过渡之思的刻画来看，过渡之思与未来之思的特点似乎相同。

实际上，倘若我们不是站在思外面把思的过去与将来作为对象来做一番观察和猜度，而是从所思之事的本质出发去思，那么为未来的思做准备恐怕已经是未来之思了。"在此小路上，不可预先思考的东西却能得到思考了。"[1]

海德格尔说，准备之思"小于哲学"。一个原因在于技术—科学—工业时代的公众意见之顽拒思的影响更甚于往日。更根本的原因则在于"这一任务只是准备性的而不具建树性质……"[2] 我想，未来之思"小于哲学"，因为我们不再相信思想者是真理的代言人，于是，未来之思不可能是哪个伟大思想家之思，而只能在思想者的交谈之际生成。

---

1 《哲学论稿》，441 页。
2 《哲学的终结与思的任务》，1247 页。

Ereignis

从所思之事的本质出发去思，就是思 Ereignes。但 Ereignis 是什么呢？

"Ereignis 是什么"这一问本身不成立，因为 Ereignis 不是一物，不是"什么"；一问"Ereignis 是什么"，我们又陷入了表象思维，又把 Ereignis 当作对象来考察了，而不是从 Ereignis 来思，Denken vom Ereignis。

二十世纪三十年代后，海德格尔无处不讲 Ereignis，在他对早期文著的边注中，处处把关键词改写成 Ereignis。作为海德格尔中后期文著的主要译者，Ereignis 之难以翻译也难以解说，孙周兴深有体会。困难很大程度上在于，"纯形式地描述存在—存有—Ereignis，〔或，纯形式地从 Ereignis 道说〕这是如何可能的"。[1] 当然不止 Ereignis 一词。这些"纯形式的描述"中的几乎每一个词，Stimmung, Verhaltenheit, 等等，海德格尔都宣称它并不是平常所说的那个或那些意思，实际上他的确是在不同寻常的意义上使用它们——"这种基本 Stimmung 几乎不能用一个词语来加以命名，除非是用 Verhaltenheit 这个名称。但这时候，这个语词就必须在整个源始的丰富性中被看待"[2]。仿佛海德格尔自有一套语言，每个语词的含义都须在这个特殊的语言系统中才能锚定——如果真有可把握的含义的话。[3]

强为之译，孙周兴从前译作"大道"，现在译作"本有"。海德

---

[1] 《哲学论稿》，孙周兴的"译后记"，581 页。
[2] 《哲学论稿》，422 页。
[3] 海德格尔会自辩说："所有基本语词都被用滥了。"见《哲学论稿》，1 页。后世美国总统们的演讲所用的还是 founding fathers 所用的语词，其中的精神却已流失大半。

格尔所说的 Ereignis，若挑出一个比较主要的意思，指的是这样一些事情，在这样一些事情中，有一些存在者被牵连进来，在这种牵连中，它们各自成就自己，同时让他者成就他者自己。举一例吧——人所周知，海德格尔反复谈论诗思比邻，有一段说："把诗与思带到近处的那个切近本身就是 Ereignis，由之而来，诗与思被指引而入它们的本质之本己中。"[1] 依此，半翻译半解说，我会建议用"归本生发"，有时用"各自归本生发"，来对应 Ereignis。

我愿选一段我关于《物》的解说来说明我的想法，选这个文本是因为，在那里，多数语词的用法还算接近寻常含义。[2]

在《物》一文中，海德格考证，"物"的古德文 thing 本义就是召集，特别是召来会商适切的事务，从而它又指因涉乎人而入于言谈的东西。物不是现成摆在那里等待归类和利用的东西；物是存在者的现形，这一现形吁请万物到场，而其现形本身就受到吁请的制约。从而 dingen 又同 bedingen 联到一起：使作为物存在，作为有条件的、具时间性和有限性的物存在。

今有一瓮，盛水盛酒，或来自深井或来自溪泉。溪中有石，石下有土地，土地能领天上的雨露。水之饮酒之醉，赠与凡人息渴，祭祀不朽的神明。瓮之为物，拢集天地人神，是为四大。天地人神集拢于物的给赠，不为占有，不因占有而起纷争，故得共享这礼品而相亲信。物吁请四大，使齐聚共居，却非强求暴阻。此四大者，各携其光，照耀他方而复映本身，与他者嬉游而不失本真，各容他者自由而统归于相向相映的单纯朴一。这种戏游，海德格尔称之为 der ereignende Spiegel-Spiel，从上面所述，并参照海德格尔其他文本，

---

1 《语言的本质》，载于《在通向语言的途中》，188 页。
2 本节下面的文字多一半引自我的《海德格尔哲学概论》。

我把这个短语解作"各自归本生发的镜映戏游"。唯在这种相互镜映之际,"每一物都如其所是地存在"[1]。人不是例外,人与存在的共属,"事涉神之掠过与人类历史之间",事涉"其中的本己化之支配地位。本己化既是归本生发又是转本"。[2]

海德格尔讲"物的本质",无意求得一种符合于一切物体的普遍概念。物要求具体而微的经验,这经验不是在共相殊相中打转,而是在物的拢集中体认,在触类旁通中叙说。普适定义适合于用来规划工业制做的对象,却不适合用来叙说物。人若不从表象思维退步抽身,就没有物的到来,而只有对象与人面面相觑。究竟何者为物?瓮与坐椅,小桥与耕犁,溪塘丘树,书与画,鹿与马,王冠与十字架——"唯连环出自世界的,才一朝成其为物"[3]。

Ereignis 是在相互镜映中自成一体。在相互镜映中,每一物得其所哉。天地人神各得其所,得其所哉,于是其乐融融。海德格尔在荷尔德林诗释中谈到诗歌创造的自得其乐,他说:"这个自得其乐者本身又能使他物欢乐。"[4]

欢乐?世上到处可见的悲苦,还有邪恶,还有平庸呢?相比之下,真纯的欢乐那么鲜见。然而,无论在过去的语言里,还是在未来的语言里——如果未来还有语言——思依之而行的,总是"欢乐",总是"善好"。这不是说,思背过身去,超越到另一个世界,无视邪恶和悲苦,于是获得欢乐。思不超越到另一个世界去把这个世界作为对象来思,思就在这个世界里引导万物各归其本,相互镜

---

1 这是荷尔德林《泰坦》中的一句,海德格尔在《荷尔德林的大地与天空》中引用,见《荷尔德林诗的阐释》,商务印书馆,2000年,217页。
2 《哲学论稿》,30页,338页。
3 《物》,载于《演讲与论文集》,192页。
4 《返乡——致亲人》,载于《荷尔德林诗的阐释》,13页。

映。各自归本发生的镜映戏游造就世界。邪恶瓦解世界，平庸无可互相镜映。悲苦不是欢乐，悲苦是善好和欢乐之资，悲苦者在相互吁请之际迸发出善好与欢乐。

回过头来说说我对"本有"、"归本生发"这些蹩脚译名的一般看法。孙周兴在译后记里提到，他对这些译名"能否顺利进入汉语思想表达体系"还没有把握，但他的主要关心不在于此，而在"希望它们不至于给读者造成太多的阅读和理解上的困难"。[1] 我会在这个方向上走得比周兴更远一点儿。我觉得这些译名最好没什么机会"进入汉语思想表达体系"。说到"进入汉语思想表达体系"，人们常谈到佛经翻译，但就我所知的一点儿，佛经汉译其实并没有为汉语一般论理〔即，不是佛学内部的论理〕引进很多新词，尤其考虑到佛经汉译创制了那么多新词。我认为——这里不谈我这样认为的琐琐碎碎的理由——我们一般说来应当把汉译过程中创制哪些新词与用哪些语词从事汉语论理分开来考虑。这样，我们在造作译名时可稍减负担。

未来之思

很多很多人，从很多不同的角度，谈论一个时代的终结，一个新时代的开始。这个判断越来越急促。海德格尔只是其中之一。"我们是那种现在正急速走向其终结的历史的末代子孙吗？"[2] 但他的未来之思有独到之处。我捡出自己体会较深的两点。

---

[1] 《哲学论稿》，孙周兴的"译后记"，583 页。
[2] 《阿那克西曼德之箴言》，载于《林中路》，342 页。

关联性取代普适性

与普世性或普适性相对。——虽然海德格尔不愿跟任何东西相对而言,但这是言说无可避免之事。

海德格尔曾谈到 Ereignis 之为法则(Gesetz),他说:"Ereignis 不是那种无所不在地凌驾于我们之上的规范意义上的法则,不是什么对某个过程起调控作用的规定。"[1] 不再是普适性或普世性,而是家乡性。"依然完好保存下来的东西,在其本质中就是'家乡的'。"[2]

取代整体性的是关联性。是牵连进 Ereignis,各自成就自身,互相镜映,互相归属。海德格尔经常谈到在场者与非在场者的互相归属,例如,他在《阿那克西曼德之箴言》中说,"当前在场者之为当前的,是因为它让自身归属于非当前的在场者中",[3] "始终逗留者让一方归属于另一方:即相互顾视"(380页);"在场者作为始终逗留者相互给予牵系"(382页),而牵系是说:"重视某物,同意某物而允许某物成其自身"(381页)。"始终逗留者即 eonta 在界限内成其本质"(390页),这里的"始终逗留者"指的不是"始终逗留者寻求坚持于一味持存意义上的逗留"(377页),的确,在场者的确有一种持续的危险,"出于逗留者的固守而僵化于单纯坚持"(391页),然而,正当理解的始终逗留者"并没有完全消散于向单纯坚持的持续而展开这样一个过程的无限制自拗中,以至于在相同的渴望中出于当前在场者而相互排挤,因此,它们让嵌合(Fug)有所归属"(381页)。

前面说到,过渡之思与未来之思的特点似乎相同。在一种极其

---

[1]《走向语言之途》,载于《在通向语言的途中》,260页。
[2]《返乡——致亲人》,载于《荷尔德林诗的阐释》,15—16页。
[3]《阿那克西曼德之箴言》,378页。本段其他引文亦出自该文,随文注出页码,不另立脚注。

重要的意义上，未来之思不仅与过渡之思相似，而且与过去之思相似。每一位思想家都往复走一条道路，他所经验的天地人神在这条道路上形诸语言；不仅未来的思想家如此，过去的思想家也如此。就此而言，过去的思想也不是普遍主义的。我们今天说，不再有体系，但以往的哲学体系会不会在相当程度上也只是在想象中成其体系？区别在于，我们今天领悟到这一点，而过去的思想家没有领悟到这一点而自以为其思想是普遍主义的。——本质的东西在历史过程的最后才显露出来，"那个从起支配作用的涌现方面来看更早的东西，对我们人来说成了更晚公开的东西"[1]。海德格尔多次这样说。

对话

于是，未来之思，明显地，是一场对话。对话是适切于 Denken vom Ereignis 的言说方式。海德格尔说，阻碍 Denken vom Ereignis 有种种方式，讲演即其一。他还是就 Ereignis 做了不少讲演。不是说，不能讲演不能写书，而是说，要用对话的方式来著书，来讲演。

海德格尔引用荷尔德林："我们是一种对话，而且能彼此倾听"[2]，对话的核心在于倾听，这一点海德格尔经常以各种形式谈到。笼罩对话与倾听的，当是 Verhaltenheit，不是 Angst。谦抑不如畏来得其势汹汹，却也不那么须臾消隐，悠悠然，听着，说着。

在海德格尔看来，倾听也是希腊的伟大之处。"通过这种对他们来说异己的东西……希腊人才占有了他们的本己之物。"[3] 这又何尝不是未来之思的道路？的确，不仅希腊人是这样，"未来德国诗人的本

---

[1] 《技术的追问》，载于《演讲与论文集》，21 页。
[2] 《荷尔德林和诗的本质》，载于《荷尔德林诗的阐释》，41 页。
[3] 《追忆》，载于《荷尔德林诗的阐释》，105 页。

质"要得到奠基,也"唯当对异己之物的经验和对本己之物的熟练已经找到进入其历史性的本质统一的道路"。[1] 未来之思的确与过去之思有贯通之处,实际上,对话中最重要的一种,就是与历史对话。海德格尔阐释上引荷尔德林诗句时说:人植根于语言,而语言唯发生在对话中。若如此,我们不仅回到希腊,而且回到语言的发生处,保持在对话之中。

然而今天,我们不再有共同文本。没有共同文本,对话依托于什么呢?依托于无处不有的因缘,包括各式各样的文本。不再靠唯一一套共同文本保障多元思想的联系,连环的对话不断生成联系。

与此相应,未来之思不再有唯一一个真实的或想象的主流传统。从前的异端,身在边缘,却在为成为未来的正统而奋斗。现代主义之后,不再有异端,这并不是因为异端已经成为正统,边缘占据了中心,简简单单:不再有中心。那些梦想一朝成为主流的偏离和反抗,其虚矫殊不亚于当下自视为主流者。

反过身来读到"思的最大的困境在于今天还没有一个足够伟大的思想家说话",我们也许会想,形而上学的终结同时就意味着:不再有传统意义上"足够伟大的思想家"。我前面说,未来之思不是哪个伟大思想家之思,而只能在思想者的交谈之际生成。每一个思想者都是谦抑的思想者,思的目标不是伟大,而是诚实。

这样解读未来之思的可能性算是对 Ereignis 的一种应和吗?与"教化时代趋于结束"[2]这样的断言相应和吗?"本真的听恰恰包含着这样一回事:人由于未听见根本性的东西而可能听错。"[3]

---

[1] 《追忆》,137 页。
[2] 《科学与沉思》,载于《演讲与论文集》,66 页。
[3] 《逻各斯》,载于《演讲与论文集》,228 页。

聊聊爱情与死亡

（2017 年 12 月 23 日狗子等为《法治周末》采访）

我们先来聊聊爱与死亡这两个话题。这两个命题应该是不对等的吧？是不是爱情、两性关系比死亡更轻或者更不根本？

我不知道你是从哪个角度来比，从某个角度来说，爱情还是有人能不经历的，死亡好像玄，除非你相信灵魂不死。

在生活中大家对死都避而不谈，但是死又是唯一可以确定的事情，我们谈的所有事都没有死亡这么确定，关于死亡，几年前我就问过你，你怕死吗，你现在的回答应该也差不多吧？

对，我这几年变化不是那么大，在我这把年纪不太容易变化很大了。比如说，我在街当中站着，一辆汽车飞驰而来，我肯定往后闪，在这种意义上怕，人都会怕。但是跟大多数人比，我觉得我肯冒险一点，至少以前是。大多数人觉得有生命危险的事，我可能不太在乎，比如像非典来了，我没觉得太怎么样，这是不是跟怕死不怕死稍微接近一点儿？

我上次说过，怕死我不知道能分几层，但是至少可以分两层，一层就是汽车来了你躲不躲，一层是自己将要死掉的时候，会不会全身瘫软。当然死亡真来了是什么样子，我也不知道，但是我觉得这一点上我可能要好一点。我猜想，我不会特别的惊慌失措。在这个意义上，我想我不是特别害怕死亡。我倒是比较怕等到死亡真正来临的时候，没有生命力来镇定自己，这是比较可怕的。

在死亡来临的时候，能够有更强大的一种生命力，让自己镇定下来，是因为自己获得了对死亡的某种领悟，还是说就是想让自己死的时候更体面一些？

我个人觉得两种都有。

换句话说，你可能比较担心的是死亡的方式，过于痛苦或者是过于狼狈？

对，那是更担心的，相对来说死本身还不是那么让我担心。这可能也跟一个人的行为方式有点关系，我对不得不然的事不是特别抗拒，不是会做很多挣扎的那种人。

我们曾经说到过，当代人"不会死"了，如果把死亡视为一种权利的话，这种权利正处在一个不断被剥夺的过程之中，也就是说我们现在的死法、死亡的尊严感这一块问题很严重。

对，也不光是我们，到处都在谈论这个问题，我推荐给好些人的那本书——《最好的告别》，它从很多角度，主要从医学的角度在说这个事，当独立、自主的生活不能再维持时，在生命临近终点的时刻，应该怎么办，应该如何得体地跨越生命的终点。

像刚才说的，死亡是一个不可避免的结局，所以人到了晚年，尤其到了重病的时候，无论社会还是本人，应该都不是把怎么来抗拒死亡当作主要的任务，而是在面临着不可避免的结局的时候，怎么来接受这个结局，大概这样子。我相信，有可能大多数人都是这么感觉的，只是程度不一样，但都不是特别赞成现在的这个医疗制度，把人的生命在毫无品质的情况下——不但毫无品质，而且是极为痛苦和狼狈的情况下——能延长一天就延长一天，赞成这样做的人应该是不多。

但是有几种情况也要想到，可能你真的身处其中的时候，想法又会不一样，当你真正躺在那儿的时候，也许就想能耗一天就耗一天，这就有一个矛盾，到底是应该听我现在的，还是听我那时候的？这也是大家正在想办法解决的问题。

写文章的人能做的就是慢慢地推动这种观念的改变，好多人正在写这个，比如北京大学医学人文研究院教授王一方，包括刚才讲到的医生阿图·葛文德写的《最好的告别》，写书不可能起别的作用，就是希望慢慢改变社会的观念。

所以是我们现在的社会，造成了大家更害怕死亡的这种态度吗？

我们从爱情的角度来看死亡这件事，爱情，当你把它像剥笋似的，都剥完了，叫做男女关系或者爱情的这个事情，它也没什么可说的了，也许只剩下上床这一件事。死亡也是这样，你把别的都剥掉了，死亡其实也就是最后咽气那一下。

那么爱情，在不同社会中的存在又是什么样子的？

我 1970 年代从农村回到城里的时候，朋友们也会聊爱情，我说这城里人怎么谈爱情呢？因为爱情在当时的我看来，是骑着马，在山里头、在草原上跑，那叫爱情，在水泥房子里头，那叫爱情吗？办公室里头，你算计我，我计算你，这怎么能叫做爱情呢？

当然，我那时的想法是错的。我的意思是说，爱情是看你所在的整个环境，自然环境、社会环境、文化环境，所以我们有一千本、一万本的爱情小说还有人读，这是俄罗斯的爱情，那是山楂树的爱情，不同环境就不一样。爱情，脱离了它的那个环境，就干巴巴的。

我突然想起明末清初才女柳如是和钱谦益的爱情，你要把它一层层剥开还原出来，就是一个五十多岁的老头和一个二十几岁的姑娘的故事，一个是名满天下的大学者，一个是青楼妓女，这就没意思了吧？但是他们正好生活在明清易代之际，他们面对的是降清还是不降清这样的问题，他们都在古典诗词文化里浸润得很深，诗词唱和的时候，你说那叫爱情诗吗，是国恨家愁，当然里面有点爱情。所以陈寅恪肯用十年时间，实际上还不止，给柳如是立一个传，这样的爱情是那么的不可重复。要是没有丰富的时代，没有深厚的性情，就写写你爱我我爱你，就跟白开水一样。爱情镶嵌在那个环境里，它才有特别丰富的意义。

你写过一本《何为良好生活》的书，你觉得自己这一生还算是过上了一种良好生活吗？另外，你的良好生活的思考是一个纯哲学意义的思考，还是说是一个世俗意义的良好生活？

良好生活有点世俗，但也不是完全的世俗。怎么说呢？良好生活肯定得包含点德性、灵性这些东西，这算不算不是彻底世俗呢？彻底世俗在我看来不可能是良好生活。我不知道什么是彻底世俗，比如，我挣了点钱，甚至我养了一大家子，然后把孩子送到世界一流大学去读书了，别的啥也没追求过，啥也没感受过，如果这是你所谓的世俗生活，在我看来是挺没劲的生活。这不是我想象的良好生活。想象的良好生活毕竟还活得有个意思吧。它不可能完全是世俗的。

那你对自己的生活如何评价？

照希腊人的想法，命运多舛，一个人在盖棺之前，不知道他的一生算不算良好生活，这是从别人的眼光来看你的生活是不是良好生活。从我自己来看呢，大概不会用一套指标来衡量，一些具体的事儿，哪里做得不够好，有很多遗憾等。依我的理解，良好生活不是一套静态的指标，你达到了，我没达到，他超额完成了。每个人，只要你还在生活，你总是动态地看待自己，用歌德的话说，一连串越来越纯净的努力，等你说，请停留一下，生活就结束了。

你曾经提到过有一些词现在已经失效了，比如说"永恒"，你认为这个词里面包含的精神已经失效了。为什么这些词会失效？还有一些什么类似的词吗？

我曾经谈到过一个词是现在非常典型的一个失效的词或者是一个观念，就是"纪念碑"。以前它是人间最大的事，比如说金字塔，法老一辈子就是建金字塔，国王征服了哪儿，就在哪儿立一个方尖碑。那个时候人对世界的看法是往上看的，下面的都不重要，生生死死，你爱了死了，没人在意这些。重要的是生着的时候建功立业，他也不是为人民谋福利，他有一个天人之际，他跟上天的某种东西连上了，建了那些纪念碑，供人仰望。

这个观念现在没有了，我们好像不再通过纪念碑的方式来感受一个人的成就了。以前的人类含辛茹苦，像蝼蚁一样生活着，只要法老建起金字塔，他好像也分享了这份荣耀，跟咱们现在人不一样。那种纪念碑式的看待世界、历史和个人的方式没有了。

你还说过，虚无的可怕就在于它不是什么都没有了，而是没区别了。可是，它其实还客观存在呢，这个怎么理解？

我也不知道怎么说，但是我有一个感受，我看了一部电影叫《海边的曼彻斯特》，当然我的理解多半是弄错了，我看这部电影，当时的感觉就是那种状态，就是什么都 make no difference（没有区别了），这里无法说太多细节，整个印象就是尼采所说的"末人社会"，不再有任何事情让我们感到兴趣。在整个片子里头，没有一个镜头让你觉得：哇，真有意思，这个人真有意思，这件事真有意思，这句话真有意思，没有。爱或不爱，无差别，死或不死，无差别。所有人都那样，没有一个人打起精神来。

这部电影里，没有什么社会批判，社会是个好社会，警察也不恶，惩罚也不重，里头没什么坏人，都挺好的，所有人都挺好的。一切都在那儿，但是跟刚才说的纪念碑是相反的，我们现在这个社会叫平等社会或平民社会，我们都挺不接受阶层差异的。

我也不是说要重建等级社会，但是你知道那样的社会，其实才像是一个社会——在这个意义上——就是阶层比较高的那些人，至少在比较好的历史时期，会对自己的身份有一种意识，所以他就会对自己有一种要求，不能落入低俗，不能做出低贱的事。比如说泰坦尼克沉船事件中，不能老弱妇孺还没下船，我就去坐救生艇，这是不可想象的；这些人，即使被拉到断头台上了，也得穿件像样的衣服体体面面地上去，因为"我是一个上等人"。

那么作为社会底层的人，如果这社会有阶层流动的话，我看到别人真不错，我得好好努力，成为这样的人。如果这个社会流动性差，可能就是纪念碑式的想法，我是一只蝼蚁，只要法老有金字塔，我们所有的埃及人也跟着荣耀。

我的意思是说，这至少是尼采所担心的"末人社会"的一种状况，当等级真的被取消了之后，你以为你看到的是一个平等的、大家都有权利的、欣欣向荣的社会，但尼采认为不是的，等你把差别都取消了，这就是一个"末人社会"，就是 last man，末人。

在所谓"末人社会"里面，我们还有可能去寻求那种所谓的良好生活吗？

如果我说的是对的话，当然就无所谓良好生活了，良好生活的存在是因为有人或者有相当一批人在向上看，如果大家都平视，或向下看，也就什么都无所谓了……

还有一个问题，你觉得在中国，从古典到现代，哲学家多吗？

我讲哲学的时候，脑子里想的只是西方哲学，我不把大众所说的"中国哲学"叫"哲学"，我就说中国思想家吧，他们跟西方思想家和哲学家的基本任务不太一样，西方思想家主要是去自由思想，因此他很可能会做扰乱社会秩序之类的事情，但中国思想家，特别在魏晋以后，基本上从开始就给自己设好了任务，非礼勿视、非礼勿听等，要维护这个社会秩序，中国的思想家跟西方的哲学家出发点就不太一样。

通观你的一些哲学工作或者哲学思考，你会把自己界定为一个"破坏者"吗？

在相当程度上肯定是的了。但是这个要稍微具体一点说，我有时候会跟我的学生们说，我的态度很温和，但我的观点可能挺极端的，很多人相信的事情我是不相信的，至少持怀疑态度和保留态度。但是这一点每个人又有不同的表现，有的人就是想什么就说什么，我说的时候我还得看着这个听众是什么人，如果他是个孩子，有些话我就不会对他说。

有个言说的责任在里面。

对，言说的责任，我是比较注重言说的责任的。

辑二

就哲学不离心性而言，人各有心性，哲学思考总是孤独的；就哲学是贯通之学而言，高山流水，自有知音。

哲学关心的是事物的意义

（2007年4月《科学时报》就《哲学·科学·常识》采访）

陈老师，您的新书《哲学·科学·常识》考察了科学和哲学的关系及历史发展，也提出了自己对于哲学命运的思考，能否请你谈一下您写作这本书的主要思路？

主要思路说起来比较简单。很多人说过，哲学是什么这个问题本身是个哲学问题，事实上没有哲学家不考虑这个问题的。化学家就不一定要去思考化学是干什么的。我们要思考哲学是干什么的，这不可能脱离科学的发展来思考——一开始，哲学科学就是一回事。后来分了，从它们分道扬镳的关节点上，我们可以比较清楚地看到今天的哲学是什么，反过来看看哲学一向是什么，以及今天的哲学与过去的哲学有什么不同。我把我在这些方面的思考写成了这本书。

人们常说，哲学追问的是为什么的问题，科学回答的是"怎样"的问题、机制的问题，科学关于"为什么"的追问都要还原到"怎样"。比如，为什么会产生生命？最后要问的是：什么样的化学结构能产生生命？怎样能够提高效率，或怎样能够达到经济上的平等？它不问人为什么要平等。当然，为什么和怎样常常难解难分，尤其涉及人类事务，怎么达到平等，达到什么样的平等，或明或暗地总是连着为什么要平等这样的问题才得以开展。

现在有很多人把科学当作解决一切问题的方式。我们需要弄清楚科学所能解决的问题的范围，有点儿像康德尝试找到哲学的限度。依仗科学，"纯客观认识"占据了统治地位，这种统治造成了很多问题。这本书回溯人类认知的发展，看看科学的客观性和普遍性是怎么达到的。看清楚了是怎么达到的，就有可能更清楚地看到实证科学为什么有这么强大的能力，同时又看到它会有什么限度，它在获得客观性和普遍性的时候付出了哪些代价。

我同时希望说明，只有实证科学才能提供客观普遍性的理论，这不是哲学所能成就的，但更本质的是，这不是哲学所要做的。

您强调常识世界的目的是什么？

这本书并不是要强调常识。一般说来，穷理不同于行动指南，不是要"强调某种东西"。探讨义理时也会强调某个要点，那是因为忽视了这一点就难以澄清某些结构性的联系，常识、哲学、科学三者之间有结构性联系。

那您能否简要谈谈哲学、科学、常识这三者的关系？

常识可以指普通人都有的知识，也可以指普通人都懂的道理。说"你这个人没有常识"的时候，有可能是说你连一些简单的事实都不知道，有时候是指你连一些浅显的道理都不明白。Common sense 这个英文词更偏于常理的意思。

哲学—科学起于对常理的反思。常理是些自然的、明白易晓的道理，那是说，在适当的场合。一个常理，换一个场合，就可能不合理了。比如，组织游行应该经过所在地当局批准，否则就是非法的，但若无论申请什么游行，这个当局从来都不批准，你说它未经批准就是非法的，就不那么通顺了。但他的确不符合法律规定啊。他要为自己辩护，就得从更进一层去探究建立这些法规的道理何在。常理是些就事论事的道理，东一处西一处的道理，虽都有理，但这些道理局部而短浅。在追问之下，我们来到一些更深的道理，在这里，一些原来看似不相连属的道理得到贯通。我把这称作穷理。我觉得从穷理来理解哲学活动挺好的。

常理当然是由自然语言来表达的。我把跟自然语言连在一起的理解称为自然理解。在我们的自然语言里，事实性的东西跟我们的感知通常混在一起，比如说冷热，冷热是在说事物，天冷，水冷，火热，心热，但它不只单说事物，它连着我们自己的感觉一道说，没有知冷知热的感觉者，也就无所谓冷热。这有时会带来困扰：常常，你我的感觉不同，同样的天气，你觉得冷，我觉得热。自古至今的相对主义常说到一个人的蜜糖是另一个人的毒药什么的。这还是些最简单的情况，事涉历史、政治，以色列人和巴勒斯坦人很难说到一块儿去。

公有公的理，婆有婆的理，这事儿总是让人困扰的。我们也许会指望，通过穷理，可以达到更深的道理，在那里，万化归一，最后达到同一套道理。历来有很多哲学家的确是这么想的。可是事实上，从来没有哪个哲学家最终发现过一统天下的哲学体系。我把哲学理解为贯通道理的努力。但没有把世上所有道理统统贯通这回事，永远会有不同的体系。有唯一的物理学，却没有唯一的哲学体系。中国的儒学、经院哲学某个时期的亚里士多德主义、苏联的马克思主义，曾有过一统天下之势，不过，那不是通过论理达到的，靠的主要是政治力量,并非当真他们的道理说服了所有人。只要穷理活动仍然连着我们自己,连着我们的感知、感受,仍然用自然语言或准自然语言表述,它就做不到这一点。

要从根本上消除分歧,我们必须把研究对象中的感知成分清除出去,只留下纯粹的客体,用事实性的语言来刻画。例如,我们不说这盆水是冷是热,而说它是摄氏 25 度,不管你觉得它冷还是觉得它热。科学系统清除自然理解里的主体因素,进行系统的客体化,探求这些客体之间的关系,建立起解释纯客体世界的理论。

我们的常识里有不少是纯事实性的,我们的自然语言中也有纯事实性的成分,例如我们正在说到的"水温"。这些成分分散在我们的理解里,构不成一个纯客观的世界图景。这些纯客观的东西为科学提供了线索,不过,科学不是把日常世界中那些事实挑出来,拢到一起,科学有它的总体规划,即建立起纯客观世界图景。

不消说,这是一项巨大的工程,要做的事情很多很多,这里我特别想说到的一点是,为了把研究对象中的感知清除掉,科学需要一种新的语言,需要一整套新概念,比如,完全摈弃冷热这样的语汇,换成温度的语汇,把远近的语汇换成距离的语汇,把平常所说的运动静止转换成力学的运动静止。

我们从来不是生活在一个纯粹事实的世界之中——如果是那样,我们一开始的理解和语言就会是纯粹事实性的了。我们讨论美丑善恶,不可能离开我们对生活的感知和感受。我们现在常讨论权利,这些讨论不是纯粹事实性的考虑。权利总跟谁的权利,谁在谈论权利这些因素纠缠在一起。人们有时候会把权利说得像是客观存在似的,但我相信这更多是宣传式的说法。

现在,很多人认为,只有科学问题能够有意义地讨论,事涉善恶美丑，我们最多只是表达各自的主观看法而已。这我完全不能同意。这些事绪的确不只是事实性的问题，它们要以另一种方式来探究——简单说，对话式的探究。探究所能达到的也不是"科学真理"，而是对话式的、翻译式的理解。刚才说，有唯一的物理学，却没有唯一的哲学体系，但这些体系并不是互相隔绝的，它们在一定程度上可以互相对话、互相翻译。

哲学和科学都超出常识，但方向不同，方法也不同。哲学始终有别于对象化的科学研究方式，它始终连同主体性本身来言说世界的道理。就说语汇吧，穷理过程中会发展出一些论理词，例如经验、理性、理、器什么的，它们不像科学术语，它们从来不是单单关乎事实性的语词。大面上说，哲学是用自然语言说话的，自然语言中的语汇跟感知连在一起，它们直接是有意义的。

这里只是大概言之，有大量具体而微的论题，很多我已经写在书里了。

您建议把近代科学称作"实证科学"，能解释一下实证的确切含义吗？

确切含义说不好。让我举个例子吧。1000 以内有多少个素数？168 个。这个你可以用最笨的办法一个一个算出来，也可以用比较聪明的办法去算。1001 到 2000 里呢？也可以算出来。算出来，你就掌握了一些事实，它们是实证的"真理"。但这些事实说明什么呢？可能是你的导师让你去算，你不知道他想干吗。一批学生去算，把结果给了导师，导师一看，发现了素数定理，这些实证真理的意义有了着落。但是在更广泛的意义上，现代科学只问世界是什么样的，不问这样子的意义是什么，truth 这个词差不多等同于 fact 这个词了。从前的哲学家也重视事实，但他们更多是从意义着眼的。当然，事实与真理之间的关系错综复杂，我眼下只说说我对"实证"的理解。

您区分哲学和科学，那您显然不同意用科学的方法来从事哲学？

为避免误解起见，就说不同意用物理学方法来从事哲学吧。物理学家要把自己的心性跟他的研究对象完全隔离开来。哲学是自然态度的一种延伸，你可以说所有哲学都是"自然主义"的，但并非现在常用的 naturalism，这个词差不多等同于"自然科学主义"。科学也是从自然主义延伸出来的，但它用这种态度来对待不含心智的事物，而哲学以自然的态度来看待含有心智的事物。

你要说，科学干得那么漂亮，哲学还有啥干头，这也罢了，但你要说科学干得这么漂亮咱们都该用实证科学的方式来做哲学，我就完全不同意了。凡是走这条路子的，我都觉得投错了行，你那么迷科学方法，脑子也不笨，你干吗不在某个科学领域试试身手？用科学方式做哲学，并不能把哲学变成科学，也不能为科学做出什么贡献，只是把哲学变成比较无趣的智力游戏。当代学院哲学很大一部分很像智力游戏，只不过跟科学研究相比，智性含量不算太高。

我有个比喻，听过的人说挺有意思，我在这里说说看。本来，学问是有组织的，各门学问怎么组织，从前，这在很大程度上依它们与心性怎样联系组织起来。后来兴起了近代科学，它另有一种组织知识的框架。科学把它能够组织的知识安排得井井有条，这种严密组织的代价是把熵输出到科学知识体系之外，结果，科学这个大知识体之外的所有知识学问陷入一片混乱，有人甚至认为，科学之外没有知识、学问、道理，剩下的只是一些零七八碎的主观体验。我不能同意那样的图景，好像要么是普适理论，要么是零星感想。两者之间有一个广大的领域。哲学同样是求真的。有学生归纳我的思想：没有唯一真理。不算错，但若没有另一面，这种看法就稀松平常了。不唯一，然而是求真。想想你怎么思考一个问题，在一个意义上，就像思考一个几何题一样。

哲学不是捡破烂的，把科学不愿做的不能做的事情捡到废品收购站，哲学仍然是智识的贯通（intellectual consilience），它借助反思来组织我们的经验世界，这包括摆正科学的位置。这听起来有点儿是要从头收拾旧河山了，但事情好像就是这样。就哲学不离心性而言，人各有心性，哲学思考总是孤独的，就哲学是贯通之学而言，高山流水，自有知音。

作为哲学家，您也研究科学和数学，请谈谈数学和哲学的关系。

远远谈不上研究，但这个可以不管它。

数学语言是纯客观的语言。科学追求客观性，要采用客观的语言，到了极致就是数学语言——物理概念最终要能够用数量关系来定义。数学是达到纯客观性或不如说去主体性的终极手段。

笛卡尔已经注意到，数学这种由纯数量关系界定的语言使得长程推理成为可能。科学通过数学方式进行长程推理，构建有效的理论去探索那些远在天边无法经验到的事物，使得物理学即使探入那些遥远的领域也仍然能够提供可靠的知识。

只有去除主体性、去除描述手段的感性意义，我们才能进行长程推理。正因此，哲学原则上不使用数学方法——哲学首先并始终

哲学关心的是事物的意义

关心的恰是事物的意义，而不是要脱去感性和意义来把握事物。

意义是与主体的感受性连在一起，意义、感性有远近，离开意义的中心越远，意义就越淡越疏。阿凡提给朋友的朋友喝汤的汤，朋友的朋友比朋友疏远，汤的汤比汤寡淡。哲学不使用数学方法，从而在哲学工作中没有也不可能有长程推理。

但人们常说哲学和数学有很多相同之处。

的确是这样。最简单的相同之处是，哲学和数学更多都是形式研究而不是事质研究。不妨说，数学和哲学不是对世界的描述，而是在探究描述世界的方式。最粗略地说，数学创造物理学的语言，哲学探究自然理解背后的概念联系。当然，比较起哲学，数学的形式性更加突出，有些数学分支看起来是纯形式的，乃至于一旦发现它们居然能够有物理应用，人们觉得十分惊奇。数学为什么会有这类出其不意的应用，至今仍没有人对此做出充分的解释。

哲学和数学都具有更高的普遍性，这跟它们是形式研究相联系。

与之相联系的还有另外一点：哲学和数学都具有更高的确定性。哲学的确定性和数学的确定性那么不同，甚至可以说其确定性的性质相反，所以，说哲学和数学都具有高度的确定性显得很突兀。数学的确定性比较明显——虽然也有不确定的一面，M. 克莱因的《确定性的丧失》专门谈这方面——那我就哲学的确定性多讲两句。

哲学的领域很宽，外围是观念批判——现在叫文化批评，核心则是概念探究。我这里说到确定性，是就概念探究说的。所谓概念探究，就是考察知道、因果、时间、快乐这些概念。这些概念，我们都蛮熟悉，但如黑格尔所言，熟知不意味着真知，我们可能从来没看到它们的深层联系。尽管如此，这些联系稳定地包含在我们对概念的使用之中，具有相当的确定性。概念考察做得是否对头，原则上我们也能明判。

跟文化批评相对照，这一点十分明显。在文化批评领域，不仅人言人殊，而且，天马行空，思想跳跃，论断大胆。这类论断，虽然不那么落实，但有时会深富启发。这怪让人羡慕的。从事概念考察的人比较偏爱思想可靠性，在这一方面，我猜测哲学家和数学家是气质十分相似的人。

不过，哲学的确定性与数学的确定性两者性质不同。数学的确定性来自定义和推理规则的严格界定。你走得对不对，可以分成一步一步来检验。哲学探究的确定性则来自另一类标准：你是否出自内心深处的觉悟参与到精神的对话之中。海德格尔把这称作"内在的严格性"。这当然不是一种容易达到的严格性，因为我们往往停留在虚假观念营造的自我之上，所谓互相对话只是人云亦云的一些说辞。内在的严格性也许太内在了，那就先从外部的严格性开始。柏拉图学园要求学生先接受数学训练，这是个好主意。在社会生活中也是这样，说到最后，心诚而已矣，从心所欲而不逾矩，但一开始，我们得从学习洒扫应对开始。

还有很多可谈的，总之，哲学在有些方面跟数学最近，在有些方面和数学离得最远。大家都感觉到这些，但要把这些远远近近说清楚不容易，我也说不大清楚。

您是从八十年代过来的，人们都说，八十年代重思想，九十年代重学术，您也这么认为吗？

八十年代重思想九十年代重学术，这个概括的确说出了点儿什么。关于八十年代，有太多可说的，说到思想，我要说，八十年代是鼎革以来思想最自由的。说起来，八十年代思想活跃还真跟那时候学术门槛比较低有关系。那时候，你翻译一本介绍维特根斯坦的小册子，你就成了维特根斯坦专家，现在，任何一个博士生要写维特根斯坦，读过的相关材料都比你当时读过的多十倍。当然，他未见得更有思想性，实际上，除了他的专业领域，他的知识可能并不多，他那点儿专业阅读没有深厚的思想经验和阅读量支撑。

我们读哲学，多半是为了提升自己的思想，提升了你自己，就好了。学术不是这样的，你的理解是否正确可靠，这是个基本要求，你发言，一定要言之有据，这就要求你做得更深入更周密。提高学术门槛有个好处。现在，一个学者若在一个领域没有下过相当功夫，大概不会去写这个领域的论文，去开一门课，也就在饭桌上可以聊聊。现在，请一位专家来讲唐史或宋史，不管我同意不同意他的观点，觉得他高明不高明，他依据的材料一般是可靠的。

但门槛高了也有坏处：讨论越来越窄，你不是我这个领域的专家，你就别插嘴。你是哪个领域的专家？中国史专家？太宽了。中国中古史专家？还是太宽了。你也许只是唐朝末年科举制度的专家。学无止境，在一个小领域里，我做得比你更专，那么，除了我谁都别说话，是吧？学术门槛建得太高，学问就越做越窄了。因为顾忌学术门槛，出了自己的专业范围，什么都不敢说，或者，没地方去说。咱们谁都不是专家，谁都没有资格去开一门课，但咱们在座的所有人都读过一点儿中国历史，三皇五帝到康熙乾隆你都知道点儿，对不少问题有自己的看法，说不定有哪种看法有点儿意思，甚至专家听了也觉得有意思，要是谁都不在自己专业外的领域发表意见，这个有意思的想法就浪费了。余英时写了本《朱熹的历史世界》，有宋史专家出来挑错，还说，你不是宋史专家，来谈宋史就越界了。挑错，只要挑得对，当然好，但如果余英时都没有资格谈宋史，门槛就太高了。有人张罗中西哲学对话，我得读多少中国哲学才能跑来跟你对话呢？你说，你先回去读三五年朱熹，读个三五年王夫之，先秦三五年当然不够。我这一辈子就这么几年，还对什么话呀。生也有涯，知也无涯，我们每个人只能在一个小小的领域做一点专门工作。

当然，要看专业。分子生物学，你不是专家，很难说出任何一点儿有意思的东西，但文史哲始终有相通的一面。要说了，物理学家甚至偶尔也从科幻作品得到启发呢。再例如薛定谔关于生命本质的讨论——不过那多半出现在一个学科发轫的时候。

前几年有一场关于学术规范的大讨论，您怎么看待这场讨论？

刚才说了，做学术，得出的结论要言之有据，学术规范的一部分就是要为这个提保障，引文要注明出处，等等。至于不可剽窃等等，说不上是学术规范，那是一般的规范，做人做事都要遵从的。

当然应该提倡学术规范，不过，像所有规范一样，不宜过细。更糟糕的是把学术规范当作学院人的特权，制造出一套行话。至少在哲学这一行，我相信，要容纳多种多样的言说方式。

您说八十年代思想活跃跟学术门槛低有关系，那么，能不能两者兼顾呢？现在的情况，是不是专家太多通儒太少？

难说现在专家太多通儒太少，要说，没几个专家，也没几个通儒。笼统说来，我是想问，有没有什么办法，既能维护学术纪律，又不至于把学问越做越窄？例如在学科壁垒之外另建一个平台，外行和半外行可以来这里谈谈。学科之内，是专家在谈，比如考定某座汉墓的墓主是什么人，那是专业，你不是这方面的专家你就免开尊口，没什么好说的。史学里的考据，我们外行无法判断这些专门的工作为史学提供了共同财富，抑或只是为了完成论文指标所做的繁琐考据，这要由历史学这个学科内部去决定。当然，行家们并不总是对的，但反正不能看普通人怎么说。而有些事情，你不是专家也可以来谈谈。赵汀阳既不是中国史专家也不是中国思想史专家，但他可以来谈谈中国的天下观念。他谈天下是在谈论一般观念，他也用一些史料，但根本上他是在借史料谈一个观念，一个想法。他的阐论你不满意，你可以批评他，没谁拦着你批评。更主要的是没人拦着你用一种更好的方式去做。但不要拿出专家的身份压人。要谈政治理念我就不可能不涉及古今中外的政治史，但我不是任何一段政治史的专家，那怎么办呢？就不能谈吗？当然，从学术自律的角度来讲，这样谈的时候不要反过来做出唯我知道的专家样子。多多少少要给出一个标志，表明这里谈到的是一般观念，不是在混充学问。

您从事哲学教育多年，请谈谈现在的专业建制对哲学研究有什么影响？

我一贯的看法是，哲学不是化学那样的一个学科。关于这一点可以讲很多，这里只讲最浅显的。你学化学学到一些特殊的知识，化学知识，你研究晚唐史你有一大堆晚唐史的知识，但没有什么知识叫做哲学知识。哲学不是这样一个单独的知识领域。哲学没有真正的教科书序列，读哲学书，无非读两类，一类是凡读哲学的人免不了要读的，柏拉图、亚里士多德、康德以及哲学史，这些书，不光哲学生读，凡读书人都会读一点儿。另一类跟你正在集中思考的主题密切相关的，你正在语言哲学领域里工作，会去读弗雷格、罗素、维特根斯坦、克里普克，你钻研海德格尔，会去读一批研究海德格尔的二手著作。

哲学不是一个特殊学科，设立哲学系本来是不得已之举，大学里各门专业都划分成系、所、院，哲学怎么办？

您好像一直是反对哲学过度专业化的？

过度专业化当然不好啦，已经"过度"了嘛。哲学怎么专业化呢？可能是说，你精读了一些哲学经典，比如说你对康德的文本有系统研究，他对海德格尔的文本特别熟悉。这时候，他是专家，有点儿像谁是六朝史专家。当然，要成为康德专家，除了熟悉文本，你还得有相当的哲学能力，但哲学史家一定不是最出色的哲学家。实际上，大哲学家不大可能写出相对客观的哲学史，他太想论证他自己的东西了，很难透入与他自己观点不合的那些思想，相对客观去理解迥异的思想。黑格尔是个例子。罗素也是一个例子，更多是他的一家之言。当然，一家之言的哲学史自有它的可观之处。

也许还有问题导向的专业化，例如，我专门研究视觉感知问题，你专门研究听觉感知问题。我不大相信这种专业化，那是模仿实证科学的做法。

泛泛说来，专业化的程度，哲学不同分支情况不同。哲学在院校建制里是个小学科，但哲学领域是个大领域，其中有些部分跟科学、逻辑学、数学离得近些，有些离得远些，跟普通人离得近些。别的学科也有相似的情况，比如历史学，有些考证工作很专门，做出的结果除了行家没什么人感兴趣，有些历史研究我们大家都感兴趣。一般说来，艺术作品是给我们非艺术家的普通人看的，如果艺术作品变得都只有艺术领域的专家才能欣赏，我们该怎么想艺术？但也有些艺术家，所谓"艺术家的艺术家"，普通人不容易看出他的作品好，行家看得出。当然，我觉得最好的艺术是专家佩服，普通有教养的受众也能直接领受，如莫扎特、莎士比亚、米开朗基罗。

哲学不同分支情况不同，但总体上，哲学不是化学那样的专业。再高深的哲学，原则上总是跟我们普通人的自然理解相联系的。在这一点上，哲学跟科学不同。科学必然会往专业化发展。科学并不要求它的内容都能连到常理上让普通人理解，虽然科普作家努力做这项工作。不时有科学家说到从科普作品得到灵感，但我猜测，即使不存在科普作品，矩阵几何或量子力学的内容也不会有多少不同。科学理论远离普通理解，不能用这来批评科学，判断科学做得好不好另有标准，例如根据假说做出的预测是否能被证实。哲学里没有这样的东西，哲学家能预测什么？再例如生产性，量子力学用核电站和原子弹来表明它的理论是正确的。哲学能生产什么？不少哲学从业者并未深入反思哲学和科学的区别，羡慕科学的成功，受科学方法的诱惑，模仿做科学的方法来做哲学。官僚化的教育体制更不会也没有能力考虑各个学科的内在性质，一味加强表面上的专业规范，论文写作的格式，评价的方式，都是从理科、工科套过来的。

听说您主张取消哲学本科？

我一向主张取消哲学本科，在本科阶段，哲学课完全放在公共课的范围内。本科阶段不应该设哲学专业，对本科生，哲学系只从事通识教育。柏拉图在《理想国》中讲过，哲学是应该三十岁以后学的，柏拉图这样说自然是出于对哲学性质的了解。哲学系的任务不完全是培养哲学专家，甚至主要不是这个，它主要的任务应该是进行通识教育。哲学作为贯通道理的这样一种活动，对于所有接受高等教育的人几乎是必需的，每一个学科事实上也都有人对哲学感兴趣。

如果有学生特别愿意多学哲学，不妨多学一点，但是我不赞成他在本科阶段专门读哲学。即使格外好哲学的学生，在本科阶段也应该另有专业，好思考的学生，对概念追根问底，自然而然地会来到哲学问题上。他们到研究生时期，可以专门攻读哲学，但没有任何专业基础，一上来就弄哲学，容易把哲学做空。在我看，这样学哲学害处大于益处。哲学是对经验的反思，是对知识的反思。十八九岁的大学生，没多少人生经验，没有专业知识，他反思什么？你做政治哲学，探究什么是政治，什么是良好政治，但你从来没什么政治经验，对中国的政治史外国的政治史也没多少了解，你反思什么？你讲心理与物理的区别，要是你多懂点儿心理学，做起来就会实在一点儿。他对伟大哲学家基于深厚经验和广博知识而来的思想无所体会，学哲学变成了从概念到概念的空洞运转。可悲的是，实际上我们大多数人所理解的哲学就是这种东西。

研习哲学需要大量深入的阅读。大多数学生用不着读那么多，那么深。哲学系这样的地方主要招收"读书种子"，没必要招那么多学生。现在反过来，哲学系主要招收的学生是调剂生，够上了考分底线但上不到他报考的专业。这是因循行政管理伤害了学生的利益。为学生的福利着想，大学里应该建一个文化学院，招收这样的学生，不是文化研究院，那里不做专业研究，读读小说诗歌，学学经济学基础，了解一点儿物理学生理学，总体说来，就是提高文化修养。那里可以开哲学通论什么的。学生不浪费青春，因为提高了文化修养，如果他不满足，还可以到别的院系去修专业。

您是基于哲学自身的特征而主张取消哲学本科的？

单从哲学自身的性质来说也够了。不过，对外部的情况的考虑也应该支持我的主张。现在哲学系极少招到第一志愿的本科生，三十来个新生，报考哲学的不过一两个，最多三四个，大多数是他没考上他要考的专业，所谓"调剂"到哲学系来。哲学系的本科生的入学成绩往往是全校考生里最低的，或者是接近最低的。就单个考生来说，成绩低不一定学习能力低，但笼统说来，成绩高的学生学习能力往往也高些。而哲学这个行当，信不信由你，是蛮难的。

这些学生既不愿意学哲学，他的能力又可能不适合学哲学，花力气去教他们哲学，不仅浪费了学校和教师的力量，更要紧的是糟蹋了这些学生。本来，他们学一点实用知识、实用技能，花了学费，用了苦功，还算值得。现在你教他读阿奎那、读康德，他就算一个一个学期考过了，将来，无论在工作中还是在生活中，再也不会想到阿奎那和康德，这些东西对他将来的生活没什么意义。不像学过外语或计算机，不像读了些诗，不像学了游泳或开车，这些对他将来的生活、将来的学习会有用，或有意义。对普通劳动者来说，哲学本是无用之学，爱好者得了空闲，自可以读读、聊聊，但把这无用之学强加给年轻人，枉费四年最宝贵的青春，让我觉得挺糟心的。

哲学系本科生中也偶尔会培养出优秀的哲学人才，但我相信这样的学生即使在本科阶段学别的专业，今后再集中精力研习哲学，照样会做出成绩。不管怎样，我们总不该用一个班的学生来为三两个真有兴趣研读哲学的学生陪读吧？

现在愿意做哲学的年轻人多吗？

常有人问我，你教哲学，还有年轻人听这东西吗？我回答说，林子大了，什么鸟都有。这本来是句坏话，但我是说好的一面。中国那么大，愿意学哲学的人，即使比例很小，绝对数字也不算小。当然，只是愿意还不够，你最好还有优秀的能力。我们知道，年轻人都有点理想主义，但是单靠理想不足以支持他走很远，还要有能力。社会的整体状况是，有些专业被认为更有前途，比如电子商务什么的，很多有能力的孩子就被吸引到那些专业上去了。

国外有没有哲学系的本科生？

我没有做过调查研究。我在美国宾夕法尼亚州立大学读哲学博士。在那里，本科开始并不细致分科，最后写论文的时候，选定一个专业，本科生毕业时选哲学的也有，但极少。可以说，只有到研究生阶段，哲学才成为一个专业。

您研究的是西方哲学。中国哲学和西方哲学的异同，一直备受关注与讨论，请问您的观点是怎样的？

哲学有宽窄不同的用法，我通常用狭义，这种意义上，哲学是从希腊开始的，是一种与科学有紧密亲缘的活动。但这跟你们通常的想法不大一样，你会说，西方有西方哲学，中国有中国哲学，此外还有印度哲学、几内亚哲学。"哲学"这个大概念是从所有这些哲学中抽象出来的一个"共相"。其实我们不是这样形成概念的。举宗教为例吧。你会说有基督教、犹太教、伊斯兰教、佛教、儒教、青阳教，宗教性是它们的共同点。基督教和青阳教有啥共同点呢？其实，说起宗教，我们是以基督教为范式，儒教是不是宗教，要对照基督教来看——儒教在哪些方面和基督教一样，哪些不一样，比如有没有人格神，比如社会功能方面。并不是先有一个宗教的共相，再看儒教是否符合这个共相。这个共相从哪里来的？从各种宗教抽象来的。但你一开始并不知道儒教是不是宗教，你凭什么把它的特点放到宗教这个共相里来呢？同样的道理，一开始我们不知道这个共相的哲学，我们怎么知道几内亚的那东西叫哲学呢？其实，简简单单，我们讲到哲学，是以希腊哲学为范例的。其他的，例如解构主义之后的那些思想，还叫不叫哲学，这在好大程度上是和希腊哲学对照着说的——在什么方面上有继承，在什么方面上完全变样了。我们讲中国哲学，也是以希腊为范式在比较。

但在广义上，把哲学看作穷理，追索理后之理，在这个意义上，到处都可以有哲学。中国当然有哲学。但跟西方哲学不同，中国哲学跟科学没有很深的亲缘。另一个重要的区别是，在西方，哲学是一种跟宗教平行的精神活动方式，中国没有全民族成建制的宗教，单说这一点，我们叫做中国哲学的东西，在社会精神—文化中的位置就跟西方哲学不一样——它承担了一部分西方宗教所承担的任务。它的思考方式和西方的有很大的不同。

最近一两个世纪，西方思想笼罩世界，但像中国这样一个大国，一个文化历史悠久的国家，它特有的世界图景，它特有的论理和穷理的方式，在我看并没有完全消失。不过，我一直觉得，我们也不必刻意去体现什么中国性，如果它在，它就在我们身上，它就体现在汉语里，体现在我们所做的事情中。如果你身上活着中国特有的文化内容，你尽管做你的问题，生长出来的东西将是所谓哲学的中国方式。

您的新书是十几年的思考结果，这对一般的人文社科教授来说很难做到，因为他们要考虑学校的考察指标。

以发表论文数量这类指标为基础的评价机制，我从来反对。不少学者提到，关键在于大学的学术独立。每一所大学自己决定要怎么评价教师，而不是由教育部的标准来统一评定。教育部管着全国几千所大学，它完全不了解任何一名教师的具体工作，除了用数量化的办法来评定没有第二个办法。这里我们面对量化弊端的一个突出实例——文科尤其是纯文科因此受到的伤害是非常之大的。每年不知道生产了多少论文、著作，业内外的人都知道，绝大多数，简单说，就是垃圾。用垃圾来充当生产力的评价标准，你能想象这对思想文化会产生何种毁灭性的作用。

行政膨胀、体制僵化，西方也有同样的倾向，只是不像我们这里这么糟。文史研究的困境有些不是我们独有的，例如模仿理科甚至工科的规范来规范文史研究，再例如，浅俗娱乐挤压严肃思考的现象到处都有。这些一般的困境我们一样不少，糟糕的是，中国还要再加上自己特有的困境，因此中国的情况格外糟。

教师出于利益的考虑，会跟着体制走，谋取体制给予的利益。当然，很多教师，不管这个机制多么恶劣，仍然在努力教学，努力把自己的研究工作做好。但体制强于人，尽管仍然有些还过得去的学者，但是从成果的总体品质来看，用失望来形容肯定是太轻了，应该用"绝望"来形容。

对您来说，以哲学为业意味着什么？

你不是说就业吧？从前我想，最好不用哲学就业，而是，比如，翻译点儿东西来养活自己，同时跟几个朋友、几个年轻学生得空谈哲学。我对穷理的兴趣非常深，甚至自以为在这方面有点才能，但一开始我没打算以哲学为业。但各种情况吧，有意无意就让我用哲学就业了。不说谋生吧，以哲学为业也许是说，他主要的精神活动是用穷理的方式展开。也不一定不可以吧。但我还是觉得，多数人，哪怕好道，也不必以穷理盘道为业，专门穷理盘道容易蹈空。还是以比较落实的事情为业比较好，心理学、社会学、做建筑、教物理、做企业、当县长，同时也可以好道。其实，这样的人多了，穷理才有意思，他做企业，他研究基因，但是他好道，从好多不同的行业、不同的角度来好道，这道才有意思。干各种事情的人都不好道，另有好多人成天盘道，什么具体的事情都不做，或干脆不会做，我觉得这样一个局面比较糟糕。哲学最美好的时代是这样的时代：物理学家、生物学家、建筑师、舞蹈家，都读点儿哲学，他们中间有些人，谈起我们所谓的哲学，竟像行家里手一样。

你接下来关注、思考的是什么问题?

我一般是东做点儿,西做点儿,等到打算出本书的时候就集中做。如果说这本书比较关心实证科学的性质,下面想多研究一点文科理论的性质,想更深入系统地研究事实与价值、事实和解释、还原论、道德学说的性质,或诸如此类的。

漫谈人工智能

（2017年6月为玉河夜话"人工智能"研讨会准备的发言稿）

我们年轻时候读欧洲思想史、观念史，读到巴黎的沙龙文化，欧洲各国的沙龙，好生羡慕，人家文化发达，都说跟这些沙龙有关。后来，我们自己也试着办沙龙，可一群五大三粗的男人，怎么办都像吵架会，不像沙龙。翁菱女士风雅宽容，她主办的玉河夜话是名副其实的沙龙。

今天的主题是人工智能。这个题目，我没做过研究，但翁菱指定我发言，我就说说我的零零星星的思考，抛砖引玉吧。

最近这些年，最火热的技术好像是两种：生物工程技术和人工智能技术。这两大门类的技术都很了得，不仅将大规模改变世界的面貌，而且将改变人自身。我常说，这是两面夹击，人工智能要把机器变得越来越像人，生物工程要把人变得越来越像机器。

生物工程技术和人工智能技术，两厢相比，我估计，生物工程技术带来的变化会更根本。据说，生物工程技术不用多久就能够让人长生不老。在很多人看来，长生不老是所有愿望里最大的愿望——无论什么愿望，都得人活着才能实现。但推开一步想，人终有一死，才会去努力实现愿望，真若永无死日，那还急什么？今天、明天或任何一天，所有的日子都一样。人想多活几天，人有这个愿望大概是事实。不过，长寿作为一种可欲的东西，在各种文化里地位不同，好像在咱们中国摆的位置最高，在古希腊，极流行的观念是人过完了青壮年就该去死了。我其实挺怀疑人是不是真的都愿意长生不老。看着一群活蹦乱跳的孩子，大家都开心，看着年轻人旺盛生长，大家都开心，我们老年人要是都不让出地方，孩子和青年往哪儿长呢？

不过，今天的主题是人工智能，还是回到这个题目上来。我们街上的老百姓，说到人工智能，首先想到的大概是科幻电影里的电脑人。电脑真能变成人吗？

人工智能进步飞快，在很多特定方面已远远强于人类。但我以为，电脑不会成为人。人工智能跟人的智能有根本的区别。人类智能是有机体的智能，所以，人类智能连着意识，连着欲望和感觉等等。我们需要有智能才能制做衣裳，才能生火，而这智能是跟感知连在一起的。我们知冷知热，感知到降温了，于是要添加衣服或生火。我们之所以感知到降温了，那因为我们是恒温动物。温度计可以测量温度，但它不感知冷热。我们感知这个世界，因为我们是有机体，有血有肉，有各种各样的欲望。所谓智能，并不只在脑力里，智能体现在手和脚上，体现在人的方方面面，比如，体现在说话的声调里。

总之，计算能力这种"智能"跟人类智能不是一回事。人的智能跟感知连在一起，感知跟欲望连在一起，欲望跟血肉连在一起。智能在人身上很突出，但它仍然是人这个有机体的一个方面。

所以，我倒不像有些人那样担心电脑人有朝一日会统治人类。他们说，人工智能的威胁与原子弹的威胁不同类，原子弹的危险是毁灭人类，电脑人的危险是另一种，它们将超过人类，成为一个"更高"的群体，成为人类的统治者。可机器为什么要控制人类呢？

人要控制别人，因为他要利用别人，人对人工智能毫无用处，他干吗要控制人类呢？人要控制别人，因为他害怕，人工智能没有 fear，他干吗要控制人类呢？电脑人控制人类，那只是科幻电影的遐想。

但机器人能不能发展出感觉、欲望、感情呢？就说自保这种欲望吧。就我们人类之为动物而言，自保是一种基本的欲望，有了这种欲望，就会生出其他多种多样的欲望，例如，口渴了要喝水，肚子饿了要吃饭，受到侵害要奋起反抗。

也许，有朝一日，我们会为电脑也设置自保的程序。有了这个基本的程序，它也许会自己生成其他程序，电池缺电了它就设法充电，受到侵害就奋起反抗，等等。这的确是可能的。但我们仍然不可能为电脑设置总体的自保程序。或这么说，总体上的自保根本不是设置出来的，对有机体来说，自保是构成性的，是有机体的定义的一部分，不需要设置。而对电脑来说就不是这样，自保不是它的一部分，所谓给电脑设置自保的程序，指的本来就是设置一系列缺电了就设法充电之类的程序。

我们也许可以承认，按照我们今天所理解的欲望，电脑人不会产生这样的东西。那我们能不能重新定义欲望？我们不可能单单重新定义欲望，为此，我们需要重新定义感知、感情、理解、理想、精神，一句话，我们需要重新定义人。

我并不是在主张有一种亘古不变的人性。今人的人性不是一万年前智人的人性。在那时的智人看来，今人的人性已经面目全非。不过，人性的改变和技术造就的改变不是同种类型的改变——人性的改变不是设计出来的。（历史上不止一次有政治家和思想家企图通过设计来改变人性，但他们无一例外都失败了。）简单说，人性的改变坐落在人性的连续性之中，这样的改变我们称作生长。对这种连续性的变化，调整定义是有意义的，但对人工智能，干吗非要用它来重新定义人呢？

我不怎么担心电脑会变成人，变成一种超级人类，然后来统治人。但我倒相信，人工智能技术会大规模地改变现有的人类，最后变得面目皆非。

技术当然不是今天才有的。不过，今天的技术不同于以往的技术。粗略说来，人类技术经历了三个大阶段。最初，技术是工匠们琢磨出来的。后来，十八、十九世纪以来，技术是科学技术——现代技术不再是匠人摸索出来的，而是基于科学原理发明出来的。工业革命依赖的是这样的技术。

人工智能代表的是第三波技术发展。这一波与前两波的主要区别在于它做的是"脑力劳动"。人的能力可以粗分为体力和脑力。工业革命引入了一系列新能源、新机器，它们把很多体力劳动接过去了。人工智能将把很多脑力劳动接过去。人们预料，人工智能将比工业革命给社会带来更剧烈的改变。因为体力本来就不是人的特长，脑力才是，柏拉图在《普罗泰戈拉篇》里就说过，人没有翅膀四足尖牙，胜过动物的只在于才智。要是脑力也用不着人了，人还能干什么呢？

脑力和体力的区分有时有点儿误导。刚才我说，智能并不只在脑力里，我们一投手一投足，动手动脚，都体现智能。这意味着，所谓脑力劳动不只是脑子的劳动，人类的一切活动，都有脑力在内。结果，人工智能有可能把几乎所有劳动都接过去。

人类发明各种技术，本来就因为技术可以代替人类劳动。但也有人担心，人工智能技术只有少数精英能够掌握，大多数人参与不到其中。一方面，他们的劳动将越来越"不值钱"。另一方面，他们的生活将越来越依赖于少数精英的发明。社会结构因此会发生巨大变化，只有少数人是有用的，大多数人变成了"无用阶级"。

我们也许觉得这是杞人忧天，不劳动了，还可以玩嘛。我们可以把世上的事情分成我爱干的和我不爱干的，有了电脑人，我们就可以把我们不爱干的事情派他去干，然后把时间省下来做我们爱干的那些事，比如说打球、听音乐会、谈恋爱。谈恋爱我就不派电脑人去，这么好的事派它去干吗啊？

我们是可以区分哪些事是我们不得不做，哪些事是我们乐意做的，但是这种区分挺有限的。比如说带孩子，换尿布不爱干，逗孩子笑爱干。但你不给孩子换尿布，逗孩子玩就没那么乐。好玩的事情怎么跟有点儿苦有点儿累的事情连在一起，我们弄不大清楚，但我们大致知道，你为孩子付出了很多辛苦，你跟他的相处就会有一些不同的品质。等到把不爱干的事情都交给机器人以后，剩下的爱干的事情的性质也会改变，你作为一个人的品质总体上也会改变。

我们劳作得很辛苦，难免有时会希望别人做这些工作我们来享受劳动成果。不过，如伯纳德·威廉斯指出的，人并不是只要享受的生物，我们不仅希望获得结果，我们也希望这些结果是亲力亲为的结果。马克思认为，劳动创造了人，劳动是人的基本需求。劳动与享受割裂开来，劳动由机器完成，人单单享受结果，人的定义就改变了。

我们实际上正在经历这个过程。我们对世界的感知越来越集中到结果这一端。我们住在楼房里，不知道楼房是怎样盖起来的，打开餐盒，里面是大米饭，但我们没见过水稻长在地里是什么样子的。我们通过各种屏幕看到海底世界、太空、非洲的动物，世界各地的骚乱，但没有哪样事情是我们亲历的，没有哪样东西是我们亲力亲为的结果。不断进步的技术把人类劳动一项一项接过去了，我们不必经历劳动的艰辛就能够享受劳动的成果，这让技术乐观主义者欢欣鼓舞——技术把苦活累活难活都干了，我们享受成果，有何不好？但事情还有另一面，那就是，我们只享受结果，不再能感知产生结果的过程。仅仅感受结果是薄瘠的感受，而我们的感受正在变得越来越薄。

现在哲学界讨论人类智能和人工智能的区别，很大一部分集中在人具有意识这一点上，而所谓意识，被说成是主观体验，是跟什么东西都不相连的 qualia。人不再是欲望、劳作和结果之间的联系，人变成 VR 游戏室里一堆主观体验，当然，人的定义就变掉了。

人工智能发展起来，不仅社会结构会发生很大变化，人自身也会发生很大变化。技术不只是我们可加以利用的东西，技术改变我们自身。有一些改变是明显的。我们习惯了 GPS 定位，我们的方位感就可能退化。等我们习惯了让电子设备来采集关于自己身体的数据，我们对自己身体的感知很可能变得越来越迟钝。技术改变我们与世界相处的方式，随着与世界相处方式的改变，我们自己也在改变。

我不认为人工智能会演变为一种新人类，但人工智能倒是很可能把人变成新人类。

技术进步会改善人类生活，同时使未来面对更大风险。可我说的好像都是风险那一面。这并不奇怪。有人把知识人的任务设想为指导社会发展。我倒觉得，知识人从来没有成功地指导过社会的发展。社会自行发展。知识人的任务与其说是指导社会，毋宁说在于指出这个发展过程中的危险。是啊，社会自行发展，这可不一定是朝着良好的方向发展。

海德格尔就是这样看的，他说，技术是这个时代的存在天命，技术发展，你喜欢也罢不喜欢也罢，技术仍将征服世界。是啊，人能够控制其他人,控制异端思想,唯独控制不了技术的发展。如果有一天,人类只享受结果,产生的结果的过程都交给人工智能去施行了,真到了心想事成那一天,那么我们就不得不说,技术主宰了人。

借助技术,我们把过程和结果分离开来,我们只要得到结果就好了。这一点,在人工智能那里最为突出。

去年,AlphaGo战胜了李世石。有意思的不是人工智能赢了——这只是早晚的事儿。我觉得最有意思的是,AlphaGo的设计者并不知道它是靠什么理路赢下来的。我跟围棋高手下棋,不论他多高,我们两个都是在用同样的"围棋语言"思考。而AlphaGo依靠的根本不是我们的思维方式,而是一种我们无法理解的思维方式——如果还叫它思维的话。

人们从各个角度思考人工智能,怎么提高人工智能的水平,人工智能会怎样改变我们的社会,改变我们自己,等等。我自己的兴趣则在另外一个方面。我更关心的是我们已有的东西,想要更恰当地理解我们已有的东西。比如,通过对人工智能的了解,更恰当地理解人类自己的智能。按现在流行的看法,人工智能的发展让我们看到,智能的本质是计算。我的看法正相反,通过围棋程序的发展,我们能够看得更加清楚,人类智能的本质并不是计算,而是对话,是互相理解。下棋是一种对话——围棋也叫"手谈"。实际上,人的所有智能都是一种对话,哪怕我是一个人在思考。我独自证明了费马大定理,最后一刻我说,我明白了;我明白了什么?我看到了过程与结论之间的联系。因此,我明白了,我也可以让别人明白。然而,我们并不知道在AlphaGo那里,过程和结论之间是个什么联系。在我看,这才是人类智能和人工智能的本质区别。

说理与对话

(2008年12月华东师范大学刘晓丽教授采访)

刘:2000年您在《读书》上的一篇文章《哲学是什么》说,"哲学是讲道理的科学,是讲道理学",您最近在华东师范大学开设系列讲座"说理与理论",我又读到您的《哲学之为穷理》一文。关于"讲道理"这事,您思考可能还不只这八年,当然也不仅仅是思考,您本人一直在实践"讲道理",您讲道理的方式方法颇被认同,您的文章和讲座等,读者和听众有一个同感——真有道理。在您这里,我想说哲学家是讲道理的人,哲学是讲道理的艺术。"讲道理"何以会成为您的主要关切?您的思考和您的实践是一种什么关系?

陈:道、理,logos,从来都是哲学的核心,"讲道理"这个普通说法只是把这些传统的、高深的概念说得更日常一点儿罢了。道理不限于狭义的逻辑。维特根斯坦的关键词是逻辑,后来他更多使用语法这个词,说到逻辑,也在广义上使用,意思跟他这时说的语法差不多。我多年来反复琢磨维特根斯坦的语法概念,觉得"语法"并不是最恰当的用语,尤其对我们中国人来说,我们有更现成的概念——道理,道理比逻辑、语法这些概念更清楚地刻画了哲学的本质。对现代人来说,尤其要把道理与规律、机制区分开来。规律和机制是实证科学要掌握的东西,道理是哲学要通达的东西。

刘："逻辑"满足不了维特根斯坦，他转向了"语法"；"语法"满足不了您，您转向了"道理"。除了上述这些考虑，我们当下的生存实际对您的思考有影响吗？比如我们中国的新左派与自由主义之争，比如国际社会的阿拉伯人和以色列人之争。

陈：哲学是系统论理，到今天，论理总是在一定的学术脉络里展开的，但你问得好，至少就我个人说，从事论理活动的兴趣的确是从你说的这些具体争论来的。我当然关心实际的政治问题、伦理问题，大家聊天的时候，会为这些事儿争得面红耳赤，只不过，人们通常只关心事质，形式方面的关注少一点儿，我则会在说理的一般性质方面多考虑一点儿：这些争论有没有意义？这些争论有没有解决的可能？怎么一来就变成了瞎争，怎么讨论问题才能够带来积极成果？可以把对这类问题的探究称作论理学，而在我看，论理学就是哲学的核心。当然，形式和内容是交织在一起的，这就回到你刚才那个问题的后一半，我相信，只有学会在事质讨论中好好讲道理，才能在论理学探究中保持敏感和可靠的方向。而且，论理学探究本身是一种说理实践，它本身也是用说理的方式展开的，我们只能用讲道理的方式来谈"讲道理"是怎么回事。

刘：您关注的是更根本的问题，或者说是更深层的道理。

陈：可以这么说，人们也常常这么说，探究说理的一般性质，可以说要上一层，也可以说更深一层。但这些说法也很容易误导——如果把"更根本"理解成金字塔的地基，好像不夯实地基就无法真正展开事质讨论，那就把事情弄反了。"根本的问题"，我把它理解为：好多问题纠结于此处。没有事质问题也就没有根本问题。

刘：深入到根本道理，所有道理都会贯通为一吗？

陈：这是我特别想澄清的。我不相信哪一天我们能皈依于同一套道理。所谓贯通，不是你发明出一个原理，用它来解释一切。要为贯通举个例子，我会举这样的例子，你找到了解决一个问题的办法，后来发现，另一个困惑你长久的难题，竟也可以通过这个办法解决。这时候，两个看似分离的问题联系起来了。是有道通为一这话，但这话在我看也要随说随扫。也许可以这样理解：不同的道理系统之间总存在着对话的契机。

刘：但你我对话，不是在谋求共识吗？往大里说，一个社会，总要有一套共同的道德规范，有一套共同遵守的法律，它们不是最基本的共识吗？

陈：我当然承认有时候建立共识很重要，人们也以各种方式谋求共识，但我的确高度怀疑，任何对话的目的都在于谋求共识，我也不认为，一个社会在方方面面都有共识就是一个更好的社会。在很多场合下，我们根本无需达到共识，我们与其说需要共识，不如说需要学会，没有共识的人应该怎么在一起生存。

在一个法治国家，人们普遍尊重法律，你可以把这叫做共识，但这不是思想内容上的共识。例如，法律规定不得歧视同性恋，这不是说，所有人对同性恋的看法都一样了。尊重法律的共识是另外一种共识——把它叫做共识有点混淆，倒不如说，法律要建立的是我们在没有共识的情况下怎样共处的方式。即使我们没有共识，我们都要遵守法律。这正是现代法治社会的一个重要方面：他不要求我跟他的想法一致，我只要守法，你别管我共识不共识。人的想法从来不一样，但这一点当今世界尤其突出，没有共识的人如何在一起生存这个问题尤其突出。法治就是答案的一个重要组成部分。我一向以为，现代政府不要枉费心力去统一思想，当务之急是去琢磨怎么让不同的思想方式和生活方式相处在同一个政治共同体之中。

刘：我临时想到一个问题，法律为什么能接受同性恋，为什么不能容忍一个男人有四个老婆呢？

陈：这个我不知道，但这里的道理我们可以琢磨。单把两件事放到一起比较，也许看不清楚，恐怕要连到其他事情上来想。不接受多妻制不是一件孤立的事情，它和我们今天对男女关系的一般看法连在一起，跟更多的事情连在一起。现在的女性不再像辜鸿铭说的那样附属于男人，也许再过五百年，男人要附属于女人了，也未可知。这些事情要跟我们很多其他的社会观念连在一起来讨论。

刘：并不是每个关心道理的人都会讲道理。且不说我们身边的人，伟大如托尔斯泰，具有非凡的智力，一旦讲道理，立刻僵化，《我们该怎么办》一书，第一部分描述莫斯科的贫民生活，几乎没有比他对那些破败房屋、肮脏街道和丧失希望者的描述更加出色的了，但是第二部讲道理写得很一般，很多人都只读这部书的第一部分。

陈：的确，托尔斯泰是一个挺好的例子，不少批评家说《战争与和平》后几章不写会更好。说理是一种特殊的能力,和讲故事的能力一样,和所有能力一样,多多少少需要特殊的锻炼。反过来也一样,黑格尔会说理,但不会写小说。说理是一门艺术,甚至夸张一点说是一门技术。

刘: 那些深的道理,即使想得比较清楚了,说清楚也极难极难。就像看清楚了一张人脸,仍然很难说清楚。

陈: 是。说清楚和想清楚虽然不是同一回事,但人脸这个比喻也可能误导,想和说似乎更纠结。常常,你以为想清楚了,一旦去说去写,才发现其实没想清楚。而且,有些道理,说得清楚不清楚,跟修和悟连在一起,听者没有悟性,你怎么都说不清楚。

刘: 讲道理是一种特殊的能力,也是一种专门的说话方式,这与吵架、斗嘴、开玩笑、大学生辩论赛等是同一种说话方式吗?

陈: 这些说话方式,这些特定的"语言游戏",和说理能力,特别是系统说理能力,基本上不相干。大学生辩论赛跟柏拉图笔下的智术师所干的活儿差不多,不在乎论题的内容,只求说服。换句话说,把论题的内容和演讲术割裂开来了。说理关系到听众,所以修辞是说理的一个内在部分。亚里士多德在他的《修辞学》里系统讨论了演讲术,一直到怎样调动听众的情绪。阐明说理内容和修辞之间的关系,我觉得这里面包含着挺深的内容,但反正不是逻辑外加修辞。

刘：说理是一种艺术，需要训练，听道理也同样需要训练。这种训练有迹可寻吗？

陈：艺术是需要训练的，但也许说"培养"更好，不局限于程序性的、技术性的训练。各种艺术也不一样，比较起写诗、写小说，绘画需要更多的程序性训练，弹钢琴更依赖这样的训练。不消说，仅仅有个训练程序是不够的，艺术培养针对的是个体的人，给出一个目标，给出一些典范，在模仿典范的过程中，老师指点，不断加以修正。从听道理这方面说，从受众这方面说，更显然主要是这种培养，训练程序最多只占很小的比重。最重要的是听众要有机会接触优秀的作品，有根性的听众自己会识别的。

刘：这里主要是程序化的问题，哪些可以程序化，或者哪些程序化是重要的，哪些程序化是不重要的。说理有没有可以程序化的东西呢？

陈：至少有一些程序性的纠错，我在美国讲过一门课，《逻辑与修辞》，基本上从反面讨论说理，比如要防止过度概括，防止用虚假的二择一进行论证，防止对人论证等等。

刘：我们只能在很一般的意义上说，说理能力是训练习得的，诸如向典范学习等。但是哲学系，或者说论理学总该与学习说理有些关系吧？

陈：你提醒我，我们可以开一门甚至很有必要开一门"说理艺术"的课，不只面对哲学生，而是面对全校。说理不是哲学系特有的事儿，学习说理是所有"学"都需要的。各种学都要说理，但只有哲学系专门探讨说理的艺术。我一直希望能这样安排：哲学系的大多数课程不是专门对哲学系学生开的，而是对全校开。文学系我不知道，你们是教人写小说，还是教人研究小说？即使教人写小说写诗，教的时候也是用说理的方式来教。

刘：我们这个时代好像对"讲道理"特别着迷。任何事情，都朝着"事出有因，事后有理"的方向走。甚至没有道理的事，说着说着也好像有了"道理"似的。这是个需要真正讲道理的哲学家的时代。哲学家在什么意义上可以帮助我们辨明道理呢？

陈：这是个极切中的观察。理知时代以来，说理、有道理、明确地说出道理，成为一种基本要求。怎么就出现了这样的要求？这是个有意思的问题，这里不及备述，只说一点，这跟公开性的要求连在一起。反正我们习惯于把自己的行为描述成有道理的行为，或真诚或不真诚地为自己的行为找出理由。大家有这个要求，说理就成为权力的一个来源，读书人阶层因此获得了很大权力。另一方面，既然事事要求有道理，有时就不得不把没道理的、无所谓道理的事情都打扮成有道理的样子，于是，区分哪些是真的有道理，哪些是伪装成有道理，就成了一项重要工作。对，还有，哪些事情需要有道理，哪些事情其实并不需要。

刘：您说到说理也可能暗藏权力，很有意思，能多说两句吗？

陈：弱者无权无势，往往只剩说理可以求援。鲁迅不止一次说到这一点。另一方面，强势的一方有很多资源，比如他受了更多的教育，或者他有一大帮帮闲，所以他有理没理都能说出理来，说来说去，弱势的一方本来有理，最后也成没理了。所以，不讲道理也要分辨，有时候是因为他蛮横，有时候不是，青年人或者弱势一方不讲道理，他不见得没道理，只是他没有充分的讲道理的训练和资源，他有道理，但讲不过你。但恰恰因此，我们要努力培养说理文化，不仅要努力要求强权讲点儿道理，也希望有理的一方学会说清楚他的道理。

刘：我理解所谓屁股决定脑袋，但在两个人的辩论过程当中，你可以指出说，假如真正有这么一个公理系统，逻辑这套大家已经承认的东西，比如三段论这样的东西，我是可以指出你现在这样一个说法是带了你的利益或者是感情在里面的，是不是有一种可能，比如两个人辩论，至少我可以找到一个中立的第三方来指出，就像美国的总统辩论，他总有一个第三方，或者很多老百姓在不设立场，或者没有决定投民主党和共和党的时候来做判断，你是共和党明显带着这种感情，有没有这种可能呢？

陈：屁股决定脑袋这种话也许可以提醒我们不要把观念看得太重，提醒我们观念背后还有利益诉求等等，但单说屁股决定脑袋，那等于说人根本没有脑袋，那当然，说理就完全不可能了——所有的道理都可以还原为他处在什么地位上。处在同样地位上的人照样会有不同看法。道理不是跟经验、利益等等完全脱离开来的东西，但道理并不是利益的傀儡，倒不如说，说理是超出特定经验和利益的一种努力。竞选总统，双方辩论，当然是因为双方各有不同于对方的主张和诉求，但站在辩论台上，你就不得不用事实和逻辑来说话，这些事实和逻辑可以中立地加以核实、检验。观念和利益曲曲折折有多重联系，但若屁股完完全全决定脑袋，就没有哪个选民会去听这些辩论，因为他的屁股已经坐定在那里了，然而，有些选民改变了想法，由于改变了想法，就把屁股挪动了地方。

刘：道理和我们的自然理解相连，说得有道理没道理，我们应该能听得出来。讲道理时，如果是事实不清楚，应该由历史学家或社会学家来澄清，如果是逻辑有问题，该由逻辑学家来解决。哲学家既不是事实的专家，也不是逻辑学家，哲学家到底能帮助我们澄清什么呢？

陈：道理和自然理解关系非常接近，"道理"差不多就是"理解"的名词化。按道理说，只要我们有基本的理解力，都应该能听出有道理没道理。但有些道理很曲折，是不是合乎逻辑，一时看不大清楚。逻辑学有时能帮上忙，有时候不能，因为这些道理可能纠缠在很具体的事绪之中。有时候呢，我们看不清道理，是因为我们有系统的错觉，就像说我们的眼睛通常不欺骗我们，但是眼睛有它系统的错觉。赖尔的《系统导致误导的表达式》就是在讨论这类错觉。一般说来，哲学家并不停留在平常说理上，他追索道理背后的道理，梳理错综复杂的道理网，这些幽远的道理跟我们对辨别某个具体说法是否合理只有间接的联系。就此而言，道理搅不清，很少是因为逻辑学得不好，明理的人不一定上过逻辑课，逻辑考满分的也可能不明道理。

刘：在日常生活中，我们每个人都有被道理说服的经验。但是我们很少有这样的经验，听了一次布道，原本信伊斯兰教的人改信了基督教；看了一本新左派的论理书，原来坚持自由主义的倒向了新左派的立场。二战时，日本知识分子倒是有一种左转右的潮流，但似乎与道理无关，时势如此。那种复杂的说理系统与说服还有关系吗？

陈：这个问题特别好，我觉得这里有很深的误解，我指的是，人们把说理跟说服连得太紧了。不能只从说服别人这个功能来看待说理活动，不过，这事儿要慢慢说，这里无法展开。至于系统说理，那是一种独特的兴趣，跟我们平常要说服别人做这做那关系不大。我们不可梦想用一套道理来说服天下人，这不仅是不可能的，而且是不可欲的。系统说理是要把形形色色的道理加以贯通，追求某种一致性。平常起作用的说服用不着一个道理系统，通常用不着长篇大论，事境在那儿，有时就是点拨一下。至于我们的根本主张，当然不会被轻易说服，要是能被轻易说服，这些主张就太不值钱了。

刘：系统说理意不在说服，在于追求系统内的一致性。那么说理系统之间的冲突该如何解决呢？公有公的理，婆有婆的理。我们能够找到一个更融贯的道理，使公的道理和婆道理连在一起吗？即便找到，这个理还会与其他理不融贯，再找一更更融贯的道理，这样把所有的理都勾连起来，形成一个大理？

陈：以前讲道理的贯通，有这样一个奢望，甚至想当然认为，纷繁杂陈之理，到了一定深度或者某种境界，就贯通为一了。按说，今人不该还抱有这样的幻想，但今人又常常被物理学模式吸引，在克服种种谬误之后，达乎至理，建立起一个大一统的正确理论。这种幻想，或者说这种观念，是我努力想清扫的。一套道理，如果它的确是"一套"道理，当然要求贯通，但它不是要把所有他者都消融到自己这一套里。道理系统之间，不是谁战胜谁，谁吃掉谁，而是互相对话。这方面的思想资源不少，比如胡塞尔的主体间性、哈贝马斯的交往行为理论等等。实际上，对话是现在最时髦的话题，因为时髦，里面尽是些乌七八糟的观念，有待清理。至少得说说对话的亲疏远近，说说对话的极限。公的道理和婆的道理，当然不一定能融贯到一个大理之中，也不见得能通过对话达成共识，现实世界里当然不能事事都靠讲理，但它们曲曲折折跟理有关系，公与婆的纷争不一定能靠讲理消弭，那就靠法律呗，但法律背后是有道理的，所谓法理。

刘： 对话在我们的学术生活中极其罕见。我们都在呼吁对话，但是我们很少对话。道理之间绝缘，道理之间冲突。只要参加一次学术会议，就会对此深有体会。

陈： 我们大多数学术会议基本上是我们的学术生活降低到一个什么样低点的证明。现在的会议形式本身就不利于对话，尤其那些大型的会议，好家伙，三百人，倒是壮观、热闹，但能讨论什么？大会发言15分钟，能说清楚什么？举手发言是3分钟，纯粹是在走形式胡闹。高度专业化的讨论也许可以这样，因为大家有明确的共同知识背景，问题可以是高度聚焦的。思想讨论不可能，思想讨论的一个主要内容就是怎么聚焦我们的问题。科学家团体有巨大的共识作为基础，只在前沿研究上发生争论，而所谓思想问题、哲学问题，是要一直争论到根本处去。其实大家去开会，都是去会朋友的。大会上没法讨论，会下三五一伙，讨论得可激烈可有意思了。依我的经验，讨论思想问题，三五人的规模最好，大家关心同一个问题，也都比较了解问题的焦点何在。我一向说哲学关心的是我们共同的问题，但这不是说它在抽象普遍性的意义上是所有人的问题，一个问题，人人都感兴趣。我更愿意把共同问题理解为一个连环套，几个圆圈各有各的圆心，但它们互相环连。有效的对话是连环套式的对话。

刘：哲学家能在这样的对话中起到什么特殊的作用？例如，现在很提倡跨学科对话，哲学家也应该参与到其中？

陈：在我听来，说哲学参与到学科间对话，这本身就有点儿误导。哲学本来不是一个专业，一般说来，哲学家也不是任何一个领域的专家。哲学是论理之学，天然是跨学科的。在一个基本意义上，哲学本来就是各个学科之间的公共平台。你愿意叫它思想也行。一个学科有它的专业问题，也有一般的思想性的问题，这些问题是平常所说的哲学问题。专业工作用不着跟专业外的对话。专业有硬标准，成果符合专业标准就好了。你考据张学良是否参加了共产党，你的考据，专家们认可就行了，你不找我对话，我也没资格和你对话。所谓专业问题，本来指的就是外行插不上嘴的问题。但怎么看待西安事变，却不是一个专业问题。虽然我不是历史学家，我也可以跟你讨论、争论，因为这样的问题牵涉很多一般的观念。当然，你得了解那些历史事实；哪些是历史事实，专家最有发言权。专家的考证，你别管我有没有思想，考证出的东西你们以后谁做思想都得承认这个东西。即使说到哲学，哲学文本往往也离不开专家的工作。我读老子一直得靠注释，那里面都是专家的劳动。

反过来，概念问题、观念上的问题，绝不是只有哲学家才有资格来讨论，历史学家，什么家，不管是做什么专业的，只要有学术训练，有一种思考的严格性，就能够来谈。哲学其实就是思想层面的对话——你哪个专业咱们不管，无论你从哪个专业开始，追索思想性的问题，就可以参与对话。在这个意义上，一个历史学家不一定比一个哲学史家少哲学。我经常引用杜威：哲学问题不是哲学家的问题，是我们大家的问题。道可道还是不可道，这不是老子的问题，是咱们大家的问题。我觉得王弼讲得透，你觉得海德格尔或维特根斯坦讲得透，这就把王弼、海德格尔、维特根斯坦都拉到一起来对话了。不是说我硬要跟你对话，为对话而对话，而是那个问题把我们领到一起来对话。对话如果失去问题主导，它不但流于形式而且就是一件不可能的事儿，不过是聚到一起来各说各话。我参加过几次所谓跨学科对话，基本上是鸡同鸭讲。我觉得主要是因为现在多是跟风，没弄明白干吗要对话。所谓跨学科对话，是因为大家对某些共同的思想问题感兴趣。

刘： 但对话的参与者最好是学有专长。

陈： 你我各自所长的东西当然是有用的，但是在思想对话中，专业训练的作用是帮助你更好地思考我们的共同问题，而不是用专业门槛来限制共同问题。你把专业训练造就的能力带进来，不是把专业内容都带进来。每一个对话人，不管你是哪个领域的专家，都跳出自己专业的藩篱。对话不能设置太高的专业知识门槛，不强调学科背景，而是要淡化学科背景。

讨论可说不可说，这位说哎呀你没读通庄子这问题你就别谈了，那位说维特根斯坦你没读通你就别谈了，那就没有对话了。我引用维特根斯坦，是为了简便——你要是知道维特根斯坦，一引他就省了好多话。并不是因为你非得懂维特根斯坦才行——如果你不熟悉维特根斯坦，我应该能够用别的话说出我所要说的。哲学本来求贯通之理，可惜，现在的体制要求哲学工作者成为专家，你是王阳明专家，他是维特根斯坦专家，不，还不是维特根斯坦专家，是专门研究早期维特根斯坦。你我之间没有共同问题。

不管你读了多少书，讨论共同问题的时候都可以像你没读过似的。对话时动不动就拿出自己的专家身份，是吓唬人。更不能端出自己的一个什么理论作为讨论的前提。对话不能依赖于各自的理论。你要跟我讨论道可道不可道的问题吗？我建立了一个理论，语义场理论，你不先得把我的场论弄弄清楚咱们无法谈这个问题。这坏了，以前我们只有索绪尔的理论、罗素的理论，现在好了，我们每个教授都有花样翻新的理论，我得弄通多少理论才能开始对话呀？能够脱开特定的知识，能够脱开特定理论，才是思想层面的对话。各自抱着自己的理论就无法对话了。你的理论呢，你自己有兴趣，你就好好去建构吧，到了问题上，我们不用你的理论也能发言。我们走在一起对话，正因为我们读的书不同，所熟悉的理论不同，但我们的问题是共通的。

刘：共同问题的讨论有时能帮到你的专业，我听您的课，对我做自己的工作有很大帮助。

陈：是的，是的，经常有这样的事。但帮到你的专业，这是你的事情，不是大家的事情。有个企业家到我的班上听课，有一天拿了很大一张纸来，是他那个企业的工序流程表，他说，陈老师，你的课对我启发很大，我一下子明白了我应该怎么重新规划流程，你帮我看看，对不对。我哪儿看得懂呀？但他居然从我的课里得到启发，对他管理企业有帮助，这我挺高兴的。

刘：我还是要问，别人是带着专业来的，哲学家是带着什么来的呢？他是来当法官吗？

陈：这样的对话没有法官。受过哲学训练的人，对概念比较敏感，而任何思想性的讨论都会经常要求在概念上做些澄清。

刘：您常说，哲学家的重要工作是考察论理概念，而我们当下的论理概念大部分是移植词，您现在考察的"道理"概念，既是一个论理概念，又是一个中国概念，这是不是您想建构中国哲学的一种实际工作呢？

陈：我的确希望能够用汉语来讨论哲学问题，不过，做成什么样子我不敢多说，我是干活儿的，要让验收的人评价我干得怎么样。
中国的论理词绝大多数是移植词，它们的西方渊源很深，这给用汉语来论理带来很大的麻烦，而大多数人好像甚至没感觉到麻烦。不过，移植词也可能有它的好处——我们翻译西方哲学，我们用汉语论理，这个过程已经在展开中西方思想的对话了。的确，我们对西方思想的了解远远超过西方对我们的了解。

"说理"四人谈

(2011年11月2日陈嘉映、刘擎、慈继伟、周濂漫谈说理与论证)

说理及其作用

陈: 我先开个头,正好,昨天晚上我跟当时北大的同事聚餐聊天,还有钟磊,有个讨论。钟磊是我以前的一个硕士生,当时在北大就很优秀,后来到美国读了博士,受到更完整的学术训练,主要是分析哲学方面的训练。但这种训练也有点儿毛病,你说什么,他都要换成一个英语,一个学术用语,好像他听不懂一个普通汉语词似的。

刘: 你能举个例子吗?

陈: 一时记不起当时说到是哪几个词。"换了个说法"是件挺复杂的事儿,奥斯汀举过很多例子,你说你看见一头猪,他换成说,你看见一个物质对象的表面。初一听,他是把通常的说法变成严格的学术的行话,但你一旦接受这转化,你已经掉在陷阱里了。

这背后的一般问题是:如果两个说法真是同一件事情的不同说法,那为什么非要把我的说法翻译成你的说法呢,翻译成分析哲学的行话呢?十有八九,经过翻译,忽略了点儿什么,增添了点儿什么，改变了点儿什么。通过重述，问题本身就可能改变了。奥古斯丁关于时间的困惑并不会被大爆炸理论消除掉，莱布尼茨关于存在的困惑也不会被摹状词理论消除掉。

钟磊跟我中间隔着孙永平，孙永平在中间打哈哈，大致意思是，你们两个不是有争点吗？那就把争点拿出来，让我们看看你们的争点究竟是什么。

当然，我们常常瞎争，不得要领。为了避免瞎争，我们有时得确定争点究竟何在。但要确定争点到底是什么往往也不容易，尤其在所谓哲学争论中。这里，争点与陈述争点的语言交织在一起。我一旦接受下你的语言，我可能已经放弃了争点。钟磊会觉得，你若采用我的语言，那事情不是就清楚了吗？但那恰是我们争论的一部分——你认为我们应该把问题和困惑翻译成专业语言，我反过来认为很多真正的问题被行话掩盖了，需要用自然语言来表述，才能触及真正的困惑。费曼甚至认为物理学问题也应当努力用非专业语言来讲解，这我有点儿怀疑，但我认为所谓哲学问题的确是这样的。

人们把澄清争点想得简单了一点儿。钟磊说我们首先得把事实部分确定下来，看看我们是不是对事实的认定就不同，如果事实认定不同，我们就来查验事实；如果事实认定相同，我们来检验基于事实的推论，检验推论所依据的原理。但实际的争论很少能应用这样的程序。在很多争论里，尤其在所谓哲学争论里，对事实的确认跟陈述事实的方式连在一起。而且，事实太多了，哪些事实relevant？每一个事实的权重？现在有些新左派主张鼎革后的前三十年的经济路线基本上是正确的，要证成或反驳这观点，哪些是"有关事实"？三十年里发生了很多很多事情，而且，显然不能局限在三十年里大陆发生的事情，你会把四九年之前的事情牵扯进来，你也可能把四九年之后的台湾牵扯进来——你不跟四九年以前比，不跟同期的台湾比，就很难说清究竟是成就大还是失误大。在每一次特定争论之中，辨清某一事实是否相关当然非常重要，但你无法在具体争论之外来确定这一点，好多法庭片里都有这种场景——一个看似无关的事实却变成了核心事实。

　　事实之外，我想说说原理。我们也许在谈论纳粹把一些挪威平民扣作人质，抵抗组织胆敢有所动作，他们就杀害人质。我对这种做法表示愤恨。你于是问：那你同意不得滥杀无辜平民这个原则？我当然同意。那你根据这条原则，必定要反对美国人在日本使用原子弹。不一定。我不是先有一个大的原则，然后推出某个结论。一个道理可能在某个事例中很明显，不用再追溯到更高的原理。如果这个道理引起争议，我们会用各种各样的办法争论，不一定都要追溯到更高原理。实际上，这时候更高原理帮不上什么忙，因为它本来就是具体案例中那个道理的另一种说法。在这个案例里，这两种说法哪一种都行，但换个案例，它们就不再是同一个道理的不同说法。我是否同意你把我的道理换成更概括的原理，要等着看你会把这个原理应用到哪些例子上。你不能轻易把我们平常的表述上升到更高的层面上去问我同意不同意。语词的意思在更高的层面上变得含糊起来。原则上达成一致并没有说出很多，不妨说谁都反对滥杀无辜，麻烦在于确定哪些情况下可以说谁是无辜的。谁是无辜这个事儿不是一个简单的事实，它连着很多事情才能确定。

　　我正面说一下我的观点：争论之初，我们有一个半清楚不清楚的争点，我们一面争论一面也就在不断澄清争点，但在这个过程中，争点本身也在不断转移。一开始我们在争论到底太阳是宇宙中心抑或地球是宇宙中心，我们转了一大圈下来，确定了地球围着太阳转。

谁绕着谁转的确是原初争论的一部分，一个极重要的部分，但不能说那就是原初争论的真正争点，原初争论还牵涉到很多别的问题，世界由哪些元素构成？动与静哪种更高贵？哪种运动更为完满？在原初争论中，很多问题纠缠在一起，等到争论结束，它成为一个明确的天文学问题。从这个明确的天文学问题看，动与静哪种更高贵哪种运动更为完满这些事儿都 irrelevant，而关于世界的物质构成的观念完全转变了，甚至运动和静止的观念也面目全非。这不宜说成现在我们找出了争点，解决了争论。在争论过程中，我们的观念系统不断变化，争点是在一个相当不同的观念系统中得到解决的，地球绕太阳转还是太阳绕地球转不再是一个从属于宇宙中心何在的问题。

人们往往认为说理的目标是得到一个非此即彼的结论，最终表明一方的论点正确，另一方错误。大多数的争论比这复杂得多。一场争论往往牵连到我们的很多相关观念，通过争论，我们的很多观念得到调整。说理或论证的目标不见得在于争出个你对我错，谁折服了谁，而更多是个教化过程。张学良该不该扣留蒋介石？争论双方也许谁都没有说服谁，但这仍然是个值得争论的题目，争论双方即使最终仍然坚持自己的观点，还是可以从争论中学到很多东西，得到提高，加深对那个时期的历史的一般看法。在我看，论证的教化意义大于谁输谁赢。

当然，教化不一定通过争论。学徒跟着师父或专家，他相信师父是对的，你是学生，先接受一些做法和看法，然后逐渐形成你自己的一套。那是一个通过培养得到教化的过程。

刘：所以，问题就是通过"讲道理"或者进行论证，我们能做到什么、不能做到什么？你刚才说了其实我们做不到我们以为可以达成的目标，我们幻觉上以为讲道理有用，但实际上无用。但论证或说理还是能做到一些东西，它的用途在哪？它的有用的部分在哪里？

陈：经常，最有用的部分是教化。我觉得呢，一般人在谈论证的时候把论证的目的想得太窄了太急了太刚性了。在我看来，论证的作用更富柔性。这种柔性的效果并不是我们退而求其次勉勉强强只好如此。整体观念的教化往往比一事上谁对谁错更重要。

刘：我在想论理过程隐含的那种权力策略，甚至在教育，在老师与学生的对话中也存在。如果两个人在辩论，哪怕处在同等的位置，也有这种权力驱使的策略，语词的策略，就是哈贝马斯讲的那种"strategic action"。我把你纳入到我的一个框架来和你争论，尽可能把你的框架纳入到我的框架中，在辨别事实的时候，就需要把你看重的 relevant 事实排出去一点，把我认为重要的事实纳入进来一点，这种自觉不自觉的策略，也卷入了 power struggle。

陈：当然有 power struggle 的因素，但我觉得不能只谈 power struggle，不谈真理性。话语是交往的一种形式，交往总包含权力关系，即使朋友熟人之间交谈，你也可以看到权力和求真这两种因素此起彼伏。我个人更在意求真活动，而求真要求把权力因素降到最低——我把这理解为"求真"的语义的一部分。

刘：比如在时下思想界的讨论中，经常有人预设对方的认知框架是错的、有问题的，处在一个封闭僵化的（多多少少有点被洗脑造成的）框架里。比如他批评你采用了中西对立，西方进步、我们落后的框架，然后给出许多事实，来打破你的框架，带你进入他的框架。但是他给出的框架是不是另一种封闭？是不是由所谓洗脑塑造的结果？似乎很少自省。然后，他就变得似乎很有说服力，哪怕给出的事实其实是很孤立的。但实际上他并没有和你展开讨论，他只是在影响你、说服你。那么，说服与辩论之间有区别吗？我们需要做区别吗？

慈：这可能是一个综合性的问题。刚才提到培养，我想补充说培养有两个意思。一个意思是，你现在根本没有论证的能力，我"培养"你是帮你填补论证能力的空白，当然这个空白不是完全的空白，完全的空白没有办法填补。还有一种情况，其中起"培养"或说服作用的实际上是一种"魅力"，或者说是一个包含魅力但不能简单地等同于魅力的综合体。如果我说服了你，是狭义的说服，是完全靠道理的说服，那么可以说这个道理在你那儿其实已经存在了，我只是帮你把它揭示出来。也就是说，在我还没有开始说服你的时候，咱们就已经同意了，我只是把这种同意揭示和表达出来。如果情况不是这样，如果没有"本来已经存在的"同意，我能"说"服你那肯定是由于非道理的或道理之外的东西，某种"魅力"，某种既有别于道理又有别于暴力的力。当然这里说的"魅力"是宽泛意义上的，其实就是一种温和的劫持，因为它是温和的，被劫持者往往意识不到这其中的"力"，自然也就意识不到自己其实不是被"说"服的。

周：在《论确定性》中，维特根斯坦说过："当两个无法相互调和的原则真正相遇时，每个人都会把对方叫做蠢人和异教徒。"即使这些拥有不同原则的人尝试彼此之间进行说理，这种理由也会因为缺乏足够多的共同基础而丧失效力，所以维特根斯坦才会接着说："我说我会'反对'另一个人，但是难道我不会给他讲出理由吗？当然会。但是这些理由能有多大效力？在理由穷尽之后就是说服。（想想传教士让土著人改信宗教时所发生的情况。）"

陈：我记得你引用过这句话，这里译作"说服"的是 ueberreden，英文本译作 persuasion，译成"说服"不太好。你看这儿，我是把这段话译成"我曾说我将与另一个人'争胜'，但我不会给他讲出理由吗？当然会。但这些理由能达到多远？理由穷尽处，是劝说"。Ueberreden 或 persuasion 在这里译成"说服"不太好，因为说服主要靠道理，而维特根斯坦在说，有时候靠的不是道理，而是把动之以情什么的都加上，继伟刚才讲的"温和的挟持"是个挺好的例子，比如你太太劝说你去跟她逛商店，她没靠理由说服你，但你还是被她劝动了。把 ueberreden 译作"说服"，就看不出来维特根斯坦说的区别在哪里了，我看不出"讲出理由"和"说服"的区别。

刘：我老婆成功地说服我的时候，就是通过很多很多零散的边缘的事实，突然让我觉得我自己专注的世界——我原来看得很重很满的那个世界，只是一个很小的世界，原来重要的事好像不那么重要、紧急的事也没那么紧急了，然后就跟她去了。

陈：当然温柔的挟持只是一种，改变别人的观念还有很多别的途径，欺骗、意识形态宣传、软威胁等等。陆丁这一两年常在我的课上、讨论班上，听我这样看待论证，他质疑说：那还怎么区别

sophistry 和 philosophy？我基本的看法是这样的：无法在实际论证之外给出区分 sophistry 和 philosophy 的标准。柏拉图说 sophists 讲课是收费的，philosophers 不收费。这当然是个非常强的独立标准，但柏拉图可能在反讽，至少很难照字面接受这个标准。我是说呢，我们是在具体的论证中每一次每一次地去区分。

刘：主观上是不是有这个区分？比如说一个哲学家，他是相信他论说的东西，他认为那是真的或对的；而智者或诡辩者，就像现在的律师，你让他站在哪一方都行，他完全可以站在任何一方的立场来论证，论证完全是一个工具性的东西。

我在华师大听过嘉映的课，我差不多同意他的一个观点，就是我们寄予说理和论证太多的期望，我们以为说理能达成的作用，其实是在边缘、外部达成的。但我想，说理肯定还有正面的作用，它实际上发生的作用是什么呢？

慈：为了弄清这个作用，我们先要对"论证"或者"说服"这个活动做一个大概的描述。是什么原因让人们聚到一起去从事这样一种活动？这种活动往往导致什么样的结果？表面上由说理导致的结果是不是其他因素导致的结果？参与这种说理活动的人都是什么样的人？他们的背景是什么、目标或利益是什么？一言以蔽之，这种我们习惯称为"说理"的活动究竟是一种什么性质的活动？这里需要的是一种人类学或人类学式的描述。

刘：你觉得这个描述是一个一般化的、结构性的描述还是必须针对具体情景的？

慈：这要根据需要而定。对社会或政治哲学来说，一般化的、结构性的就够了，但如果涉及经验性的、历史性的问题，当然就有必要针对具体情景。但我想后者显然依赖于前者，当然前者也需要根据后者不断修正。

周：也就是说，在论及说理活动的时候，除了要做结构性的抽象描述，还需要把说理者与说理对象的身份与关系、说理的论题、说理的背景和语境等具体要素逐一明确下来，才有可能对说理活动加以澄清，但这似乎预示了抽象的澄清说理活动是不可能的。

慈：是这样。但需要"透过现象看本质"，通过尽可能严谨的分析和推测（推测是很难避免的）弄清说理的参与者到底在做什么，不论他们声称他们在做什么，一般来说他们自然会说他们在"讲理"或"说理"而没有在做其他任何事情，甚至不论他们（诚恳地）自认为他们在做什么。

刘：可以做一些类型上的划分。

慈：确实可以划分。其中一个很有必要的区分就是 J. L. 奥斯汀在讨论语言行为时对 locution/illocution 以及 perlocution 所做的区分。如果把 perlocution 放到一边，至少可以说：把说理活动单纯看作谈论道理、交换理据的语言活动，仿佛说理者关心的只是道理和道理之间的关系，这几乎等于只注意语言行为的 locution 部分，而忽略了说理行为作为 illocution 的多种可能性和复杂性。换句话说，在 locution 层次上表现为说理的语言行为，在 illocution 层次上不一定如此。说理者在使用说理的文字时，所做的事情，speech act，并不一定是说清道理，而可能只是"以理服人"，其中"服人"是首要的，而"以理"只是或至少在很大程度是不得已而为之。依我的观察分析，说理或者论证往往不是一种主动的或者自发的语言行为，而是一种带有或多或少被动成分的语言行为。

其实也可以说，一方不能压服另一方，而只能通过说服，这本身就表明了一种力量相对均等的状况。我们通常所说的平等观念就是一种与此相应的价值，一种尊重对方、视对方为与自己平等的主体因此必须采取"讲事实摆道理"的态度或姿态。哪怕这种姿态仅仅是姿态，摆出这种姿态，或者说必须摆出这种姿态本身也很说明问题。不论是姿态，还是相对真诚的态度，只要是说理了，只要不得不说理，这里面就包含了平等和平等意识。而且，说理成了习惯，尤其是制度化了，这还会反过来强化力量均等的状况。

刘： 比如我们的有关部门不断要给出各种各样的说法，也是在试图论证，是因为感到被challenge，以前的说法不足为信了。这虽然还不是完全平等的，但感到论证和不断论证的必要。

周： 对，有关部门当然也可以通过纯粹的暴力或者欺骗来达到它的目的，但是只要权力还不敢彻底裸奔，就不得不提出一些至少在表面上可以被论说对象所接受的各种说法，这种说法上的不断转变，以及希望通过说法的转变来赢得民众的认可与支持的做法，恰恰表明了有关部门在一定意义上不敢不严肃认真地对待民众。

慈： 只要有论证的必要，只要感到论证的必要，这本身就表明了相对平等的关系和相对平等的态度，当然这种平等只是相对的，不一定是完全的。在这种相对平等的关系中，尤其在涉及公共事务时，只要你不接受我的做法或不同意我的说法，我就欠你一个解释，需要给你一个解释。我欠你一个解释是什么意思呢？你是一个人，一个和我平等的人，我既无能力也不应该压服你，所以只能跟你讲理，向你论证，企图说服你。哪怕我说理的内容包含了欺骗，我的说理行为本身也表达了某种对你作为一个平等的人的尊重，哪怕一开始是不得不的、勉强的尊重。如果这样看待说理或论证的活动，就会发现，说理者表现出的愿望和能力，使说理者成为说理者的东西，不是或至少首先不是对所谓理性或真理的信从，而是对他人的一种态度，一种相对平等的态度。说理活动首先是对人，其次才是对事，对理。论证或说理如果是这样一种活动的话，那么达不成一致，甚至其中还有欺骗，也就不足为奇了。说理或论证本来就不是抽象的人带着一种求真的目的走到一起进行的纯粹知性活动，所以最后达不成一致，还有各种"歪理"、"强词夺理"在起作用，这些都是说理活动的一部分，都是不需要多做解释的现象。最能揭示说理活动性质的就是各种各样的投票活动。先讲理，再投票，或者干脆直接投票就行了。最要紧的是利益不一致、价值不一致的当事人之间的平等关系，只要这种平等得到了尊重，其他的，包括说理都是次要的。投票这种做法所表达的就是这种平等，同时也表达了说理本身的难度和限度。

刘：所以你认为，使论证成为必要的是平等？

慈：对，也就是说论证这种活动的意义不在于达成共识，不在于尊重理性，而在于表达了人与人之间的平等关系，以及人们对这种关系的认同，这本身已经是一个不可小视的价值进步了，甚至这就是理性，至少是理性的一大部分。

刘：但论证成为必要，也因为是有人不同意。

慈：是不同意，但不同意的对象不是我的道理本身而是我要做的某些事情。

刘：就因为你要做的某些事情我不同意，所以你才要论证吗？

慈：我企图让你同意我的道理是要让你同意我要做的某些事情。

刘：你要做某些事情，如果我是同意你的，哪怕我们是平等的，也不需要说理。我们没有异议的话，那么论证也是不必要的。

慈：当然。说理或论证的作用就像是一个过滤器，过滤掉过分不平等的关系，过滤掉纯粹的操纵，过滤掉赤裸裸的压迫。之所以能起这种作用，是因为说理本身必须允许他人"说不"。哪怕"说不"不一定老是有用，"说不"的权利构成了一个重要的底线，而且可以扩大或提高，也可能会通过斗争、道德教化和制度建设发挥更实际的作用。

刘：论证本身被看得重要已经有很大的价值了。

心服与自我

慈： 是这样。同样重要的是，说理活动以及人们对这一活动的解释和理解不是静止的。一开始，我不得不向你做论证，不得不用某种看似有理的道理去说服你。接下来，我们迟早要在二阶的意义上去论证为什么要这么做，去为说理和论证寻找理由，提供一个说法。在做这种二阶论证时，我们从实然的大体上力量均等的状况出发，进而证明这种状况是好的，是值得维持的。这样一来，我们就把"不得不"的变成了愿意的，就完成了从实然到应然的飞跃，就把力量均等的状况上升为平等的价值。另一方面，这一飞跃不可能是彻底的，说理本来具有的一阶属性永远不可能完全被克服或超越，所以，经过二阶转化的说理活动同时带有"不得不"和"愿意"的成分，同时带有"不讲理"或"讲歪理"和"以理服人"或"通情达理"的冲动。更直截了当地说，说理活动的二阶转化是一种"弄假成真"，弄成了之后里面"真的"、"假的"都有，都起作用，这就使说理活动具有一种内在张力。一般"知书达理"的人都处在这种张力之中，如果反思的话，都不难感受到这一张力。相比之下，最有"魅力"的人、最有权力的人，往往是"废话少说"的，他们所拥有的"力"和他们讲"理"的必要性和愿望是成反比的。我们普通人优于他们的地方是，因为不得不说理，我们逐渐接受了一种说理的文化，内化了相应的价值，甚至把说理变成了一种内在需求。但这种变化是脆弱的，不完全的，那些最有权力或"魅力"的人是我们的一面镜子，也可以说是放大镜。

刘： 我在想一个情景。如果论证文化暗含了一种平等的关系，那么拒绝论证也有可能发生在另一种情况下，就是由于我假设我们是平等的，所以我不跟你论证。什么意思呢，就是说你特别能讲道理，我不太能讲道理，一讲道理总是你对。所以，你若是把我当平等的人，就要尊重我，尊重我拒绝论证的这个态度。我现在说不出什么理由，我不要跟你论证，我不要跟你讲道理，我就这么想了。如果是这样一种态度的话，我们是不是也可以说，拒绝论证也可能是一种平等的表现。当然拒绝论证经常表现为强权，我不跟你废话，你就要听我的。但还有一种情况，拒绝论证反而是一种弱者的武器。我不和你 argue 什么，我就是不同意你，逼急了，说不定我就搞恐怖活动。

慈：我想是这样的。

刘：从力量对比的角度来看，我们进入"论证文化"好像是一个从重身体到重智力的演进。这当然不是一个进化论的观点。最早，是谁长得魁梧、高大，谁比较有力量，有优势，对不对？有人说比尔·盖茨是因为身体矮小，所以他才想出品牌的名字叫"Microsoft"。我想发明武器的人大概是身体弱小的，他们在体力上打不过别人，发明了武器之后，体力的优势就不那么重要了。最后，进入到一个论证的文化，看上去好像把以前的不平等、身体上的差异基本消除了，但实际上改变的是不平等的重点。因为有的人特别能讲道理，有的人不太能讲道理，这个差别是存在的，它转移了不平等的重点，但没有消除不平等。

陈：你刚才讲，恐怖分子不来跟你论证，这是一种。我想到的另一个例子是男人和女人，有时候这个女人其实蛮有道理的，但是说不过这个男人。

刘：会说理的男人反省一下自己，看看是不是把论理变成软性暴力。

慈：论证成功了等于把别人逼到墙角，让他不得不接受某些道理，接受某种用这些道理做的事情，接受说理者的意志。当然，事情还有另一面，相辅相成的、甚至必不可少的另一面：道理是一种很特殊的力，如果我是通过暴力来让你做一件事情，最后只是把我的意志强加到你的意志之上，因此你不会也不能将其内化为你的意志，而道理却可以掩盖说理者的意志，让对方有可能通过道理的内化而不知不觉地接受他人的意志。

刘：就是对你的暴力，我可以口服心不服嘛。

陈：我好像引用过戴震那句话："人死于法尚有怜之者，死于理谁复怜之"，死于理可怜都没得可怜了，他该杀。

慈：你要是道理讲得让我没话说，而且我也自愿参加了这场说理活动，准备好了以理服人或"以理被人服"，那么我不得不接受。当我不得不接受的时候，如果这牵涉到利益或其他重要的实质性后果，这个"不得不"的感觉是难免会有的，但因为这里起作用的是道理而不是暴力，这种"不得不"是我可以接受的，甚至是我认为应该接受的。如果说归根结底我还是依从了他人的意志，那么我这样做，我能这样做，是因为这里的他人意志是以道理为载体或形式的。通过内化他人的道理，我同时内化了他人的意志，也就是说把他人的意志变成了我自己的意志。这样一来，外力就变成了自己的力，被迫就变成了主动，最重要的是，建筑在主动性或能动性基础上的自我就能免受侵犯和打击。如果在我身上发生的事情我都理解为是外力使然，那我的自我就没有空间了，久而久之自我也就没有了。反过来，如果我通过接受别人的道理把别人的意志转化成了自己的意志，把别人的道理和意志内化为自我的一部分，这样就避免了让他人的意志强加到我的意志之上，也就保全了自我，甚至扩大了自我。如果我老是被他人说服，被说服了很多次之后，我的自我就改变了。不是被消灭了，而是被改变了。

陈：我觉得慈继伟讲的非常重要。尽管说理往往不是那么纯粹，往往夹杂哄骗、欺骗，甚至威胁，但我们必须坚持最基本的东西：以理服人跟以权力压服不一样。我们注意说理过程中的杂质，注意说理的不同类型，都是在这个基本区别的基础上展开的。这个基本区别现在往往被抹煞了，把说理和施展权力混为一谈。一开始，人们在这个方向上尝试揭示隐藏在说理形式之下的各种杂质，但后来，有人在这个方向上走得很远，本来是要警惕权力，结果反倒无意地甚至有意地成了为权力辩护——既然所谓说理其实只是施展权力的隐蔽形式，跟赤裸裸的施展权力没什么根本区别，那么我们用权力压服又怎么着呢？

不过我对"内化"这个概念一直有点儿保留。继伟讲到内化，我读《正义的两面》，里面也有这个内化进路。我一般不愿意说内化。我们不得不接受某种理由，听起来好像我们有时不得不接受某种外部必然性，但理由的不得不，一开始就跟我原有的理解有某种联系。内化这个说法，一般被理解为：一开始是纯然外在的，后来成了自己的一部分。我想说的是，理由的不得不，一开始就要有个自我才能起作用。谈到论证，我不愿从论证的最强版本出发，部分原因也在这里。依照最强版本，面对一个真正的理由，一切有理性的人不得不接受，不论你是谁，不接受就是不理性，理性于是成了跟我这个人无关的东西，成了某种完全外在的必然性。我们把暴力视作某种外在必然性，很大程度上是因为，它与自我无关，跟我是谁无关，它不分青红皂白，玉石俱焚。而理由的不得不，一开始就跟特定的理解，跟特定的自我相关。否则就成了古人说的"服人之口，不服人之心"。所谓服人之心，是说：我的确感受到了你所说的道理其实也是我的道理。在这个意义上，不是你要说服那个听道理的人，你是在启发他看到他自己的道理。我觉得还是古典的"生长"概念优于"内化"概念，当然，你可以在生长的意义上理解内化，那我对内化这个说法就没什么意见了。

刘：这是心服口服的情况。

慈：有一个具体的生活情境可能有助于说明问题，这就是如何做真正讲理的家长：讲理但又不失为家长，是家长但又很讲理。首先，这样的家长要通过反思确定自己给孩子讲道理是为了孩子好，而不是另有目的，比如给自己省麻烦，或者为了虚荣，等等，总之，这是一个经过反思的动机问题。第二，毫无疑问，道理要尽量讲得对，讲得恰当，等等，总之，要保证道理的质量。第三，必须给孩子讲话的机会，包括不同意、提出相反道理的机会。这是说理活动的应有之义，跟孩子说理也不例外。最后，除了生命安全或其他重大的、一旦出了事几乎无法挽回的情况，家长把道理讲完了，听不听由孩子决定。如果一个家长做到了这四点，最后孩子接受了家长的道理，这就可以称得上"口服心服"。可惜的是，如果我们试图举一反三，就会发现，这四条里的第一条在一般关系当中、尤其在有利益冲突的人之间是难以成立的。同样，在一般关系当中，当说理双方各有自己的利益和诉求时，第四条也不适用。所以，我不想夸大这个例子的适用范围，只是想说明比较理想的"内化"或者"口服心服"是怎么一回事。

陈：我的一个基本想法是，道理要连到感受上，他感受到是这个理儿，也就是说，感到那是他自己的道理。

刘：但是你刚才说你跟继伟的那个区别到底在哪儿？

陈：也许可以这样说，继伟呢更多从外部着眼，一开始是不得不，习惯了之后就成了自己的道理。我呢，从一开始就要引入自我，即使不得不，也是对特定自我的不得不，对特定文化、历史的不得不。这两个角度不完全是互相排斥的，我们得细细看它们怎么交织在一起。我可以举些例子来说明我的意思，刚才慈继伟也在帮我举例子。

刘：刚才继伟讲的我特别明白这件事，由于我们基本上生活在平等文化中，或者因为大家在生理上基本的平等，大小、个头差不多，慢慢就变成一个我要操纵你就不能为所欲为，论证就要变成一个必要条件,你觉得呢?

陈:我多半是从另一个角度出发来看待问题的。有点儿像天鹅湖里 Rothbart,他把天鹅公主弄到城堡里,要强暴她易如反掌,但这个 Rothbart 呢是个欧洲绅士,他是个坏人,但他是一个绅士,他就是要让天鹅公主爱上他。他的目的就是占有这个天鹅公主吗?至少不只是这个。

周:他要的是"天鹅公主爱上他"这个结果所象征的那个自我。

陈:对!他是这样的一种要求,就是说,要求被爱。这是一种生活方式,这是一种灵魂方式,你最后满足了这种灵魂方式,这个结果才叫结果。那么,我现在跳开来说——周濂可能了解我多一点儿——你不能把结果抽离出来,好像我要达到的就是这么一个结果,无论通过什么手段达到这个结果就行。比如说幸福,你说政治的目标是人民生活幸福,可什么是幸福?离开了我们怎样使生活幸福的途径就无法定义什么是幸福。

刘:给你吃一种"幸福药"就行了。

陈:对,幸福药,从古人就开始谈论这件事情。如果幸福可以定义为 GDP,跟达到它的方式无关,那么,我们就可以发明各种技术手段来达到幸福。但幸福不是这种东西。

我们不能把说理主要视作让他最后同意你的手段。我们有社会经验、生活经验,我们都知道,要让他同意,说服是最费力不讨好的，不如，你可以骗他，你可以做宣传，你可以利诱他，你可以求他，这些在性质上都不同于说服。传统的论证理论（我老把它当一个靶子）倾向于把说服看作达到共识的一种手段，而不是把它看作一种高标特立的，不同于其他手段的那么一种生活方式。

刘：就像继伟刚才讲的，我觉得继伟是针对某一种，"我能不跟你讲理就肯定不跟你讲理"。

慈：这是要分类的。手段构成目的的情况只是一种可能性。

刘：或者是目的的一部分。

慈：所谓"是目的一部分"，就是手段不外在于目的，如果我用任何外在手段达到了目的，其实目的本身已经变了，不再是原来的那个目的了。所以最起码要区分两类情况：一类是手段和目的之间有内在关系的情况；另一类是没有内在关系的情况。我们需要一部论证、说理活动的历史，看看不同的说理活动到底属于哪一种情况。我刚才说的那两种情况，手段外在于目的还是内在于目的，在现实中可能就不那么泾渭分明，至少不那么容易辨认，但是这一区分在概念上、在典型的情况下还是足够清楚的。马克思说，人类历史是一部阶级斗争的历史，说理活动在很大程度上是阶级斗争、阶级斗争历史的一部分。但是阶级斗争不是人类唯一的关系，而且阶级斗争本身也有不同的认知和情感维度。这些都需要区分、梳理。所以我们需要一部人类说理活动的历史，看看说理活动到底是什么样的，到底是干什么的，而不只是在概念的、非历史的层面上做文章。

周：刚才陈老师说的跟慈老师有一个微小的区别，慈老师是在强调"不得不"的那个东西，而陈老师则在强调如果说理是有效的，就必须让你和我一样感受到那个道理，而且归根结底必须是你认识到这个道理其实是你自己的。我个人体会你们二人都是内在论者，但各自强调了同一问题的不同方面，慈老师强调"不得不"是为了指出在说理过程中，听者对自我意志，对自我受到挤压时候的那种感受；陈老师则是在说这个挤压你的东西到底是个什么东西，以及它为什么必须要被感受到。因为我比你们要年轻，所以我会特别想到对于年轻人而言，当他们在面对长辈的说理时，哪怕所有的话都言之在理，哪怕他们最终被说服了，他们都会有一种本能性的反应，就是你想要改变我。

慈：对，没错儿。

周：对，他最终不是落在道理上，而是落在讲道理之前的"你"和"我"之上。这样一来，我觉得说理本身，哪怕是像慈老师说的，我所说的一切，我讲的所有道理都是为了你好，但年轻人仍会有一个本能的反应——不要你为我好，我就是不想让你为我好。而且他会把所有的说理都理解为 manipulation。

刘：小孩子都这样吗？但我的学生有时候还特别希望我给他们讲道理。

周：师生跟父子之间的关系我觉得还是有很大的差别的。

陈：我觉得这个问题也提得挺好的，刚才慈继伟说到那儿的时候我本来也想插一句。周濂比较知道我的想法——我们讲到论证的时候倾向于把积极论证视作典型，就是我们怎么去说服别人；但是我跟周濂说过很多次，我说到论证的时候，常常愿多想想辩护。我并不愿把论证都归结为辩护，但是我相信多想想辩护对理解论证肯定很有好处。一种是这样的——我在《同与通》里也讲过这个——我认为我的有道理，所以我要说服你，让你这样做，比较典型的是美国关于自由民主的态度；另一种呢是辩护，例如，你们都努力工作，日子过得有头有脸，孩子也送进了好学校，可我就不上班，得过且过，东晃西晃，喝点儿小酒，是吧，我这种生活方式不被接受，我不一定跟你争论，你跟我掰扯我不爱理你，但是呢，我心里也会为自己的生活方式提供辩护，场合合适会跟你一争。这个辩护也是论证的一种啊，也许在论证中所占的比例更大呢。这里的要点是，积极说服是要改变你，辩护却不是要改变你。当然在另外一个意义上要改变你，改变你对他的态度。

慈：就是你别改变我。

刘：是防御性的。

陈：防御性的。防御性这方面大家谈得很少，都在讲怎样改变别人。实际上呢，我倾向于认为在道德领域应该减少积极的论证。

刘：那这个有点像积极自由和消极自由的关系。他的防御性论证，defensive，也有 justification，justification 也是要试图让你看到一个你没有看到的理由。

陈：辩护所希求的是承认，是要你理解我。

刘：就像同性恋为自己辩护一样，辩护的时候并不要求把你也变成一个同性恋。

周：我觉得这种积极论证就像是把你逼到了墙角、然后最终改变你的那种论证。它以正确的形象出现，显得特别的正大光明，某种意义上正是这种正确性让接受者被迫接受之。

陈：虽然我岁数比你大，但是你刚才提的那点差不多是我的人生态度：谁讲一套大道理来改变我我都觉得烦。

周：就是那种正确性反而会让你觉得难受。

陈：我再补一句吧，就是刘擎刚才说的，学生希望听你讲道理，我的理解是，希望你帮他把道理讲明白。

刘：我跟我儿子说，我是在改变你，但你要明白，你所有的想法都是别人改变你的结果，我说你本来什么也没有，你现在有的"自我"都是被改变的结果。我要改变你，成功或不成功，也都成为你的一部分。他说，我现在就是不想让你改变我。我说，ok, fine, 那今天就结束了。但他最近一段时间就比较希望我给他讲道理，十五岁开始的。而他十二三岁的时候就特别抵触。

周：我觉得是这样，陈老师刚才给我们勾勒的是非常低限度的说理，它需要一个特别漫长的亲密关系，慢慢地影响和渗透。我自己感觉，我现在越来越难以做到这一点。随着学生越来越多，这样的说理方式所消耗的心力就越大，你不可能跟如此之多的人长时间地去用这种方式讲道理，所以我有时候会特别硬邦邦地扔给他一句话——"你以后就明白了"。这种方式当然很粗暴。虽然我知道真正有影响力的方式是陈老师那种方式，但是在日常的教学和说理中却往往做不到。

陈：对啊，这个咱们也谈过不少，就是古今教育方式的不同。从前一个教师，哪怕弟子三千，真正听到老师教导的不过几个，今天在阶梯教室上大课。

刘：回到那天会议上保松的那篇文章，我做评论的时候没有讲得很清楚。我是觉得，哪怕这个讨论的方式能够 work，它背后可能需要一个类似你刚才讲的"亲密关系"，就是我们大家共属一个伦理共同体这样一个基础。保松的意思是，由于我们能够这样讲理，最后大家就成为一个伦理共同体了，因为我们接受了一个共享的价值。我是说呢，它可能是不断的 reinforce each other，由于我们是一个共同体，我们那样的说理才能够强化这种共识，是这样一个交互的过程。

慈：嘉映刚才区分的积极论证和消极论证或者辩护并不矛盾，而是适用于不同的目的和语境。辩护性的、消极性的论证经常出现在一种不需要达成一致结果的语境之中，就是你让我做我想做的事情，我让你做你想做的事情，不需要什么一致，唯一的"一致"是允许不一致的原则。在这种语境中，需要的显然是辩护性的、消极性的论证。在另一种语境中，积极论证是无法避免的，为什么？因为我们要共同做一件事情，为此必须达成某种一致。当然你也可以说，允许不一致的"一致"也是一致，但这是二阶的一致，而我这里说的是一阶的一致。严格地说，共同行动需要一阶的一致，因此需要积极论证，个人行动则不然。

刘：但是在一个情境里边，一般来说积极论证与消极论证（姑且叫它消极论证）会是同时发生的。比如说你 defense，你是 defending against something。一个同性恋者 against 的对象可能是一个独断的异性恋者的积极论证。那个异性恋者会说我有一些理由，你们同性恋是变态的，违背自然的或者怎么样。那么同性恋者就需要 defense。一般来说，消极论证或者防御性的论证，总是要防御什么，是针对那个对他有说服企图的积极论证。

周：我觉得刚才陈老师说了一句特别有趣的话，就是从私人心理的角度来看，陈老师平时特别喜欢说理，但他刚才说他特别烦别人跟他说理，这是一个很有趣的紧张。

陈：不不不，我在生活中几乎从来不去教育别人，不会讲大道理说学生应该怎么做，我不知道你们做学生那么多年怎么看。我举个眼下的例子，有一个学生，他考进我的研究生以后，有一套 fancy 的想法，沉溺在很灵魂的东西里，他是个诺斯替主义者，想的是至善什么的，我觉得并不对头，也做此表示，但没多讲什么。最近一段他经历了很大的思想变化，有一天给我写了封信，有点"觉今是而昨非"的感觉，他说陈老师我说句不敬的话，实际上我没有从您那儿得到什么影响，但我觉得从您那儿得到的最大的东西是您一直对我很宽容。我不总是去教导学生，这个跟人际位置有关系。我更愿看到同学们之间的互相影响，这比来自老师的影响有益，因为同学间的关系没有那么多强制性。你老师总是高学生一等，说理的本事也高出一等。

慈：周濂刚才那个观察，虽然可能是特例，但揭示了一个道理或一个现象：总体来说，大家都更爱说，说道理，爱说的程度大大超过爱听、爱听他人讲道理的程度。也就是说，在说理活动中，想听和想说的愿望有一种很大的不对称，这种不对称非常说明问题：说理的人最关心的是什么，最想做的是什么，说理的状态是怎样一种状态。

刘：存在者状态。

慈：存在者状态，或者说说理者状态。

刘：有些人在听这方面是有弱点的。我是到了年纪比较大以后才慢慢学会聆听。

慈：有时候一个人很仔细听，是出于特定的目的，或者因为说理双方的特殊关系。在一般的情况下，刚才说的那种不均衡、不对称是很明显的。最喜欢说理的人，包括学者也不例外。

刘：罗尔斯很喜欢听人家。

陈：爱说不爱听，这在美国更突出。我刚到美国时，这一点让人印象深刻，比如咱们四个在这儿谈一个问题，刘擎先说，大家都守规则，不随便打断你，但不是在听你，而是在等自己的 turn，你一停，我就发言，说我自己的一套，而不是聆听你发言后的想法。

慈：而且 turn 到了必须马上回应，快速回应，根本没有时间仔细把问题想清楚再回答。这个现象说明，说理活动有形式化、制度化的一面，而这一面很可能不利于说理，甚至说明说理活动本身的目的就不是、至少不完全是说理。

刘：我自己跟老师的交往经验是听与说并存的。至少，我跟老师说话的时候，他们听得比较认真。特别是读硕士的导师，当时 email 刚开始，我们之间有几百封通信，双方是又听又说，彼此都获得新的东西。还有就是博士时期的 seminar，不是所有的，但有几个 seminar，有特别充分的对话交流。可能是这些偶然的经验，让我相信 communicative action 是可能的，虽然难得。

陈：Seminar，对于干我们这行，是一种比较好的形式。

周：陈老师有一个很好的习惯，在以前的 seminar 上，对于有些问题他会说"这个问题我想过，但我还需要再回去考虑一下"。他经常会说这样的话。但是我们一般在开会的时候，似乎很难说出这样的话，比如面对一些气势汹汹的质疑者，在与他 argue 的时候就不能说我回去先想想，而必须是以一个特别强势的方式跟他对抗。

慈：据我观察，什么时候大家听得特别耐心，这往往是因为说和听两方处于一种不平等的状态，所以这是特例。当说理双方处于平等关系时，或者说当说理活动之所以必要的平等预设成立时，这种耐心就比较少见了。

刘：如果是在朋友之间呢？

慈：朋友之间可能不同，因为朋友关系的基础不是一方的权威。在一般关系中，最能让人做耐心听者的就是讲者的权威，其实权威的一种外化的形式就是别人洗耳恭听。

刘：如果这个差别比较大，这个权威本身也很容易进入"倾听"状况，他的倾听不影响他的权威身份。就像陈老师可以很从容地说"我回去想想"，他这样的态度不妨碍他和对话者的关系。

慈：这里起作用的是不平等关系，是权威的存在。

周：我觉得这个权威还分很多类型。有的权威他不会说"我回去想想"。

刘：这种权威往往会说"这个问题不知所谓"，很淡定很断然，但不是对话，是训导。不过问题是，能通过说理达成共识吗？

陈：当然不一定，说理不一定达到共识。有时候无论如何也无法达到共识。我现在跟甘阳见面，一般不谈政治，我们在政治观念上差得太远了，一年见个一两次，不太可能你说我说后来达成共识。

周：你跟甘阳，现在你们俩都没有身居高位，你们俩不争论，对国计民生都没有任何关系。假定你们两人都身居高位，但是一方面你们俩通过讲道理说服对方的可能性非常的小，另一方面政治决定又时不我待，在这种情况下面，您会采取一种什么样的方式改变彼此的观点？

陈：政治对手之间靠谈判。谈判也是一种说理，但跟求真类型的说理不一样。利害之间的妥协可以说是共识，但这不像求真活动得到了共同的结论。政治活动与求真活动之间是有张力的。梁治平那天讲，满清末年需要变法，怎么变？不同观点之间大辩论，治平再三地提到当时的讨论不是很深入，就开始施行了，但是呢很明显，现实事务容不得你一直讨论下去，越来越深入，一直辩论下去是不是一定会达成共识，这当然也不是能保证的。用维特根斯坦话说，哲学家悠着点儿，你急什么，十年不行二十年，二十年不行还两千年呢，你慢慢来。立法者他不是这样的，到点了，他必须行动，就按照我们现有的理解和认知的水平行动。

求真活动的任务不是去改变世界，有点像艺术家要做出优秀的作品，它不可能把世界变为一个艺术的世界，但在卓越的作品的光照下，生活的形态会发生改变——并非你刻意去改变世界，而是种一棵桃花下自成蹊那种。政治活动要直接改变世界，它不能一味去追问终极的真与不真，跟哲学家比，政治家更多依赖信念——我不说这是一个缺点。

现实里当然分得没那么清楚。我是比较悠着来求真那种，上电视，面对一般公众写文章，我也做一点儿，但做得比较少。周濂更愿意起而做点儿什么，有心去影响公众，积极说服。胡平更突出，宣传群众的冲动很强。我跟他说，你操心别人不明白，我更操心自己不明白。

刘：但求真行动和政治行动也有关系。刚刚你说政治行动基本上是一种信念的行动（有点像韦伯说的心志伦理），但在古典思想里面，好的政治是和真知关联的，好的政治是一个正确的 order，而坏的政治是一个 disorder，那么这就把真知和政治关联起来了。

陈：政治里当然也有真假对错，但跟物理学的真假不一样，不是有一个真理在那儿摆着，无论什么时代它都不变，就等谁来发现。政治真理不是这种类型的，在政治活动中，在所有实践活动中，真知都是围绕要做的事情组织起来的。

即使真有一个柏拉图说的正确的 order，恐怕也等不及我们获得这种真知，已经需要政治决断。

刘：这个争论在不同的前提下会有不同的走向。假如我的前提是柏拉图是对的，的确有一个真的 order 和 disorder，求真活动就有助于我们达成那个真正的 order。所以，这里面有两个问题，一个是柏拉图是对的吗？是不是有那个真的 order 和 disorder？另一个问题是，论证或说理是否有助于我们达到那个秩序？保松大概认为，只要我们大家讲道理，平等理性公开地展开讨论，我们最终就会获得某种关于（最低限度的）自由民主的共识。

陈：我倒觉得，平等理性公开地展开讨论，这本身已经有了自由民主的最低共识。至于这种讨论能否比其他方式更容易达到共识，我不知道。问题是，人们怎样就达到了要去平等理性地进行讨论的共识？这肯定不是人们天然就有的共识。江山是我打下来的，凭什么跟你平等讨论该怎么享用江山？

慈：我最近看到周濂的五篇文章，其中最后一篇我特别喜欢，就是《好人电影与好公民电影》。这篇文章把前景的道理、背景的道理都讲得非常清楚，这是很难得的。

陈：他博士论文辨析 legitemacy 和 justification，也很出色。

慈：周濂这篇文章，不光是给看电影而且给观察中国社会提供了一个很有意义也很必要的视角，有了这个视角，好多问题就显现出来了。

陈：好人与好公民，这个题目本身就有意思。好公民对中国人是个新概念——希腊城邦政治传下来的传统之外，没有公民这个观念。但大概什么文化里都有好人这个概念。

慈：过去看冯小刚的某些电影，总有一种不太舒服的感觉，但又很难批评什么。为什么不好批评呢？这些是好人电影，而且又没有站在高墙一边，所以问题一下被遮住了。周濂点出了致命的地方，就是对高墙保持沉默，仿佛高墙并不存在，这样一来，好人电影的意识形态特征和功能就一目了然了。

刘：就是把你的感受以一种概念化的方式澄清了。我要是冯小刚，我读了可能会非常不爽。那篇文章里隐含的有一个意思非常狠，虽然没有明说，就是说，在当下的语境中如果只是当"好人"而不去做"好公民"可能是一种"特殊的坏人"，其实非常有害。如果当坏人的话你还没有粉饰太平的作用。而在中国最需要好公民的时候，冯小刚的电影把好人和好公民这个区分抹去了。电影可能很有感召力，但越有感召力就越是把缺乏好公民这个问题给遮蔽掉了。他就是说让大家都去做好人，这就好了。但是，如果都去做好人的话，如果这个世界都是好人组成的，我们要一个无政府的世界也完全没问题。这就等于把问题是取消了。只要我们是好人，我们也不会有那么多的不满、内疚，然后遇到困难就去帮助嘛，体谅国家嘛。

周：我昨天在会议结束的时候说，美好生活要比正确生活更吸引人，但前提是这种美好生活不是一个自欺的生活。我觉得现在的问题是，很多人会很自觉地说我要过一个自欺的美好生活。包括我的一些学生都会说我宁可去过一个美好的自欺生活。

刘：所谓美好生活你得感到自己幸福。他会说人总是要现实一点。冯小刚的电影，还有许多文艺作品，有一个特征，就是总是把国家放入一个"家国"的概念，那么我们跟国家的关系是子女和父母的关系。在奥运会的开幕式上，成龙跟谁有一个二重唱，说"有国才有家，国是大的家"，这种歌词写得很浅白、很通俗、很朗朗上口。但就这个东西,在很微观的层面上强化一种"家国政治",一种反现代的政治取向。

周: 就是家国天下、家国同构那种逻辑。

刘: 但有人就认为,这就是我们中国的东西啊。

周: 这就是我们中国的传统。

刘: 这个东西为什么虚假,不是说和西方不一样,或者不现代,它就错了。它之所以虚假,是因为这和你生命实践中的真实体验是相悖的。我们不是活在一个有机共同体的传统社会。你是流动的,而不是永久地从属于一个社群,这是现代社会中一种内在于生命的感受。一个农民工跑到城市里来,在什么意义上还是"一个大家庭"的成员?你脱离了原来的乡村,离开一个有机共同体,进入城市,你被抛入了有点原子化的状态当中,你要重建身份认同,寻找新的社群。但没有一个永远可以依靠的社群在那里。你要过有尊严的生活,你孩子要入学,你需要保障,这个时候,权利的问题就会出来,这不是西方不西方的事情,它是从生命实践中凸显出来的。但有人告诉你一套说辞,说反正我们是一个大的家庭,有困难我们一起承受。可实际上,往往没有人和你一起担当,于是这种说辞就变得虚假,没办法内化为你真实的信念。通过宣传机器,表面上不断让你去内化,其实是让你接受一个非常不公正的安排。

周: 我昨天晚上躺在床上看电视,看到中央六在放《第二次握手》，其中有一句台词是这样的："我那饱受苦难的祖国啊！"然后我就觉得这个逻辑不对啊！这句感叹看似深情实则无情，因为饱受苦难的不是无人格的祖国而是有血有肉的人民。这句话不仅让真正的加害者隐身，让真正的受害者——人民隐身，而且最令人齿冷的是，祖国的代理人也即加害者摇身变成了受害者。

刘： 而且我们知道祖国是母亲，她受到的伤害好像独立于我们受到的伤害，而我们需要救这个母亲。《第二次握手》给我一个很深的印象是，那个人要出国，好像是去读物理学博士吧，但他在校园里背的单词是"physics，物理，physics，物理"。（众笑）

共识与理解

刘： 类似周濂的这种公共写作，对说理文化的培育是一个推动。我还是想回到刚才继伟谈的那个主题。我们进入一个说理文化，虽然我们说论证说理的过程中也有权力关系的介入（用福柯的眼光来看，权力关系无处不在），但我们仍然可以说，"心服口服"的说理和通常意义上的暴力，两者之间有一个很大的区别。就是说，我在说理过程中，哪怕被说服被改变，我还是能维护一个内在的自我。如果屈从暴力，那我就变成奴隶，或者有非常强的被奴役感。那么在这里，哪怕我们意识到暴力与说理都会涉及权力关系，但还是不能把它们一锅煮了，我们要承认两者的区别很重要，甚至是不是还可以做一个更强的表述，说从暴力到说理是一种进步？

慈： 是个非常大的进步。

刘：就是一个社会发展到说理文化，哪怕说理实际上成就的东西不如我们预期的那么多，但进入了一种说理文化，就进入了一种新的文化生态。

慈：确实是一种生态，它的价值主要不是认知价值，而是文化生态价值，这个价值是不可低估的。比如有人比较看重说理的认知价值，而在我看来，达成一致很难，有时几乎不可能，但这并不可怕，在一般情况下最重要的是有说理的愿望，尤其是说理的态度，也就是尊重他人、平等待人的态度。

周：为什么呢？

慈：达成一致只是讨论的目的之一，另一个同时存在的目的、甚至更重要的目的是表达一种对待他人的态度，进而形成和维持一种平等的、相互尊重的社会关系、政治关系。就像我刚才说的，只有在某些情况下，比如立法的时候，才非要达成一致，而这种一致往往是通过投票之类的技术性做法而不是纯粹的说理达成的。

相互尊重，相互说理，在一般情况下这就足够了。如果两个人、任何两个人讲的不完全是同样的道理，那么最有意思的问题，也是做最少预设的问题，就是双方如何达成一种确定的结果，一种closure。投票只是closure机制当中的一种，还有其他的机制，比如利益的交换或妥协。我想说的是：通过说理达成一致，这种活动有一个预设，那就是起closure作用的、造成确定结果的是理性本身，或者说，理性可以完成自己的closure。在我看来，实际发生的情况往往不是这样。

陈：说理的认知内容不局限在是否达成一致，即使达不到共识，也可能增加相互之间的理解。我现在的确觉得，理解最重要，没有理解的愿望，就算争赢了也没啥意思。记得有一次跟马原，在我们家，马原呢东北汉子，好侃，侃到某处，说一本小说的好坏就看它卖多少，我就反驳他，马原一开始也许信口那么一说，听我反驳，就把那当成自己的主张来极力辩护。当时有好几个人在边上，可能我们也有点儿话语权力的欲望吧。最后我追问得马原理屈词穷。但这有多大意思呢？他原来的说法本来是在表达某种东西，例如我们不该太强调为艺术而艺术，应该考虑受众。他不是要提出一个命题，在字面上去争那个命题的对错没多大意思，有意思的是探讨怎么把他原来想表达的意思表达准确。不久前又见到马原，聊得挺好的，我听他讲现代中国小说，很受益，他读得比我多得多，想得也多。他讲的是他的实际阅读经验，而不像现在讲文学的，都在讲理论。他会从一个小说写作者的角度去谈余华啊，谈王朔啊，谈各种人的写作，你就会学到很多东西。你又何必跟他争实际上他自己都不持有的观点呢？

刘：现在我关心的一个问题是政治性的论证。因为在纯粹求真的哲学活动或是家庭事务中没有那种紧迫性。而在政治原则的讨论中有一种特殊的紧迫性，因为政治原则的共同性具有强制的特点，而不是你愿意不愿意、想不想接受的问题。由于我们大家有分歧，有不一样的政治观点，那么无法达成共识的话就出现一个特殊的困难。有人为某种政体辩护，而别的人反对这个政体，但如果这个政体关系到共同体的生存运转方式，关涉我们每个人的生活，就对我们具有强制的意义。那么，大家是否能达成一致的共识似乎就成为迫切的和必要的了。

陈：有时候，双方立场差得太远，对话就需要引进第三方。我跟周濂谈过这个。中间人不是一个外在的设置，他是一个内在的设置。这又跟我对论证的不同理解有关。如果像人们设想的那样，一个理由是对的，那么一个理性人就不得不接受，或就会接受，那么这个中间环节当然就多余了。但是如果论证是一个理解的过程，而这个理解是需要周边环境的，那么这个中间环节就不见得是多余的。我的看法依赖于我的一套背景，也许你远离这个背景，会觉得我持这种看法简直不可思议。但可能有中间的一方，他既比较熟悉我的背景，同时也比较熟悉另一方的背景，他比较能够理解我的看法，并能够把它翻译成另一方能够理解的看法。人与人的理解实际上很可能有这样一个连环翻译的过程。

慈：很多时候，很难达成一致，靠综合因素达成一致很难，单纯靠理性达成一致就更难。以女权主义为例，近些年女权主义取得了可观的成功，尤其在西方社会，这在多大程度上是靠说理，靠以理服人，在多大程度上是靠斗争，靠在社会上、在家庭里的斗争？我的假说是，斗争是最重要的，至少是必不可少的；同时，斗争的一部分就是用道理给自己的抗争行为赋予合理性，并且用道理来诠释斗争的成功，把这种成功说成是理性的胜利，价值的进步，让斗争的失败者、也就是男权本位主义者不得不接受，甚至口服心服。

刘：这个实际状况造成了一种新的对男人的评价。

周：你说的这个诠释是 interpretation 吗？

慈：对。女人先通过斗争改变男人，让男人不得不改变，然后或者同时告诉男人，他们应该改变，直到男人认同这种改变，在道理和道义上接受为什么要改变的原因。经过这一过程，男人不光口服心服，甚至可以说脱胎换骨，放弃了他们过去的自我。我不是说女权主义在现实中做到了这种程度，而只是用这个半真实半假想的例子说明说理的作用和局限性，说明斗争的必要性以及斗争和说理的关系，尤其是说理对斗争成功的诠释和强化作用。

刘：我觉得它成功的标志是改变了一个认知框架和评价框架，本来男人和女人都认为老婆听丈夫的是理所当然，是很好的。而现在是一个家庭里夫妇很平等，有对话交流，才是好的，是"文明的"。

慈：是这样。但这个过程不是一个单纯的价值论争的过程，不是一个只发生在价值层面上的冲突过程，而是一个强力或斗争和说理交织在一起的过程。它每一步的成功都会得到一个诠释，这个诠释使用的是道理，突出的是价值，让被战胜的一方口服心服，让胜利果实作为价值的进步、作为理性的提升巩固下来，被所有人自愿接受。

只有当诠释也成功了，不光是胜利一方的胜利，而且这一胜利的理由也被接受了，斗争才真正胜利了。胜利越彻底，以后就越不需要使劲儿去讲构成它一部分的道理，因为这些道理已经变成无须争辩的常识。

周：所以一旦洞察了这一过程，就会让人产生越会讲理的人越有 manipulation 的能力的感觉，因为说理从来都不是一个纯粹讲道理的过程。

刘：我问这个问题是因为对政治有这样一种理解，现在变得很时髦，被认为是深刻的，大概就是施米特的那种政治观——政治的本质是冲突，甚至是你死我活的斗争，而说理是非常表面的，效力也非常有限。最后是谁斗赢了谁就有道理的，自由民主其实也是因为胜出了才显得有道理，实质上也是一种暴力。这种对政治的理解好像很有洞察力，见人所未见，也正是因为它好像能直面暴力的残酷，才让人觉得勇敢和深刻。但相反，保松的那种观点，相信说理的力量，认为说理比暴力的力量更强大，可能太过理想主义，听上去有点 naive。但如果我们把文化生态的转变，从暴力文化到说理文化的转变考虑进来，保松的看法说不定就不是那么简单的天真，他可能把握到某种深层的变化。实际的政治是怎样呢？我觉得在那种暴力斗争的政治观和保松那种观点之间，可能有一个中间状态。

慈：确实。在斗争中用强力是要有道理的，是要有价值观念支撑的，但是道理、价值观念又是和强力连在一起的，同时起作用的。

周：我想问一个问题，因为这么说特别像施派强调的那种，修辞强于说理，我们刚才把说理的功能降到了很低，然后把说理的纯度也稀释了很多，那在这个意义上说的话，怎么跟那个修辞高于说理的表述区分开来？难道说我们跟他们之间的界线已经彻底模糊了？

慈：这些人的说法有一种自我解构的效果，你一旦跟别人做劝说活动，等于已经同意要讲道理，要以理服人，你心里可以认为修辞大于真理，但你不能向对方承认，承认就等于说自己是不讲理的，别人自然也就不会被你说服。而且，说理的一部分就是揭露对方的修辞，让人看出某种修辞遮蔽的道理或表达的歪理。其实，讲道理本身也是一种斗争，之所以是斗争，是因为有利益冲突价值冲突，而且斗争起来很复杂，因为说理离不开修辞。但有一点是肯定的，"修辞大于真理"从第一人称的角度讲是自我颠覆的。从第三人称的角度讲就不一样了，同一个说法，同意的人认为它是道理，不同意的人认为是修辞，是强词夺理。这里还有一个有必要的区分，就是一阶和二阶的区分。在一阶的层次上，声称"修辞大于真理"是自相矛盾的。在二阶的层次上，如果提出"修辞大于真理"的假说必须能够解释为什么在一阶的层次上不能这么说，甚至不能这么想。

陈：你说的这个，我觉得就是刚才说到的 sophistry 和 philosophy 之间的关系。我一直认为没有一个外部的办法可以事先区分，没有纯形式的标准，只能在具体的说理过程之中联系着实质争点这一处那一处予以区分。这一点对理解何为说理非常重要。

陆丁是在狭义上来说修辞的，按照这种理解，philosophy 更像数理性质的东西，数学和逻辑之外，都是修辞。我多半在广义上来理解 rhetoric。比如说，我现在绑着一捆炸药，要去炸教堂里的人了，你跟我讲这个怎么不对，你有一千个理由，你会选择怎么跟我讲？你不会把自己限制在纯逻辑上，你无所不用其极，比如说，我来自一个政治组织，我想达到一个政治目标，你告诉我这么做达不到这个政治目标，反而伤害了我的政治目标，好像你挺同情我的政治目标似的。实际上,在这个场合,政治目标上的分歧是后话,当务之急是制止炸教堂。我说呢,管他娘的政治,我现在就想跟他玩儿命。你可以试试别的路子,你说,要玩命也不是这么个玩法。不管你尝试怎么说服我,你首先得对我有所理解,你只能在理解我怎么会有这样一种冲动的基础上才能劝转我。你说他们是恐怖分子,是些不可理喻的怪物,就断绝了说理的可能性。

我是这么来讲这个 rhetoric 的,不是狭义的 rhetoric,而是说,说理是情境化的,一个理由在特定的情境中构成理由。我们通过各种途径来说理,不只是狭义的逻辑,也包括你能够理解他的感情状态,诉诸他的"正当"感情。有些依赖于当事各方特有的知识储备、知识结构等等,甚至依赖于我的特殊身份、你的特殊身份。这种"对人论证"不是坏意思。我提供的理由并不是对一切人都均等有效的,它对那个对话者有效。这个 rhetoric 不能翻译成"修辞",大意就是依乎情境的说理。因此,我们不能在具体说理活动之外分辨哪些是正当的 rhetoric,哪些是贬义上的 rhetoric。

你觉得你特别有道理,别人不同意你就是不合逻辑。你说逻辑具有强制性,给出了这个理由就不得不接受下一步的结论。维特根斯坦的很多讨论是想解构这种强制性。两个壮汉拧住你把你塞进后备箱,这是强制的原本意义。逻辑的强制是什么呢?数学推论的"不得不"从哪里来的?有一部分来自符号用法的单纯性,规则的明晰性,你接受了这个规则,就接受了这个规则的强制性。但这套规则不像壮汉似的,找上门来。我可以不接受它。维特根斯坦说,你对虔信的教徒证明了上帝不存在,你说这逻辑有强制性,虔诚的信徒会说,我要是连上帝都不信了,我为什么要信你的逻辑?

刘： 我想这是唯理主义的一种信念吧。就是说，如果我们能够把日常生活中的那些道理澄清、达到明晰，近似于像数学、几何那种原理的话，那就一定会让人接受，会让人不得不来接受。近现代历史上很多思想家，霍布斯、笛卡尔等等都是在做这个事情。

周： 包括罗尔斯，他说自己想做道德几何学，但他做不了嘛。不过他的原初状态、无知之幕背后的根本想法还是这个想法，只是他为自己设定了一个非常窄的问题域，力求在社会基本结构层面上面达成全体一致的同意。

刘： 哈贝马斯其实也是这样，他考虑了所有的复杂性，最后还是要论证那个"交往理性"。但最近他突然意识到，宗教很重要，没有宗教也不行。

学术体制与哲学

周： 我是觉得像这种讨论就特别好。

陈： 是，是，咱们在谈话中，我相信话语权力方面的因素很少。咱们几个更在意求真。刚才谈到话语权力，另一个就是表演性，表演性和话语权力连着。这个很常见，有的学术讨论更像在演戏。

周： 有的学生特别容易被修辞性的表达所感染，谁的现场效果好谁就容易得到更多的掌声。我发现有些学生慢慢在有意识地摆脱这种外在效果的影响，认真辨析到底谁是真正在讲道理。

刘：我们上公选课的时候，一开始学生很兴奋，后来就觉得无所适从。那么多思想家，这么多说法，该怎么办啊？

慈：讨论啊！通过讨论形成健康的政治文化生态。

刘：形成健康的不同意。

周：但是对于一般人，他们是很想归属到一个更高的存在，只有这样才能感到稳定，安全、温暖、有归属感，他需要这个东西，自由人的平等政治是把你暴露在信心的荒凉地带，作为一个纯个体的存在，背后无所依托。

刘：有一次我去邓正来那里开会，讨论哈耶克什么的。我说，康德不是说启蒙是一种人的成熟吗？我可以在另外一个意义上说，与不确定性共存是一种成熟。

周：换句话说，就是要有面对复杂性的勇气。

陈：大学生面对那么多不同的观点，会惶惑，甚至会失望，但这对他们来说也是一种很基本的教育。我跟本科生讲，你们在高中的时候可能对知识形成了那样一个图景，就是说所有人学的教科书都是一样的，知识是层层递进的，一开始加减乘除、乘方开方，一次方程、二次方程、高次方程，就像在一条河流里航行，只有一个走向，只是谁在前谁在后。到了大学以后发现呢，任何一个题目都有那么多分支，那么多不同方向，犹如河伯入海，基础的东西学完以后，知识的图景完全变了，你得自己选定方向，自己去组织学习哪些知识，编定你自己的教程。就不说像哲学这种了。

有时候，学术体制会给你一种确定性，但是呢，这种确定性也可能遮蔽了最重要的东西。我认为现在这个西方的分析哲学传统有很大的问题，它只接纳一些 institutionalized questions。学生经过四年或八年的训练之后，开始熟悉这个游戏。他从葛梯尔问题开始，去讨论葛梯尔问题的衍生问题，衍生问题的衍生问题，然后写一篇 paper，假设一种离奇的情况，在这种情况下，别人上一篇的某个假设不能成立，是吧？下一个学者再写一篇 paper，假设一种更离奇的情况，能够纠正前一篇 paper 中的一个细节。这种学术生产方式有很多问题，其中一个问题是，好像哲学的目标是产生一些普遍为真的命题，因此需要把所有可能情况都考虑到。现在的哲学生，或者哲学教授，跟从前所讲的 philosopher 是完全不同的概念。以前的 philosopher 是在想问题，现在的哲学教授是在写 paper，（慈：生产）对，生产 papers。他生产的东西是一个制度化生产系统要求他供应的东西。就这样，葛梯尔问题讨论到第四轮的时候，你如堕五里雾中，不知道他们干吗要讨论那些。这时候，我更像个民哲，我宁愿绕着最初让我困惑的问题转，而不是在一条狭道上越走越远。

慈：越走越远的原因之一是学术生产的逻辑：不论问题重要不重要，不论结果有没有意义，只要能生产"知识"就行，而能生产"知识"意思就是能被杂志接受，能发表。

周：它跟你原来的困惑没有关系。

慈：没有关系。我最近听到一个学者做了一个区分，这个区分咱们都知道，但他说的特别清晰，就是 philosophical problems 和 philosophers' problems 的根本不同。真正的问题都是 philosophical problems，但研究、争论了几轮之后，就变成了 philosophers' problems。

刘：Professional philosophers' problems.

慈：没错。

刘：我们读博士时候，也有这样的抱怨。当时有一个老师，大概是被我们弄烦了，他说了些刺激人的话，大概意思是说，你要是连专业训练的关都过不了，就别指望成为什么思想家。大多数博士生毕业了就是个专业工作者，没有多少人会成为真正的思想家或者政治哲学家。真正的 philosopher 是经过这些 professional 训练以后，还能跳出来的，还能回到 philosophical question，而我们就需要少数几个就行了。大部分人就是做专业学者和教师。真正的哲学家不会被专业训练淹死，你要淹死了就活该，我们不需要这么多。言下之意，专业训练就变成一个过滤天才的机制，很残酷，但这是对的。

陈：这事儿的确很麻烦。民哲有民哲的毛病。他不管别人怎么想，想过什么，就是自己在那儿想，就好像思想是从他开始的。

刘：而且尼采为这些人树立了一个榜样，他可能会觉得自己跟尼采一样。以前我们办《世纪中国》网站，有时会收到一些投稿，作者完全不在学院里面的，但雄心勃勃，处理的都是大问题，是整个人类几千年、横跨东西方的大问题，并且郑重告诫你："你必须打开这个文件，否则你就会错过一个什么什么伟大的天才发现"。

我们华师大有一个学生，嘉映也认识的，那个童乙。他去明尼苏达大学读哲学了，也是有这样的疑惑。因为你知道，他本来是商学院的高材生，他是出于对人生的关怀才去学哲学，他是有 philosophical question 的。但进入哲学专业之后发现，学的东西，特别是逻辑啊，分析哲学那种，离开他本来的关怀好像很远。然后他就说，我不明白自己为什么会闯到这个行业里来。我就说，你还是要 be professional，这是没办法的。但也可以和纯粹的专业拉开些距离，去听听讲座和其他专业的课。

……

周：我有一个想法，就是想把这次这三四个小时的录音整理出来。我很早以前就采访过陈老师，这种对话往往会有很多很有趣、有质量的东西。

刘：就是那种哲学原生态吧，是这样一种状态。有意思的是把思考的过程放在里面了。

反思与过度反思

(周濂采访，刊于 2015 年 7 月 5 日《东方早报·上海书评》)

现代人感到要为自己的生活方式提供辩护

周：您在《价值的理由》中谈到"虚假观念"的时候，说了这么一句话："事事都要显得合乎或明或暗的意义才是当代生活的重大疾病。我们倾向于把平平常常、琐琐碎碎的动机欲望上升为观念。"这是您所观察到的当代生活的一个重大病症，这背后关联到什么是良好生活的整体图景，能不能对此稍作一些解释？

陈：一时也不知道从哪解释起，咱们这样先说着。这跟我的那种观察连在一起，就是前人的生活总的说起来比较直接，他碗里吃的饭他知道是从哪来的，他手里用的工具是他自己做的，或者他看着邻居给他做的。一样一样东西，他从头到尾大致见着是怎么回事。那现在的人呢，基本上使用的所有的东西都是终端产品。我从这个角度讲过现代人特有的风险感。实际上我们的生活比以前要安全得多，各方各面都安全得多，但是现在的风险感却比以前重很多。我个人的解释，当然只是从一个方面解释，我觉得这在好大程度上是因为你身边几乎所有的东西你都不知道它的来历，除了终端摆在你面前，其他的都在你的感知范围之外，所以你老觉得不确定。你在感知中找不到确定性，你就倾向于到观念那里去找确定性。观念的分量越来越重，这大概是一个原因吧。

另外一个原因，人人都知道，就是现在观念传播特别快，可供你选择的观念特别多，你很容易找到与你的感觉接近的观念。你接受什么观念，由好多因素决定，但是比较明显的，你会选跟你自己的感觉比较接近的。现在，可供你选择的观念那么多，你不难选到你比较中意的那个观念。

当然，更大的背景是，现代是个高度反思的社会。有人把反思看作后传统社会的特点，恐怕不恰当，如果把缺乏反思看作传统社会的特征，那么十八世纪的法国一点都不传统。反思是文字时代的一个特点，从所谓轴心时代开始。希罗多德的历史里充满反思，你只要读读就知道。在中国，孔子、先秦诸子，都在反思。不过，反思活动到近代更突出了，大而化之地讲，文字时代的反思是一种"有根"的反思，人们依托着某一特定传统反思，他们并不怀疑一切，并不是跳出既有的生活形式来进行反思。这些引领后世思想发展的先贤都依托于一片富有营养的社会生活。现代的反思则无处不在。

周：对，是一个全面反思的社会。

陈：是个反思无所不在的社会，而且反思的程度很深，深到对任何传统都不再信任。近代科学发展起来以后，不由得我们不更深地反思。从思想史上看，特别是在象征的意义上，哥白尼革命拔去了我们的根。本来我们把地球视作宇宙的中心，人类的安居之所，而哥白尼革命让地球漂到空中转起来了，把我们安居在其上的地球整个连根拔起，此所谓"无根"。这意味着，无论你做什么，人们都要问你道理何在。以前，我们就这么做了，大家都是这么做的嘛，现在就得说出个一二三来。有益处也有害处，益处大家说得比较多，比如尽量通过说理而不是靠暴力强制解决社会问题。害处也值得说一说。伯纳德·威廉斯认为，这种无所不在的反思会威胁和摧毁很多东西，因为它会把原本厚实的东西变得薄脊。我们是否能够以及在什么程度上能够找到一些办法，避免陷入过度反思，这是当代生活面临的一个很重要的问题。我常对学生说起这个——我正好是教哲学教反思的——我跟学生说，他们要尽可能地去做实际的事，这实际的事什么都包括，包括生产劳动，包括养孩子，包括踢足球或打篮球。要靠比较厚重一点的生活把反思托起来，否则，反思会飘起来，我们会飘在反思里。我跟童世骏不止一次交换过一种忧虑，就是我们教哲学教得起劲，到底是起好作用还是坏作用，自己也没把握。

周： 可以从很多角度切入您刚才的话。一开始您谈到古代人的生活方式跟现代人的区别，能不能这么说，古代人的生活更多是直接的经验，而非间接的经验，所以他们对于生活的其来有自了然于胸，脉络感非常清晰，所以相对来说，他们的生活状态会更加简单并且扎实。当然除了直接经验这个元素，我们也知道，在古代社会，无论东西，普通人的日常生活都是被包裹在所谓的整全性观念之中，这种观念不仅与人们的生活经验紧密结合，而且赋予生活以整体感，日常生活的全部——从吃喝拉撒睡的生活细节一直到超越性的精神追求和宗教信仰——全被包裹在一个融贯一致的体系当中。这与我们现代人的生活状态有很大的区别。

陈：是，这也是个很大的区别。这又跟仪式的消失连在一起。从前的人，日常生活里也有不少仪式，这些仪式把吃喝拉撒跟你所谓超越的东西联系起来。现代人不耐烦这些仪式，觉得它们空洞无物，凡事由个人的兴致和考虑做主。还有些仪式，由政府加给老百姓，反倒让仪式显得更可笑了。

周：这种仪式并没有增强生活的整体感。

陈：总的说起来，前人的生活的确有更强的整体感。这有好处也有坏处。在这个整体里，多数人没有什么可选择的。前人的生活比较质直的，但对我们来说，至少对我来说，过于质直了，一个人没有什么选择，他是什么就是什么。

周：他不需要选择，选择这个观念还没进入到他的意识当中？

陈：是啊，我们会希望有更多的个人自由。——谈这种事的时候，我们撇不开自己的好恶，我只是想能把这个好恶表达得清楚一点，并且不是太强加于人。现代人摆脱了传统的社群生活，得到很多好处。我们到福建去参观土楼，都说好，可跟现在比谁愿意重新住到里面？我们谁都受不了那种生活了，你一举一动都在所有人的眼皮底下，从你早上起来刷牙开始，一家族的人都能听到你刷牙和咳嗽。当然更不用说你的婚丧嫁娶了。现在多好，人活得像离子一样，揣上一张身份证、一张信用卡，出去三天五天，全世界人没谁知道你去哪儿了，你自在得很。

周：原子式的个人有时候孤孤单单得难过，怀念过去的社群生活，但其实回不去了。

陈：你不可能享受这么多现代人的自由，同时又享受古人的 ethos。我在这种事上总这么想的：单去谈当代生活是好的还是不好的，没有太大意义，它就是我们的生活。我只是想，用我朋友周展的一句话来说，当一切都朝一个方向进行时，最好朝相反的方向深深地看一眼。今天我们面临一些问题，一些困境，同时，你看到以往时代里有些东西挺好的，有些可能性会在这种眼光下浮现出来，让过去的时代来帮助我们。是批判性的，是怀旧的，但不是单纯批判的眼光或怀旧的情绪，这里有某种建设性的因素。

周：当然可能问题在于，我们一方面看到古代生活的某些好的东西，但与此同时我们也意识到因为整体的社会、政治、经济、文化结构的变迁，使得一些好的东西，它只是博物馆里的好，而不再可能成为我们日常生活当中的好。

陈：那当然，一般说起来，绝大多数东西都是如此。而且没有一种简单的办法去其糟粕取其精华，精华它是精华，你觉得好得不得了——

周：但就是无法得到它。

陈：对，它过去了，它不再。哈哈，天下那么多好东西，有几样能落到我们自己头上？但我也不是说我们只能远远观赏。或者可以说，学会欣赏好东西这本身就提升了当下的生存——只要别弄到见月伤心见花落泪就好。我们不能过于直线地理解继承传统。取其精华去其糟粕的提法有点儿太干脆了吧。整个复古就更不靠谱了。现在有些"新新儒家"，穿唐装，谒孔庙，作为个人的修养和爱好，当然没有任何问题，我觉得还挺好的，至少，社会生活更丰富多彩。鼓励下一代多读点儿古书，我更赞成了，好多好东西呀，放在那里没人读太可惜了。但要全盘复古，我觉得完全不靠谱，别说全社会，就是单个人自己也做不到。再说，复到哪里算复古？古代不也一直在变吗？

周：对，这点我也特别同意您，我觉得包括儒家在内的传统文化有很多优秀的表述，作为个体的心性修养、生活取向我觉得完全无可厚非，甚至作为一个小共同体的价值取向也无可厚非。但要是作为一个整体的政治社会的框架，就显得有些时代错乱了。

陈：而且你还得表明古代的那些好东西不同时生产出那些任性残暴的君王，那种对人民的压迫和剥削，那种对女性的压制欺凌。古代生活可并不只是产生几个温良恭俭让的读书人。

周：像做外科手术一样取其精华去其糟粕，这是不可能的，因为它本身就是一个整体。

陈：比如那时的忠君观念，臣僚坚守这种信念，单看其中的忠诚，挺让人感佩的，但是这种忠诚生长在其中的那种制度，皇帝一高兴把我九族都杀了，那种忠诚再让人佩服，这种制度我要是躲得开我还是躲着。

周：回到最初那个问题，您认为当代生活倾向于把平常琐碎的动机和欲望上升为观念，在我看来，在这个全面反思的时代，我们的生活不断受到来自于不同观念的挑战和质疑，所以个人必须要对自己的生活做辩护，必须要为自己的生活提供一个理由，解释生活的合法性。我们能说这是现代人特别突出的一个特征吗？

陈：你大概是对的，辩护的需要跟基本生活观念的多元化关系很大。自然而然的事情不需要解释，可是现在很难说有哪种生活是自然的，哪种是不自然的。另外，当代人广泛地受到教育，智识的教育。当代社会的方方面面都跟这一点有联系。当代人喜欢"文明生活"，这当然跟教育有关系。讲文明，讲道理，跟受过教育连在一起，谁不文明，不讲道理，就说没受过教育啊你。什么都可能会做过头，讲道理可能变得太喜欢为自己辩护或者要求别人做出辩护。

周：但您身边经常围绕着一些——我用一个词不知道合适不合适——就是边缘人，一方面他们的生活急需得到辩护，但是另一方面好像从您跟他们的交往，包括您平常的一些写作思考来看，您又觉得他们无需辩护，好像有这个意思？

陈：你说到这个话题也有意思——我觉得我们聊天还是挺有意思的。我觉得他们边缘人有时自我辩护的冲动如此之强，辩护的做法如此之普遍，即使他们需要某种辩护，那也过了。没有谁的生活需要那么多的辩护，这在"边缘人"那里尤其突出。你的辩护太成功了，就丧失了"边缘"的一部分意义。

周：明白您的意思，最理想的边缘状态应该是自足的，而不是明确地意识到自己的缺损，并且作为一个挑战者的形象出现。

陈："边缘人"的一个内涵是，我不跟你玩，但这辩护就是在跟你玩。

周：换言之，我还是接受了你的游戏规则，我还是要以你作为一个坐标，然后来判定我的价值。本来的话就另起炉灶了，各玩各的游戏。

陈：以前的 cynics，我叫做嘲世派，不太喜欢"犬儒"这个词，我觉得跟嘲世派比，这点——

周：差了好远。影响的焦虑对他们来说深入骨髓。

陈：Cynics 我行我素，不跟你争辩。不过，我们为自己辩护的冲动已经过强，但在某种意义上他们更容易有辩护冲动，因为咱们随大流的人毕竟辩护起来比较容易嘛。总之，像阿坚那样的朋友，抵制主流生活方式，抵制常人的生活方式，这样的朋友一定会让你换个角度来思考生活，有这样的朋友，至少对拓宽视野是件幸事。

周：对，我读您跟向京的访谈，我认为您有一个很好的观察，那些接受了现代社会游戏规则的主流写作者，恰恰因为这种外在的约束和要求，反而能够让他成就作品，做出有价值的东西，相反，那些完全脱离了这种外在约束和压力的人，恰恰可能处在一种生命中不能承受之轻的状态。

陈： 是啊，对位法是一种束缚还是给了作曲家一个舞台？格律呢？这很难说。打破格律，产生出新型的诗歌，但格律诗的那种美妙就没有了。当然，要创作出好东西，某种约束总是在的。"边缘人"也有他们自己的一套规矩。

周： 您还有一个表述与我们今天的问题相关。你谈到在美国留学的时候发现与美国人无法交流托尔斯泰的作品，因为他们很难理解托尔斯泰作品里面的复杂的深刻的情感。然后你说这是因为现代化让生活变得简单了、容易了、轻松了，于是乎，就存在这样的一个疑问，是不是有些深刻的东西好像就跟那些坏事连在一起的，这个说法我觉得就很有意思，有两方面的考虑，一个就是联系到你的那些边缘人物朋友，如果他们真的另起炉灶了，某种意义上就是让自己的生活变得简单了和容易了，这是不是就让他们与产生出好作品的复杂的、沉重的、压力性的东西脱钩了？

陈： 单单谈这个话题我觉得就够我们谈好几个小时。那几个美国文学系的女孩说，像现在这样离婚自由，安娜就不用那么纠结了。十九世纪小说里很多很多复杂的情感故事都跟当时的婚姻制度连着。就像荷马的伟大史诗跟邦国的征服连着。回过头来说拒斥主流生活的朋友，你看啊，在一种意义上他们变得更容易了，很多约束他们摆脱了，但要加总说，那我会说，他们是变得更难了。他们的存在提醒我们,我们自己过得太容易了。

周:我们需要说清楚在什么意义上他容易了,在什么意义上他难了。

陈:还是先笼统说吧,主流的东西,随大流的生活,总是比较容易的。社会是为大多数人设的,真正的与众不同总是难的。但另一方面,这些朋友多半是写诗的,或艺术家,要从流行的社会规范挣脱出来,需要一种力量,反映在作品里,他们的作品会有一种格外的力量。当然,当真脱离了社会的要求,如果不是从内部对自己提出要求,就可能太飘了,没有着力点,不再能创作有力度的作品。

周:没错是这样。

陈:我的印象呢,自打十九世纪末以来,多数伟大作品都不是主流生活中人创造出来的。我想这后面有某种值得探究的东西。不管怎么说吧,在当代,我觉得有力度的东西跟另类生活有强的联系,当然,我不是说你走上另类道路就能出好作品。我的老朋友静之不另类,他写出了很多好作品,但他不满足,他希望更加深入到当代生存的根本困惑之中,他写《操场》,就是想要表达当代人的那种深层困惑,但我觉得还是隔了一层,可能是,那种困惑,他看得多,感受得不够。

周:您是说他生活得太优裕了?

陈：大概不能这样直接联系。不过，谈论你身边的作家，你很难不把他的作品和他的生活连在一起来看。这有帮助，但也常常妨碍你对作品的判断。

世俗好日子的"配套设置"

周：是。当代人们的生存困惑在您看来是什么？

陈：这肯定一言难尽。在咱们这个上下文中说呢，比较明显的一个，在主流世界里，过上好日子这样一种生活理想覆盖了所有其他的理想。过好日子呢，人当然一向想过好日子，但它不一定覆盖一切。比如在基督教时代，像人们常说的，人们需要信仰不亚于需要过好日子。ISIS，过上好日子就不是他的主要追求。当然你说那就是他的好日子，这就没意思了，我们先假设过好日子有一个——

周：世俗的解释。

陈：对，也是平平常常的解释。古希腊人没有为信仰为上帝献身那一类抽象理想，对希腊人来说，过好日子这个想法没什么不对头的。但也不单单是好日子，希腊传统里有很重的德性观念。两者之间是有张力的，因为有德性的人不一定就能过上好日子，反过来，没德性的人往往日子还过得挺来劲的。亚里士多德的伦理学里就有这个张力。他当然看重德性，但另外一方面他不愿意像苏格拉底那样说德性压倒一切，不用考虑过好日子，或者说，有德性本身定义了好生活。他想尽可能要把德性跟好日子结合起来——他是否自圆其说了另当别论。在亚里士多德之后，比如斯多葛派、嘲世派，重新把德性放到第一位，我们所说的过好日子这个事放在第二位，甚至要有意抛到一边，走上苦行之路。现代生活呢，过好日子这个想法占的分量太大了，大得让有些人受不了。我举个例子，可能不合适，不合适你马上指出来——最近一段时间，一些中产阶级的子女去投奔 ISIS，对他们来说，仅仅好日子满足不了他，如果你愿意，你甚至可以说，人性中有某种东西是好日子不能满足的。

周：您的说法让我想起亚里士多德对三种幸福生活的区分，他认为大多数人想要的只是快感人生，少部分人想要过政治生活，只有极少数哲人把沉思的生活视为幸福生活。这么看来的话，所谓"过好日子"这种需求，从古至今都是绝大多数人的向往，现在的问题可能在于，整个现代社会的基本取向，无论是制度安排也好，或者整个的政治文化心理，都是向下看齐或者倾斜的。

陈：对。我认为现代社会的第一大特点是平民化。这不仅体现在政治生活、社会生活，还体现在——这一点谈得比较少——平民的生活理念成为基本理念。

周：所以您会觉得，现代社会对快感人生意义上的好生活的追求，就有点遮蔽或者说侵吞了其他几种对好生活的理解，而在古典社会，虽然像伯里克利这样的卓越之士在数量上不占多数，但他们以少数就足以压倒大多数了。

陈：过去，人们的视野里，the few 处在中心，现在人们总是把目光投向 the many。平民化还不只是民主制带来的，在观念层面上好多是基督教带来的。

周：对，平等这个价值就是源自基督教。

陈：只不过，基督教提倡的平等不是人世间的平等，它接受封建等级制的社会。基督教的平等建立在另一极上，上帝绝对高高在上，在这绝对的高度面前，众生都是平的。现代的平等观念里这个信仰维度被抽掉了。对于 the many，抽掉了信仰，就只剩下过好日子了。

周：就是所谓世俗化意义上的好日子。

陈：好日子压倒一切，这本来就是世俗化，或者说此世化。人从来就有过好日子这样一种愿望，但是好日子是跟其他东西配合在一起的，比如信仰，比如德性，比如某种社会理想；今天好像好日子就是好日子。

周：我觉得您说"配合"挺好，换一个词就是"配套设施"，从古至今，普通人当然都是想过好日子，但是笼统地说，古代人那种好日子的配套设施还是连着向上的东西，而且上面的东西始终不仅是一个价值上的优位，也是一个事实意义上的优位。到了现代的话，它的整个配套设施完全是平面化的，而且是为这个好日子服务的，不是凌驾于其上的，无论是建筑、音乐、艺术、哲学、制度安排都是这样子。它这个配套设施的中心是普通人的好日子，一切是为它配套服务的。

陈：说得好，我们仍然有艺术、哲学、社会理想，但它们似乎失去了提升生活的作用，它们都在好日子的同一个平面上。有一次我对西川说，你们艺术圈，西川开玩笑说，不是，是我们娱乐圈。不完全是玩笑，报纸版面上，艺术圈娱乐圈排在同一个版面上。只剩下过好日子，这比较简单一点，但这时候，整个生活中缺了一种张力。这种张力在多大程度上真的是我们人性中一种需求？我想，至少在一定程度上是的。没有这种张力，历史当真就终结了。在各种乌托邦里，大家都过上了好日子，然后，生活变成平稳的不断重复。另外一方面，我认为平民化是不可逆的，这就要求我们去设想，在现代生活里，有益的张力在哪里。

周：对，不可逆这一点必须要明确，我们刚才所说的其实是一个事实描述，而尽可能少地做价值评判。你不能武断地说，当整个社会开始为普通人的好生活做配套准备的时候，就是一个坏的社会，或者像尼采说的是一个末人的社会，我不太认同这种说法。

陈：至少我没觉得贵族社会那么好。

周：首先承认历史是不可逆的。然后是评价的坐标系不一样，就会得出非常不同的一些结论。就拿刚开始我们谈到的风险这个概念，我觉得其实古代人的风险意识也很强。比如说你要进京赶考你得配剑吧，你投宿打尖的时候会担心这家店是不是人肉包子店吧，这些风险我们今天是不用去考虑它的。

陈： 是的，从前的生活远不如现在安全，不过呢，风险这个词啊，跟危险这个词不太一样，古代人面对很多危险，但他大致知道危险从何而来，现在人的麻烦是，他不知道有没有危险，危险会从哪里冒出来，所以我们更多谈论风险。

周： 对，我明白您的意思，就是古代人他们面对的危险对象，其实相对来说是比较明确的，或者只有 ABC 这么几种选项，而现代社会因为生活方式的改变，危险的对象可能是全方位的。那回到您刚才谈到的一个很有趣的想法，就是比如说法国的或者英国的一些中产阶级的孩子，去投奔 ISIS，你当然可以做出一些非常轻而易举的判断，比如说他们被洗脑了，但是另一方面，你也不能够完全抹煞他们对一种更超越的精神生活的向往。接下来的问题就是，西方虽然已经高度世俗化了，但是其实还是有各种各样的信仰、教会，给你提供备选方案的，为什么会有人这些我都不要，我就要那一个？

陈： 这个我没考察过，但的确值得认真考察——我常常觉得，社会学家应当多去考察这些实实在在的问题，别总是去纠缠那些鸡毛蒜皮的理论问题。我肯定不是声称这些青年去加入 ISIS 只是出于厌倦平常生活，更不是说厌倦了平淡生活就要上 ISIS 去。他可以有好多选择。我一个好朋友的女儿，家里辛辛苦苦培养了，最后上的是牛津吧，去了之后没多久就信基督教了，这没问题，信了基督教没多久呢，她就决定到非洲去做义工，家长当然非常心疼，这两位家长人非常好，思想也很开阔，但是无论如何还是希望孩子能够安安稳稳过好日子。

周：当了父母以后就特希望孩子过普通的好生活。

陈：是这样子的。那你看她这也是一条不去过平庸好日子的路嘛。有人去天涯海角旅行，有人去做极限运动，当然不一定要去加入ISIS。现代社会里，有志之士没有一个公认的发展方向。在以往的社会里，对有志向的人来说，往往有一种比较公认的努力方向。你刚才讲到，希腊人把积极参与城邦生活看作一种更高的生活；这跟我们现在所谓的从政意思不一样，亚里士多德所讲的政治生活不是投身于一个职业，而是人的本性的实现。在中国的皇朝时代，一般来说，目标很明确，就是读书做官，读书人金榜题名，这当然让他过上了好日子，但同时也给了他治国安邦的理想一个舞台，他参与到道统里，有一个道统，有一个精神实体在那儿。这对他可以是一种可靠的精神寄托。现在没有这样一个东西。

周：对，就是政道和治道的区别。

陈：在传统社会，大家对何为良好生活的想法比较接近。社会提供了比较稳定的方向，优异人士去追求的这样一种方向。就像路德，他家里让他读书，成为教士，是想从此改变社会身份。路德一个小孩子，他懂什么？但在修道院学习的过程中，他越来越坚定了他的信仰，丰满了他的心性。你努力进入教士阶层，一方面是要过上好生活，同时，你也实现了你的精神理想。明治时期的日本，做好一个企业是一种精神追求，做成卓越的企业，这个理想是一个精神实体。你读大公司企业家的传记，这一点让人印象深刻。现在呢，好像没有一种精神实体摆在那里提供努力的方向，反倒是ISIS那样的东西充当了精神实体。

周：我觉得当代的世俗主义版本的自由主义所构想的生活，其实是有一个解决方案的，在一个政治自由主义的框架下面，不同的宗教信仰、价值取向或者说趣味偏好的人，可以自由地结成大大小小的共同体。我不在政治社会中追求至善，而是在特定的共同体内部追寻至善。

陈：我的意思是说，在传统社会里，人们对优异的追求呢，跟自由主义式的追求有个重要的区别，就是他有一个现成的方向，你加入了文官集团，你朝堂上一站，治国也有了，为百姓做事也有了，自己的好生活也有了，也跟高层次的文化人唱和了，是吧。这是一个比较现成的精神结构，是个全社会公认的实实在在的结构，这东西在那，不用你个人那么操心去界定它。你个人的成功跟社会公认的精神价值合着。自由主义呢，一般不太强调要有那么一个精神结构，某种向上指引的精神结构。

从来也不是只有一种应该去过的生活。孔子入世，庄子逍遥，孰是孰非孰高孰低？这个很难说。在我们这个时代这一点更突出。

周：尤其是精神谱系，有历史纵深感的精神谱系。

陈：对，你说的这点很重要，精神上的实体是由历史纵深造就的。这里说的是实实在在的现实的历史，所以，那个精神结构呢不只是一个精神结构，它也是一个社会结构。你来加入文官集团，这个文官集团可不只是一个精神传统，它是一个统治集团，像王阳明，不管你得道多深，该逢迎得去逢迎，该镇压杀人得去镇压杀人。刚才说到路德，他也不只是进入了一个精神的 caste，而是进入了一个社会—政治结构，各种理想和权力斗争交织在一起。你说的自由主义式的小型精神共同体，无法替代一个大的精神—社会共同体的功能。自由主义也不会支持那种大型的精神共同体，因为它本来是由自由主义所反对的那种等级制的社会结构托着的。

周：你刚才说的观点我觉得非常好，就是精神结构不完全是一个封闭在精神世界当中的结构，它会外化成社会结构，一旦它落实在社会结构层面上，冲突就不可避免。因为它会带来一系列的经济的、政治的、社会的后果。诺齐克在《无政府、国家与乌托邦》中构想了一种乌托邦的社会状态，他觉得不同的精神结构可以和平地生活在一起，但其实这是不可能的。你必须还是要把权力、强力这些东西引进来，但是一引进来的话，你又得面对那个相对来说不那么可爱的一个世界了。

陈：对，现在有人批评启蒙，批评自由主义，说有些重要的方面自由主义没有给予充分的重视，真正来到现代世界，其实不像当初想象的那么好，这些反思都是重要的，只是别忘了，现代世界是当初的人们一点点争来的，当初有很多东西无法忍受，人们于是从思想上在现实里一点点去克服，一点点去改变。最后，当然，改变的结果，不像改革者所设想的都是好东西，是吧。谁都没有全盘预见、全盘设计美好生活的能力。你东一点西一点消除了一些无法忍受的东西，又有新的让人不满的东西出现了。

勇敢作为一种公共生活的德行

周： 对，而且这改变又牵涉到您不久之前在 798 做的那个演讲，就是关于贵族德行的理解，您认为贵族的德行主要是勇敢？

陈： 例如伊利亚特里的人物。Arete（德性）这个词，首要的内容是勇敢，男人气概，是配得上王侯的那种品质。

周： 伊利亚特时期是冷兵器时代，人们需要肉身和肉身之间遭遇、碰撞时的勇敢，但在今天这个时代，你面对的也许不是一个肉身或者具象化的对象，而是无形的、庞大的抽象制度，这时候，想要改变的人，他们其实同样甚至更加急迫地需要古希腊意义上的勇敢的德行。

陈： 这么说我也能同意，但是呢我还是想强调，肉身和肉身相遇的勇敢是源头的意义，勇敢的其他用法是从这里衍生出来的。比如，维特根斯坦说，天才在于才能加上勇气，这他肯定是有体会说出来的，我同意，他这样说到勇敢是正确的，也很有意思，但这仍然是一种衍生的用法：特别在哲学这个行当，你什么时候叫做勇敢地思考了，这是一件很微妙的事。政治斗争中的勇敢，有时意义很直接，例如临危不惧。你跟一个抽象的制度做斗争的时候，谈到勇敢，意思可能不那么直接。比较粗糙地说，在现代社会生活里，勇敢这种品质不像在比如伊利亚特时代那样夺目。有一点也挺明显的，现在面对面的争斗不那么有决定性了，为事的成败更多取决于合作，往往做事能够做成的人是那种合作性比较强的。

周：更柔软的？

陈：更柔软的、有点儿女性的品质，我个人觉得——希望我没有陷入 stereotype——从我的观察，女性比男性合作要好一点。也许，男性还是占优势，但是变化还是挺快的，很多事情女性做得更好，我觉得这跟女性更善于合作这种品质挺有关系的。而那种单打独斗式的勇敢吧，现在真的不是特别用得上。

周：它可能不是我们这种生活形式所要求的，更像是个点缀。

陈：是的，现在的男子气真的有点像点缀，就像大猩猩拍胸脯那样。

周：对，或者说它是舞台化了的情境所需要的东西，比如说在聚光灯笼罩的竞技场上，你需要展示一种勇敢，但在日常生活当中，古典意义上勇敢所需要的情境已经被各种各样的制度给间隔了，包裹了。对，我们不再直接需要这些东西了。

陈：聚光灯下，这个好，的确，男子汉气概多半出现在好莱坞荧屏上。不是说人都变得不勇敢了，是社会生活不要求不需要这东西了。要是闲聊的话——我反正胡说，你来调整方向——我觉得这个现在对男青年挺有压力的，一般说来，男人要更勇敢——当然在韧性的意义上说到勇敢也许女性更勇敢——但是呢，你说什么场合需要你挺身而出拔刀相助？这种情境很少了，你要是无缘无故好勇斗狠你就是二了，就是鲁莽，所以现在男青年，我真是觉得这种社会环境对他们挺不利的。

周：能不能这么说，在《伊利亚特》时期，虽然公共领域（政治领域）和私人领域没有严格的界线，但是总体而言，需要体现勇敢德行的场所主要是与公共生活和政治生活相关的。现代社会对公私领域做出了比较明晰的区隔，而在私人生活当中，我们需要勇敢的场合并不是太多。但是另一方面，在公共生活当中其实仍旧对于作为德行的勇敢是有需求的。

陈：我很同意这一点。

周：前段时间三八妇女节，北大清华和人大的男生纷纷在宿舍楼和校园里打出各种标语甚至是巨幅横幅，向女生大胆地示爱，标语的内容直白露骨，一时间各大高校之间竟有互相攀比、争奇斗艳的架势，但老实说，我非常不欣赏这样的举动，在公共空间"勇敢"地表达出自己的私人情绪，这是对勇敢这个德行的彻底误读。

陈：我觉得当然是误读了。

周：在我看来，它跟勇气无关，而与恶品味有关。公共空间所展示的作为德行的勇敢针对的应该是公共事务和公共议题，一再地在公共空间展示私人空间中的勇气——比如求爱，并且蔚然成风，这种群体性的狂欢其实是娱乐至死的形式之一。

陈：你从这个角度说，对，那当然。我的第一感不是从这个角度看，我的第一感，说勇敢呢，它跟受伤害的危险连在一起，那才叫勇敢。这种伤害首先是肉体上的，然后是其他各种各样的，比如说你有丢掉你的职位的危险啊，比如说一个检察官坚持正直办案，可能没人去伤害他的肉体，但是可能会拿掉他的官职甚至再轻一点不让他提职之类，这些我都能叫勇敢，因为他是顶着危险的。

周：我们今天在公共空间当中表达自己的政治意见就面临这些危险。

陈：是啊，这些都是勇敢。

周：我觉得您的说法跟我刚才对这些大学生的批评其实是一致的，因为他们在不需要勇气的地方展示勇气，在公共空间拉示爱的横幅对他们没有任何的可见的损失。

陈：最多就是丢脸吧。

周：现在的误区是，不仅不认为你不要脸，反而认为是时尚。

陈：你说到私人和公共的话，我当然一点都不反对做个基本区分，但也要看具体情况。比如婚礼上大摆筵席，摆着一万朵鲜花呀什么的，我个人不喜欢，不过我想，那倒不是他在用公共的方式示爱，这里的公共性是庆典式的，两个家族的联姻，亲友同事的庆贺，这些具有公共性，而不只是在表达男女私情。

周：对，是其他的因素要求的。

陈：像男女私情甚至包括朋友的友情这些东西，我个人从本能上是觉得应该尽可能保留在私人领域，至于你描述的那种场面，从任何一方面都不是我喜欢的。

通过观念批判解除虚假观念的束缚

周：您在《价值的理由》中有一个观点蛮有意思，您说哲学思考除了要明理还要进行所谓的观念的批判，然后您说这个观念的批判更多的是一种否定性的含义，而不是像哈耶克所说的用一套观念去取代现行的观念。您认为否定性的观念批判主要的目的是为了解除当下的虚假观念的束缚，能对此多做一些解释吗？

陈：我有点这种想法：近代以来，哲学，特别涉及伦理和政治这些方面，对"应当"的突出过多了。本来呢，哲学更多着眼于实然，当然，在伦理—政治方面，实然和应然有内在联系，这你都知道，我不去废话。这个实然，本身就含有批判性，针对的是流行的虚假观念，不是单纯对实然的白描，我们说"其实"、"实际上"，这些用语都是有针对性的。至于新观念呢，我更愿意它的生长的成分更多一点，应该生长出什么观念来呢？我愿意看到它更多从广大民众和各行各业的人们的实际感受中生长出来。

周：但是这里面有个矛盾，如果更广大的民众只关心世俗意义上的好生活，那他们作为观念的土壤，可能就过于贫瘠了。

陈：当然，当然，这我挺同意的。但我仍然会坚持我的观点，倒不是因为固执，拿一套从上层发展出来的观念来改变这个状况，第一未见得可取，第二我觉得也不会成功。

周：您最后这个结论我当然同意，我认为怀疑普通人作为观念土壤的丰富性，并不能直接推论出我就接受一种自上而下的官方形态的观念的灌输和生成，因为还有别的可能选项，比如精英阶层或者说读书人的观念生产，以及他们对于整个时代的观念变革的——如果不说指导，至少是，用您喜欢的词说就是感召。

陈：我先承认，总的说起来，我会把没辙的事看得多一点重一点，如果这个时代真是那么贫瘠，我觉得这也有点没辙。我不看好从上层来建构观念，我指的还不是从官方，从官方意识形态，我指的就是精英阶层或读书人。思考者批判虚假的观念，这就是在观念层面上起作用，为新观念的生长开辟空间。至于生长起来的是不是比较健康的观念，这我们不得不相信我们的土壤里能生长出健康的观念。毕竟，如果它不是从实际生活中生长出来，在什么意义上它会是健康的呢？以往，精英们锻造出观念，规整社会，因为那时候的社会结构是那个样子。现在，我们已经来到了平民社会，不再相信上层社会秉承神意规整我们的生活。我不是说从前的观念天然是虚假的，例如君君臣臣父父子子，而是说，我们今天换了一种眼光来看待人类社会，于是它们有很多变成了虚假观念。智识人的角色也变换了，在观念层面上，更多是批判者而不是建构者。汉唐诗人，罗马诗人，不妨为皇朝或皇帝写颂歌，今天的诗人不干这个。

周： 我明白您的意思。但哈耶克可能会这么说，我推出的观念不是我个人坐在书斋里面无中生有发明出来的，因为他明确反对建构主义，他会说我所用来取代现有的虚假观念的这套观念本身就是自发生长出来的，只是我作为一个哲学家，更清晰地把握到了它的内涵或者实质。

陈： 这个说来话长。从前，人们相信某种客观的社会真理——社会真理就像我们现在所认的科学真理那样，就在那里，等我们去发现。智识人的任务就是去发现这些真理，然后教给大家。中国如此，西方也如此，直到启蒙人士，很多仍持这种看法。对于今天有些智识人，这仍然是他们的自我理解，不过，很多人，包括我，完全不相信这个。于是，一种可能性就是，智识人不再是真理的代言人，"上帝的代言人"，他们成为民众的代言人，就像你现在建议的这样，智识人的任务是把民众的看法清楚地表达出来。这条思路有很多问题，一个问题是，这么一来，社会生活中就没有真理这回事了，或者，民众的看法就是社会真理。另一个问题是，也许并没有整体的民众代言人这回事，智识人只能是这个阶级或那个阶级的代言人。此外还有另一个类型的问题：所谓清楚地表达，这本身总是牵涉到某种变形——这个我们不深谈。你知道，我个人是从另一个维度来看待智识人的——他们在观念层面上或概念层面上进行批判和探究。我区分三个层面，实际感知、感受的层面，观念层面，概念层面。有些智识人，像伏尔泰，更多在观念层面上工作。像莱布尼兹——他跟伏尔泰的时代离得不远——他更多在概念层面上工作。在哲学史内部，在概念层面上工作的是更典型的哲学家，就直接的社会影响来说，带动了观念变化更多的是伏尔泰，他对各种事物都有极其敏锐的观察，一方面他激烈批评一套观念，一方面他积极建设一套观念，当然，这套新观念主要也不是他原创的，从宪政思想到牛顿力学，他到英国待了一阵子，把这些观念带回法国。他不是去努力表达法国民众的观念。智识人，当然，他可能自视为人民的代言人或某个阶级的代言人，客观上他也可能是什么什么的代言人——这要另说。

周：您以前更多活动在概念哲学的层面，现在开始下降到或者说转移到了观念领域当中？

陈：我在概念层面上多做一点，大概主要是因为我就这爱好，要说其中也有一点自觉性，那就是我觉得我们这一代，甚至包括你们这一代，在概念层面上工作的人太少，特别在中国嘛，中国人对概念层面的工作从来都不是特别热心，而我们这个时代，社会的变化那么剧烈，观念上的斗争如火如荼，我们之中好多人一开始都是读哲学的，胡平、徐友渔、赵越胜、何光沪，最后都把主要精力放在观念层面上。剩两个谁从事概念工作呗，正好我喜欢做这种工作。

周：但另一方面，我们对概念、观念以及再下一层的日常生活的区分其实只是一个方便的区分，它们之间不可避免地存在连续性，否则的话就成了纯粹的抽象观念、抽象概念了，跟你的真情实感没有关系了。在您的工作当中，我觉得这种连续性还特别的强。

陈：连续性，当然。上层对下层的依赖很明显，但它们也各自有自主性。上层对下层的作用呢，例如思想对现实的作用，我觉得这里纠结着很多错误想法，这我们要单独谈，以后有机会。最近我跟邓明艳聊了两次，聊得挺投机的。反正，理论指导实践呀，思想的反作用呀，这些提法都要谨慎对待。太多太多的例子说明这点了。我始终相信海德格尔是个深刻的哲学家，但是他竟以为他那套思想可以用来指导德国政治。你也知道，我是一直不能同意这种想法的。马克思也有这个问题。在这个问题上，我有很强烈的看法，我不敢说是独特的看法，但的确想得很多，有很强烈的看法，对半部论语治天下这一路，对哲人王这一路，从柏拉图一直到海德格尔这整个一路，一直很警惕，而且我不只态度上警惕，我也希望把事情想得清楚一点。

周： 您说的我觉得特别的好，我们姑且用思想和现实这对二分表述，在塑造哲学家的思想时，现实输送了非常重要的养料，但是思想对现实的反馈跟现实对思想的滋养，二者却是非对称性的，我的意思是说，对于把思想直接应用到现实，或者从思想下行到现实时，我们应该保持高度的警惕。

陈： 有一些比较明显，海德格尔的例子就很突出。但这个话题还有更丰富更曲折的内容。举一个大家都熟悉的例子，就是呢，亚里士多德说伦理学和物理学不一样，伦理学是要教人为善的，从这一点区分开理论学科和实践学科。但伦理学是怎么教人为善的？那么多从来不读伦理学的人善得很，反过来，那么多伦理学教授好像不那么善。我斗胆觉得这事连亚里士多德都没想清楚。伦理学能教人为善这一点跟他的另一些说法也不很兼容。但是亚里士多德是什么意思呢？这层意思是明显的，也是我能接受的：伦理学不像物理学，它对人的行为会有影响，哪怕你是再理论的。

周：一定会有所影响。

陈：但那会是什么样的影响，我不认为亚里士多德说清楚了。

周：对，我读亚里士多德也感受到悖论，因为他说幸福生活是活出来的，但是他现在要用理论的方式说。

陈：威廉斯也提到过这个矛盾：亚里士多德说四十岁以后才能读懂伦理学，在别处又说，一个人到三十几岁，伦理性早养成了。

周：你好像是接受威廉斯这个说法，因为我读您最近的一篇文章，大意是说人成年之后，就只能依着他本性生活了，不再可能过上一种本真的状态了。

陈：威廉斯那么说过吗？

周：您的文章这么说来着。

陈：我不会是这么说的。这里我是有个想法——这个想法倒不是从威廉斯那来的——我主要是从学习和做事这个角度来讲，一方面呢，我当然同意活到老学到老，但还有一个基本区分，一开始你要专门学习，然后呢，比如人到二十五岁或者三十岁以后，主要是去干事，你的学习靠干事，在干事中学习，你不干事就学不到东西了。以前有些儒者说，读书读到六十岁，我终于明白了，我终于通那个道了，我觉得那就不对了，道是为了让你去生活的，你说最后我六十岁明白道了，那干吗呢？

周：我稍微有点不同意见，首先现代人学习的时间拉长了，因为我们要学的东西太多，我很有可能三十岁闻到了一种道，但是这个道并不是一劳永逸地获得的，在普遍怀疑和全面反思的现代社会，我依然时刻保持着修正、改变道的准备状态，也就是说，我当然可能会在三十岁开始了悟这个道，但了悟这个道却不一定意味着全情投入，很可能是半信半疑的。

陈：你说的我全都挺同意的，而且，即使你到五十岁幡然变道，我也不觉得不对头。我只是想说：你得行道，你的变或不变才有意思。成年之后，在行道中习道，丰富它，微调它，或像托尔斯泰那样发生根本上的改变，都是行道过程之中的事。朝闻夕死这话有它的内容，但不能理解成有个绝对真理摆在那里，只是我们闻或不闻之分。到三十岁，你闻知什么样的道，你就该去做了，不能说我还没确定这是不是真道，所以不能去行。真正说来，只有在做事的过程中才能闻知真道。

周：这话倒是跟赵汀阳老师很早谈的"存在就是做事"有一点接近。

陈：我能接受他那个想法，不过我跟他的角度不是太一样，我想说的本题很简单，就是学习和做事这两个有大致区别。

现代文明有奇迹吗？

周：毫无疑问，跟古典相比，人类文明的结晶物或者奇迹，它的形式发生了巨大的变化，古典文明的奇迹是那种纪念碑式的，比如庙宇、宫殿、王宫，这种东西可能更多跟垂直的权力结构、精神结构甚至是宗教的超越维度相关，所以它生长的方向是垂直的和纵深的，那么反观现代文明，我们能说它没有奇迹了吗？还是说奇迹的形态发生了变化？

陈：这两种说法呢，可能只是两种说法。要说，我倾向于今天不再有奇迹。纵深的这种，垂直的，我跟丁方讨论得多，丁方始终想重新树立这种垂直的维度，我会觉得，作为个人的努力，绝对是好的，但是问我的话，我会说，这种垂直的维度现在消失了。你还可以建纪念碑，但它是各种高楼大厦包围起来的纪念碑，是的，它是个纪念碑，但它失去了纪念碑应有的处所。

周：您也用 iphone，您觉得 iphone 可以被称作奇迹吗，现代文明的一个奇迹吗？

陈：这看你怎么讲这个奇迹。iphone 是个了不起的产品，不过，能让人人都握在手里的，就很难称为奇迹——奇迹在我们眼前发生，但可远观而不可亵玩焉。从我们正在说的方面看，iphone 也是个太典型的例子了，你看啊，它是跟网络连在一起的。我讲课时也老谈现代的网状结构，网是非垂直的，我不是想说，一切都处在同一个平面上，网也可以是三维的，甚至多维的，有上下高低，就此而言，有垂直的向度，只不过，这个垂直向度和纪念碑的垂直向度不一样，纪念碑要凸显的是垂直向度，但现代生活中的垂直向度则是多维中的一维。

周：乔布斯在世的时候，已经被众多果粉封神了，但是苹果产品以及乔布斯的存在方式和古典意义上的英雄的存在方式是不一样的，乔布斯虽然被封神，但在这么一个大众商业和传媒时代，我们能看到大量的追随者和拥趸攀附在他身边，某种意义上把"纪念碑"的高度填平了，我能这么说吗？

陈：这么说非常有意思。我补一个小的脚注。乔布斯跟过去的英雄不一样，英雄和神是一族，他们是这么一个类别：他不为咱们做什么，但是呢，我们爱他，崇奉他。这个话我不是瞎说的，比如，说到歌德和托尔斯泰，托马斯·曼就这么说，布鲁姆也这么说。托尔斯泰一天到晚讲民众，但他是个十分自我中心的人；托尔斯泰是，歌德也是——这里的自我中心是什么意思且不去解释。马克思自视为工人阶级代言人，他一生没进过工厂，没交过一个工人朋友。上帝呢，俗人理解起来是上帝为我们做好多事，你看加尔文就不那么想，上帝不为你做什么，你为上帝做什么。我再推得远点，希腊诸神，捣乱的时候比帮忙的时候多，帮助一方也是在折腾另一方；伊迪斯说得挺对的，荷马史诗里那些英雄，没那些诸神还好过一点。法老不是为人民服务的，但人民要为他建金字塔。乔布斯可不一样，他为我们服务，服务得特别精彩，要说奇迹，那是我们没想到他的服务那么精彩。现在，基本观念变了，政治家、企业家，不管真的假的，都得讲为人民服务，为民众、为大众服务。

周： 其实人民成熟了？

陈： 看怎么说吧。

周： 其实从日常语言中能够观察到非常有趣的一个现象，曾经是一个高不可攀的形象或者概念，突然就被彻底地平均化了，被平均分配了，比如早些年的美女帅哥，这必须是真的美女、真的帅哥，现在不是这样，最近这两年的男神、女神也是如此，现在满大街都是男神、女神了，这种垂直向度的东西彻底被拉平了。

陈： 你的观察很有意思，好像有一种地心引力把什么都拉下来。海德格尔讲的"牧平一切"，他讲得很雄深，我们讲得轻松一点。歌星、影星，是有好多人崇拜他们，但最多算是英雄崇拜神明崇拜的影子，不能太当真，茶余酒后吧。

现代性耗尽了它的潜能了吗？

周： 最后一个问题，您觉得启蒙运动之后，它所提供的现代社会的方案到今天是不是已经快耗尽它的潜能了？

陈： 我觉得有点耗尽了，这个我几十年都在密切观察。我们，胡平这些朋友，很早就推崇民主嘛。民主不仅是一种制度，它是一种精神取向，曾感召大批仁人志士的努力奋斗。一种制度，人们要热爱它，它才能好好工作。当然不能说西方人现在不爱他们的制度了，但我觉得，很多人不再那么热烈地为维护民主制度做努力，而是更多琢磨怎样利用这种制度，老百姓越来越如此，政客们也越来越如此。任何制度都有优点有缺点，弘扬它的优点，制度就工作得好，人人都想方设法利用它的缺点，制度就开始失效了。而且，泛泛说来，文明本身总是有点儿娇贵的。民主造就了现代文明，一两百年来，到民主国家看看，那里的人们过着文明的生活，但文明呢，越来越文明，慢慢地它就会有点儿娇贵，有点儿脆弱。这有点没辙你知道吧？想想宋、辽、金、蒙古。

周：越是文明的越不堪一击。

陈：是啊，宋朝人文明，辽朝人粗蛮，但它能打。他打你宋朝，同时羡慕你，想变得像你一样文明，变成你之后，来了金朝，它一边攻打你，一边学你的文明，后来，的确变得文明了，蛮力却衰退了。现在西方国家有点面临这个，你君子动口不动手的，人家上来蛮不讲理跟你整，你抓着那些嫌疑分子，灌点水，全世界抗议，闹得不可开交。倒退一百年哪有这事？文明好是好，但文明有时候面对的是赤裸裸的粗蛮斗争。

周：您虽然不太愿意亮底牌，但是过去几年，您也在不同场合曾经表达过，如果一定要让您亮底牌，你还是某种意义上的自由主义者？

陈：那当然了。我觉得在近代环境中吧，在平民化的世界上——这里讲古代哪种政治制度更好没意思——民主是最可接受的政治制度，事实上它也带来高度的文明，这个文明是多方面的文明，在很多方面是人类各种文明都没有达到过的。它带来的物质成就不用说了，同时还有人心上的成就。在民主国家生活一段时间，你会看到，广泛的善良，人对人的信任、宽容，人们把自己的生活把社区的生活安排得井井有条。民主制度在很多方面带来了可以说是最美好的东西，包括人心中最美好的东西。但就在我亲历的几十年里，很多美好的东西露出了衰退的迹象。前面我说到，一个制度，即使是一个好的制度，也需要人心来维护。但即使它无可挽回地将要衰落，即使我们的现实没有给我们采纳这种制度的机会，仍然无法否认，它是好的制度。我觉得我们可以而且实际上有必要深深浅浅从很多方面来检讨民主制度，没什么不可质疑的不可批判的，但我们这时候不能假装忘了奥斯维辛，卡廷，数以十万计百万计的国民被杀掉被送进古拉格，数以百万计千万计的国民被饿死，这些都发生在二十世纪别的体制之下。

周：那么，有时候我们面对的不是文明的冲突，是文明和野蛮的冲突。

陈：有时候的确是。文明这个词有两种很不一样的用法，在人类学家的用法上，是文明之间的冲突，这种用法有时会混淆日常意义上的文明和野蛮。

周：也混淆了善与恶的区别。

陈：现在，我们在道德评价上更加谨慎。但这当然不意味着善和恶的区别真的消失了。

周：对。但另一方面，就像您评论"《查理周刊》事件"的那篇文章当中说的，虽然您是愿意讲道理的人，但是面对有些情况，您得亮出你的肱二头肌，你得要斗争嘛。

陈：眼下能看到的是，西方社会的确面临种种困境，但是也还没有说就好像寸步难行那个样子，所以，说到西方，我关心西方社会怎么能够做一些比较根本的调整，从而能够应对新的世界格局，不要让曾经美好的东西很快衰败掉。尤其欧洲，欧洲以前又文明又有力，现在文明还在，力量够不够维持这种文明？

周：这是一个根本问题。

陈：当然，我更关心的是我们中国的现状和未来，我们面临不同的问题，虽然这些问题与西方的问题曲曲折折地勾连在一起。不过，这是另一个大话题了。

教育与洗脑

(2015年9月22日北京师范大学讲座稿)

我今天要讲的题目是教育和洗脑。我怎么敢在一所专门培养尖端教育人才的著名大学谈教育呢?不敢。我只是对照洗脑谈谈教育和洗脑的几点区别。

我们会想,教育是教育,洗脑是洗脑,把教育混同于洗脑肯定是不对的。的确不对,不过,两者到底区别何在,也不是那么容易想清楚,讲清楚。厘清两者之间的区别,近世以来变得越来越重要。现在常听人反对灌输,认为有洗脑之嫌,在传统社会,该教给学生些什么东西,分歧较少,因此,灌输不灌输就不是那么突出的问题,而现在,多元价值、多元文化的理念被广泛接受,个人的自由选择得到推崇。这是一个方面。另一方面,虽然过去的统治者宣扬的那一套意识形态也有洗脑的成分,但只到了最近百十年,一个政权才开发出如此强大的洗脑机器。所以说,教育和洗脑之间的张力,今天格外凸显。

让我们从洗脑说起。"洗脑"这个说法大家都熟悉,每个人都可以列举很多例子,从纳粹德国说到传销,从商家的宣传说到不同的政治主张,怒斥那些施行洗脑的坏蛋,嘲笑那些被洗脑的人,抨击可以很过瘾,大家听得也开心。不过,抨击嘲笑太容易了,倒可能妨碍我们思考。我今天想说的是,洗脑的问题有点儿复杂,值得我们多加思考,先不忙把这个那个说成洗脑。

洗脑及其与教育的区别

说到洗脑,大多数同学想必读过乔治·奥威尔的《一九八四》这部名著,即使没读过,也应该听说过这本书的主要内容。那是本小说,不过,离开现实并不远。我年轻的时候,有一个所谓"四人帮",他们建造起强大的宣传机器,这台机器编造历史,歪曲现实,日夜不停地给我们灌输一套虚假的意识形态,告诉我们说,中国人民生活得最幸福,世界上三分之二的人民生活在水深火热之中,等着我们去解放。大多数人信以为真,现在回顾,我们会说当时自己被洗脑了。听说,我们邻邦朝鲜的民众今天还是这么想的;我们会说,那是他们被洗脑了。

仅仅灌输一套虚假的意识形态是不够的,为了能够洗脑成功,同时还得屏蔽掉其他的信息,不允许异见出现,更不允许它传播。所以,这台宣传机器还要跟严格的审查制度配套,因为,很显然,如果民众有多种信息渠道,获得官方宣传之外的不同信息、相反的信息,他们就可以比较、甄别,就有可能怀疑被灌输的画面。

如果有人表达了异见怎么办?可以动用专政机器把他抓起来,或者,干脆从肉体上把他消灭掉。1966年有个叫遇罗克的青年,写了一篇《出身论》,反对当时的一幅红色对联,"老子英雄儿好汉老子反动儿混蛋",他就被抓起来,最后被枪毙了。遇罗克所讲的,现在只是很普通的看法,再说,"老子英雄儿好汉老子反动儿混蛋"即使在当时也不是正式的官方立场,可是,遇罗克还是犯忌了,因为他用自己的脑子想事儿,没有完全依照官方的口径说话,发出了一点点独立的声音。我想说的是，在宣传机器和审查机制背后，还要有赤裸裸的暴力。遇罗克是个可敬的青年，当然，他只是千千万万例子中的一个。

从遇罗克的例子看，洗脑包括三个要素：灌输、查禁、暴力。不过，从一个例子做概括，肯定是太草率了。例如，洗脑总有暴力支持吗？我们可以想一想传销，想一想集体自杀的圣殿教教徒，想一想自杀式袭击者，会觉得洗脑不一定总有暴力支持——那些欧洲中产阶级的子弟被洗了脑，跑去参加 ISIS，似乎并没有谁胁迫他。

那让我们看看别人是怎么界定洗脑的。在辞典里可以找到对洗脑的多种多样的定义。有些内容跟我上面的概括重叠，有的方面不一样，例如，这些定义都没有提到暴力支持。这里不重复这些定义，归纳下来，大致意思是：强行灌输一套虚假的观念。有的说法更周全，加上了"为自己的利益"：为了自己的利益给别人强行灌输一套虚假的观念。这个定义里面有三个关键词，一个是强行灌输，一个是虚假，最后一个是为了洗脑者自己的利益。我们今天的话题是教育和洗脑的区别。我们不妨对照这三条来展开我们的讨论。

先说虚假。洗脑要灌输给我们的，是虚假的观念而不是真理。教育的目的则相反，教育是要让我们获得真理。这是洗脑和教育的第一层区别。这好像是很重要的一条——要是洗脑的结果是给我脑子里装上了好多真理，即使用了点儿强制，洗脑似乎也还是一件好事。是不是这样，我后面会谈到。

再说第二条，强行灌输。"强行"的意思有点儿模糊，可能是指依靠暴力，不过，重点好像还是在"灌输"上，灌输本身就带着"强行"的意思。洗脑要把一套虚假观念灌输到我们脑子里，最常用的办法，就是开动宣传机器，不管你爱听不爱听，宣传机器不停运转。大家都听说过戈培尔有句名言：谎言重复一千遍就会成为真理。教育则不同，教育不是教师强加给学生的，学生是自愿自主的。教育不是自上而下的灌输，有些论者甚至认为，真正的教育应该是教师与学生之间平等的自由的交流。这是洗脑和教育的又一层区别。

第三条是"为了自己的利益"。纳粹的宣传为的不是德国人民的利益，为的是纳粹党自己的利益。再以传销为例，他给学员灌输传销多么多么有利可图，谁有利可图？首先是他自己，他发展了下线，他自己先就赚上了一笔，你会不会赚到，那其实不是他关心的事。教育就不是这样，我们教育自家的孩子，教育我们的学生，当然是为了孩子好，为了学生好。这是洗脑和教育的第三层区别。如果你接受我教给你的东西，我就明显会得到好处，你显然有理由对我那套东西保持警惕。丈夫教妻子三从四德，妻子信了，从此丈夫在外吃喝嫖赌，妻子低眉顺眼不说个不字。这时候，妻子很有理由怀疑三从四德这套道理是不是一套好道理。政府教我们说事事要以国家利益为重，然后呢，税叫政府收走了，房子叫政府拆掉了，讨个说法让政府给抓起来了，这时候，我们就很有理由怀疑那套观念对头不对头。我不是说女人贤惠不好，不是说国家利益不重要，但显然得有点儿什么跟这些东西配套才对，例如，国家利益重要，另一方面，个人权利也重要。

上述区别的疑点

虚假，灌输，为了洗脑者自己的利益，从这三个方面看，的确，教育都不同于洗脑。不过，我们要是多想一步，这三种区别，每一种区别都不是那么分明，都还有疑点。

就说强行灌输吧。这里的疑点是：一方面，洗脑不一定都靠强制灌输，另一方面，教育也有强行灌输的一面。先从教育这方面说。我们现在实行高中以下义务教育，这同时也是强制教育，家长不让孩子受教育是犯法的。教育也并不总是讲道理，很多东西直接就要求学生背下来。老师要求学生背这首诗，背这篇课文，这不是灌输吗？历史课、政治课，灌输的成分就更多些。灌输背后都有强制，背不下来就扣分，这就是一种强制手段。想想我们怎样教孩子弹琴，强制就更明显了，不待细说。你跟孩子说，你要么坐在这儿好好弹琴，要么上院子里耍去，十个孩子十个到院子里耍去。我知道，有些论者主张，真正的教育不可以是灌输，而是老师和学生之间平等的、自由的交流。这种主张，显得开明，而且政治上正确。我当然十分赞成我们的教育应该减少灌输的部分，增加自由探讨的部分，到大学阶段，尤其要更多的自由探讨。不过，教育不可能等同于自由交流。小学、中学就不去说它了，即使到了大学，师生之间也不完全是平等交流。我在别处就此说过几句，这里不多说，不怕俗气，我会说，要是平等交流，就不该让学生付学费，而老师拿一份工资。

从洗脑一方面说，它似乎也不一定都靠强行灌输。我们刚才说到一些欧洲青年，听了ISIS的一套宣传，几千人跑去参加圣战，没有人强迫，他们自愿跑过去。甚至说不上灌输，他们所在社会，ISIS那一套不是主流，他们要自己千方百计去了解。圣殿教教徒集体自杀，人们说，他们都被洗脑了，但他也不是因为受到胁迫才加入圣殿教的。

真实和虚假则是个更大的问题。我们也许会想，我们把四人帮那一套叫做洗脑，是因为它要灌输给我们的是一套错误或者歪曲的观念；而我们所说的教育，比如我们教给学生代数公式，教给他们唐诗宋词，教给他们弹钢琴，教给他们爱祖国，我们是在教一些正确的东西，美好的东西。大家已经听出来了，这个想法没能把我们带得很远。且不说家长会给孩子讲圣诞老人的故事，会告诉孩子她是从面包树上生出来的。这里的大问题是：应该由谁来确定真假好坏？张春桥也许会说，而且他也许真的相信，咱们都应该热爱江青同志，"文化大革命"就是好，就是好，就是好。伊斯兰国的头领会说，他们也许真的认为，把全世界都纳入真主的统辖是最最正确的方向。你也许会说，问题不在于他怎么认为，而在于客观上什么是真的，什么是美好的。也许是这样，但怎么区分什么客观为真什么客观为假，应该由谁来区分？这些问题太大，这里实在无法展开来讨论。战斗的唯物主义者坚持认为，基督教的一整套信仰和学说都是虚假的，我们是否因此就能认定千百万人两千年来的基督教信仰都是洗脑的结果？如果基督教信仰不是洗脑的结果，那么，圣殿教教徒是被洗脑了吗？自杀式袭击者是被洗脑了吗？

最后，再来看看"为谁的利益"这件事。我刚才举了些例子来说明，的确，如果你为自己得到好处来教我，我就有理由怀疑你在洗脑。我们教育自家的孩子，是为了孩子的利益，至少首先或主要是为了孩子的利益，而不是为了我们自己这些"教育者"的利益。但ISIS的洗脑就只是为了拉登们的利益吗？你恐怕不能这么论证——你说，自杀式袭击者被洗脑了，你看，他去袭击，自己死掉了，得到好处的是拉登他们。且不说拉登们所冒的风险一点儿都不少，而且，你还会想到狼牙山五壮士，想到在抗日战争主战场上牺牲的成千上万国军烈士。你要是把爱国主义教育、舍己救人的教育都说成洗脑，那么，除了市侩哲学就没有什么不是洗脑了。

上述区别的进一步思考

我不是说，洗脑和教育没有区别，而是说，要弄清这些区别，有可能比我们一开始想的要麻烦一些。我们现在试着再往下想一想。我觉得，要想得更深入些，需要把我们一开始提到的一些因素引进来，要把屏蔽异见、暴力支持这些因素引进来。

我们说到，教育难免有灌输的成分，不过，老师虽然规定了你必须学什么东西，他通常却不禁止除此之外你学点儿什么。换句话说，他并不屏蔽相反的信息和异见，不禁止你去参照比较，也不禁止你去琢磨这些东西背后的道理。你必须把这首诗背下来，但你去读别的诗，他不管；不管你懂不懂，你必须背住这个公式，但你偏要自己去把这个公式推演出来，老师并不禁止，多半还会鼓励。洗脑就不同了。我们说传销班是洗脑，一部分原因就在于它力图屏蔽不同信息。大多数学员是主动参加这种讲习班的，不是像拉壮丁那样把你拉进去的，不过，你一进了传销班，多半会被封闭起来，不允许自由出入，还把手机没收，不让你自由通话。我们刚才讲到，专事灌输的宣传机器总是和审查制度配套。

当然，信息自由流通的诉求是相对的。小时候，家长和教师会禁止我们接触暴力和色情之类的东西，即使我们已经成人，仍然有些限制，例如，很多民主国家禁止传播纳粹思想，禁止否认大屠杀的言论。信息流通需要受到何种限制，因时因地有多样的、严肃的讨论，人们的看法也很难完全达成一致，例如，我个人就认为至少不应当禁止历史学家对这些历史事件进行自由探讨，不过，我们很可以承认没有任何地方允许信息完全自由流通。你也不能因此说，看来大家都禁止言论自由，只是程度不同。程度不同有时是重要的区别。有一个成语叫"五十步笑百步",我总觉得不明白这个成语,比如两个人都有毛病,一个有鼻窦炎,一个得了鼻癌,你好像不能说,别管鼻炎还是鼻癌,反正都是病。

我们曾问道,爱国主义教育对谁有好处?这个问题也跟一个社会的信息自由程度相关。二战期间,美国和日本都提倡爱国主义,美国人和日本人也都很爱国。两相比较,美国人有相对较多的自由来接触各方各面的信息,他们相对比较容易了解这场战争的起因,有较多的自由了解到反战的思想,等等;不像在日本那种军国主义环境里,掩盖战争的起因和实情,禁止讨论政府的决定。就此而言,相对而言,美国的爱国主义观念里,洗脑的成分就少一些。不过,关于爱国主义教育,下面我还要进一步讨论。

我上面说到,用真实还是虚假来区分教育还是洗脑不是最好的角度。的确,一上来就争论谁是真的谁是好的,难免一头雾水。比较看得清楚的区分,在于是否屏蔽异见,而这恰恰是区分真假的一个先决条件。在受教育的过程中,我们一开始难免被灌输了不少东西,这些东西是真是假是好是坏,我们一开始不怎么清楚。但若我们有获取信息的自由,能够拿其他的东西来跟教给我们的东西做比较,就会慢慢培养起自己的判断力。大家都知道,教小学生学东西,强制的成分多一点,而且,不少东西,老师并不讲解背后的道理,就让孩子死记硬背,随着孩子长大,强制因素会越来越少,越来越依靠讲道理。为什么?很简单,他们长大了,懂道理了,有了自己的判断力。

一开始,是真是假,小孩子无法判断,只能依赖对教育者的信任。然而,当他们获得了一定的判断力,就能够反过头来判断一开始教给自己的那些东西是真是假是好是坏。一开始"灌输"给他们的东西是真的，是有道理有意义的，他们就对教育者更加信任，反之，他们就会逐步失去对教育者的信任。我们不妨把这一点概括为：回顾始知真假。是教育还是洗脑，我们往往不能只看当下是否带有强制来确定。等孩子长大了，知道的更多，眼界更开阔了，自己对好坏对错有了良好的判断力，反过来看当年，他会认可当时老师给他选的诗是比较好的，或者比较适合他当时这个年龄阅读的。他会看到教育和灌输之间的区别。他回过头看学钢琴的过程，哪怕记得其中包含相当的强制，也多半会理解这种强制。他这时候早知道根本没有圣诞老人送礼物这回事，但不会把这些想成欺骗。洗脑的情况就不同了——被洗脑的人一旦能够判断真伪，就会感到自己当年受了欺骗，不会感谢当年灌输东西的教师，甚至不能原谅他。

从教师一方面来说，他虽然有一套自己的课程，但他并不限制学生接触别的东西，这恰恰表明他自信他所教的是正确的知识、正当的道理。实际上，这种自信的一个突出标志就是，不禁止学生接触不同的东西、相反的东西，反倒鼓励学生时不时跳出他所教的东西。洗脑者却没有这份自信，他有可能在一定程度上相信自己所教的东西，但他显然不够自信，所以需要禁止你接触与他不同的那些东西。

这里还有一个更深的问题。你教孩子吃辣，他也许慢慢就喜欢吃辣了，教一个人喝酒，他慢慢就爱喝酒了。钢琴和数学也是一样，实际上，如果他将来成了数学家、钢琴家，一定是他后来慢慢爱上这个行当了。这是从正面说，如果从反面想，你教给他什么他就爱上什么，正是洗脑这件事最可怕的地方。如果洗脑足够彻底，你再也不改变被灌输的观念呢？圣殿教徒直到自杀前的一刻，可能仍然相信他的人生受到了正确的指引。这时候你就没有机会反过来再看看你受到的是教育还是被洗脑。极端分子直到在妇女儿童之间拉开导火索，仍然相信他正在为正义献身，那该怎么说呢？与此类似的还有大家都听说过的"斯德哥尔摩综合征"，他明明是受害者，结果他爱上了迫害者。你看着他受迫害好悲惨，但他即使了解到正常社会是什么样子的，仍然不觉得他那是悲惨。在极端情况下，事情的确会糟糕到无法挽回，不过，大多数情况下，我们也不必过分恐慌。公开说理可以引导当事人反思，引导他拿观念与现实对质，看到现实生活中还别有很多选择。这一点，下面还会多谈几句。

　　回顾始知真假好坏，也关联到"对谁有益"的问题。学钢琴是非常艰苦的过程，也许没有例外，学钢琴的小孩子刚开始的时候都相当抵触，但你长大以后，弹得一手好钢琴，成了莫扎特了，这时候你会感谢逼你弹琴的家长和严格要求你的钢琴教师。即使你没有在弹琴的路上走下去，你也能理解家长为什么让你学琴，你多半也能从学琴的经历中获得很多益处，例如培养了自己的乐感。加入传销团伙的学徒，到头来大多数会发现自己什么好处都没得到。事后回顾，纳粹主义对德国人民并无好处。

　　不过，"对谁有益"这个问题还有更复杂的内容。从传销的例子看，灌输观念的一方明显得了好处，被灌输的一方明显吃了亏。但并不是在所有事情上，谁受益都这么一清二楚。其中的一个缘故是，人生的好不是一种完全客观的东西，好像是无论你认识到还是认识不到，好的就是好的。对我好还是不好，固然不全是我的主观认定，然而，我们当下对什么是好的认识，我们当下的实际感受，也是生活得好不好的一部分。你女儿想报哲学专业，你坚持让她上商科，你认为学商科对她有好处。她上大学了，谈了个男朋友，你看了看，这男生不像是将来能挣大钱的，坚持让女儿跟一个有钱人家孩子谈朋友。当然，你是为了孩子好。但女儿不一定因此就过得好，她不在乎开宝马住大房子，她宁愿跟心爱的人共同生活。当然，你可能的确是对的，我们家长是过来人，我们知道，人在年轻时候比较浪漫，容易想入非非，等到结婚生子，就变得"现实"了，那时候，她才真正知道什么是好。好，就算你是对的，就算女儿十年以后会发现你当时是对的，你现在是不是就应该强扭着她照你的想法去做，仍然是个问题。你为我好，而且你是对的，但我并不因此就该事事照你说的去做。照我自己的想法去做，这也是我的好的一部分。私人生活是这样，公共生活也是这样。即使我们有一个关心民众福利的政府，即使这个政府的这些举措是对的，这些仍然不够，政府还有责任向民众解释，与民众商讨。

前面曾问道，要是洗脑的结果是给我脑子里装上了好多真理，洗脑会不会是件好事？不是。我是要真理，但我不只是要占有真理，我要的是追求真理从而认识真理，要的是我自己去逐步认识真理这样一个过程。或者反过来说，如果你自己并不追求真理，那么，即使真理落到你手里，你也不知道它是真理。何为真理的问题与你是谁的问题是连在一起的。教育的理想是举一反三，我有自己的理解和见解，才能举一反三，洗脑则相反，它要的就是消除你的独立见解，你所接受的东西里不包含未来自主生长的种子。

从事教育的长辈和老师当然是把他们认为好的东西，把他们认为正确的知识，传递给下一代。然而，同样重要的是，甚至更重要的是，我们希望培养学生的独立判断力，培养他的自由人格，希望他成熟起来，能够在他自己的时代里，依他自己的性情，去获得他自己的好，过上一种有充实意义的生活。至于什么是他的有意义的生活，则并不由教育者决定。依我看，这是教育和洗脑最根本的区别。

在这个上下文，是讨论爱国主义教育对谁有好处这个问题的最佳场所。我刚刚说，教育的一个重要目标，是让受教育者最终能够独立判断，什么是他真正要的好。教育是为受教育者好，然而，这不是像天冷了给孩子多加件衣服是为了孩子好，不像是买个手机是为了孩子好，教育为孩子好，归根到底是要帮助孩子逐渐成长，形成他自己的独立人格，能依赖自己的判断去选择自己的道路，去决定什么对他是好的。世上有种种可能的生活，其中只有一种是我选择的，或是我被抛入的，但我并不是被封闭在这种生活里面，我有所领悟地过着这对我唯一的生活。这种生活因此富有意义。这种生活富有意义，当然不见得在于我从这种生活捞够了好处。它富有意义，蛮可以是因为它富有创造性，蛮可以是因为它为别人带来好处，蛮可以是，像特雷莎修女那样，因为它充满了对不幸的慈悲。在极端情况下，也可以是，因为我为我钟爱的人，或为我的民族，献出了我的一切，包括我的生命。修道士过着清心寡欲的生活并因此而幸福，这跟朝鲜民众的幸福感不同，不是因为他看不见修道院之外的灯红酒绿，好像他一旦有了别种生活的可能就会立刻去过别一种生活。为国捐躯的壮士宁愿牺牲自己，不是因为他被洗脑了，而是因为他若临阵脱逃，他就否定了自己生活一场的意义。

暴力支持

一开始，洗脑的几个要素我们是分开来讨论的，但到后来，我们逐渐看到，是否灌输，真实与虚假，对谁有好处，屏蔽信息，以及我们还没有讲到的一些因素，它们是互相联系的。例如，我前面说到，要进行洗脑，屏蔽异见是很重要的，但是，若无其他因素协助,屏蔽异见的作用其实也有限。上世纪五十年代,有过一场知识分子的思想改造运动。你们可能读过杨绛的《洗澡》,对,当时不叫洗脑,叫洗澡。那时候,大多数知识分子的眼界并不十分闭塞,好多知识分子从前读过好多别样的书,了解别样的世界,不少还是从美国欧洲回来的。但思想改造运动还是获得了相当的成功。这部分是由于当时的知识分子总体上主动参与了这场改造运动。我认识不少这样的前辈,读过不少回忆录什么的,知道这些知识分子有很多当时的确抱有某种真诚投入这场运动,后来也多多少少真心诚意地接受了这种改造。早在前面几十年,受到种种思潮的影响,很多知识分子已经产生了深刻的自我怀疑,存着想要融入时代潮流、想要接近工农和广大人民的念头。

不过,自我改造的真诚愿望显然不是故事的全部。在思想背后,还有好多实实在在的手段。说得轻,你改造得好,你当了教授,当了主任,提了工资,收到高级会议的邀请信,你改造得不好就得不到这些。说得重一点呢,你改造得很不好,你拒绝改造,那你就会得到另一些东西,啥东西呢?我无须多说。

没有强权做靠山的主张,即使流于喋喋不休的宣传,也很难把它说成是洗脑。祥林嫂喋喋不休,是让人烦,但没人说她在给我们洗脑。前面提到过戈培尔的名言:谎言重复一千遍就会成为"真理"。我恐怕这本身就是一句谎言,因为它不提纳粹暴力机器的支持,没有这种暴力支持,那套宣传即使再重复几千遍恐怕也难变成"真理"。宣传和屏蔽异见是洗脑的明面,背面得有暴力支持。你要是不信他的宣传,你非要去打听你不该知道的事情,那里可有一套拳脚伺候。在洗脑过程里,无论出场不出场,暴力往往起到"压仓石"的作用。这就是为什么,说到洗脑,我们首先会把它和强权连在一起。

离开暴力,洗脑很难成功,即使成功,一旦暴力胁迫消失或减轻,洗脑的效果往往很快就挥发了。刀尔登最近出了一本小集子,叫做"亦摇亦点头",其中一个反复提到的观察是,他小时候,铺天盖地都是同一种意识形态,可是后来读到一点点相反的或只不过是不同的东西,脑子里原来那套观念挺快就瓦解了。你也许会说,刀尔登这个人比较聪明,智商比常人高一点儿。那就拿我自己举例吧。我比刀尔登大十几岁,在那套意识形态的环境里待的时间更长,接触到不同的东西更晚,但基本情况也差不了很多。例如,我从小听到的全部是斯大林怎么怎么英明伟大,可是才读了一本德热拉斯的《同斯大林的三次谈话》,原来那种观念就动摇了,一本不见经传的小书,怎么就让我开始信德热拉斯了,不信宣传了那么多年的东西了。这是为什么呢?

我们有时会有这样一幅图画,仿佛在观念之争中,这边是一套观念,那边是一套观念,两套观念都悬浮在空中似的,即使它们都为各自提供一套理据,这些理据也都悬浮在空中。可是我们并非只有观念,观念之外,我们还有个现实世界呢。这么说有点儿本末倒置,实际上,首先影响我们的,是现实世界。有些观念飘在空中,跟我们实实在在的经验没有什么联系,空空荡荡的,虚虚假假的,但是有些观念就不是那样,连在现实世界之中,它跟你的有血有肉的经验联系在一起。你一旦有机会接触这些比较实在的观念,原先那些观念往往就暴露出空洞、虚假。你开动宣传机器把你那一套灌输给千千万万的人,但若跟现实和经验相距太远,那你灌输这些东西不会有什么持久的生命力。观念与观念不同,有些观念是些空洞的、虚假的观念,有些则与现实有着紧密的联系。不过,关于这一点，我以前谈得比较多，今天只说这么几句。

当然，我并不是说，洗脑机制里真正起作用的是暴力。宣传、屏蔽、被洗脑者自己的愿望，这些也都是真实的因素。但我怀疑，去掉了暴力的因素，我们就很难全面地刻画洗脑机制。而且，暴力并非只在外部起作用，它还会跟机制里的其他因素产生化合反应。我们刚才讲到自我改造的真诚愿望，也许，只有联系于暴力才能更深入地分析这种真诚。我们并非所有时候都能把真诚与被迫、主动和被动分得清清楚楚。有时候，我被胁迫去做一件事，我讨厌人家胁迫我，我恨别人胁迫我，但在适当的条件下，我也许会让自己觉得，其实我不是被胁迫的，我是自愿去做的。不说别的，这里涉及我的自尊，自愿去做一件事情比较多一点尊严，被人胁迫去做一件事情，尊严就少一点。我不想再在这个方向上分析下去了，人性中有很多让人不忍深思的东西。

慎言洗脑

我们从好几个方面谈了谈教育和洗脑的区别。最后我还想说一说另外一个区别，那就是，教育者一般不讳言自己是教育者，接受教育的人通常知道自己在接受教育，也承认自己在受教育，但洗脑的情况却不一样，实施洗脑的，不说他在洗脑，被洗脑的人不知道自己被洗脑，也不承认他是被洗脑。我们现在回顾四人帮时期，把他们那一套做法叫做洗脑，那时候不是这么叫的，叫做思想政治教育。我们说朝鲜人民被洗脑了，这是我们的说法，不是他们自己的说法。如果他认识到自己被洗脑了，他差不多已经脱离了被洗脑的状态，就像梦醒了知道自己刚才在做梦。当然，有可能有梦里套着梦这样的情况，你从一层梦里醒来，其实还是在另一层梦里，就像在盗梦空间里。我们这代人回顾年轻时候，有人说那时自己被洗脑了，但谁知道我们现在是不是处在另一种被洗脑的处境里呢？推到极端，只有梦，没有醒，只有洗脑，没有教育。我今天不处理这种极端看法。

被洗脑的人不觉得自己被洗脑，洗脑这个说法是从外部加给他的，由此生出一种有趣的现象——你指斥他被洗脑的时候，他可能反过来指斥说，你这么认为，是因为你自己被洗脑了。一般来说，自由主义反对专制，主张自由教育，而洗脑通常发生在专制政体下面，由此，自由主义者通常对洗脑更敏感，对专制政府的洗脑机器更加警惕，但现在有人反过来指斥自由主义——你们反复宣讲自由主义主张，这也是一种灌输，这些主张本身也是被洗脑的结果，被西方意识形态洗了脑。这样说下去，只要有不同看法，就是有一方被洗了脑，或者干脆双方都被洗了脑。那当然就说不上教育和洗脑有什么区别了。

自由主义者像所有主义者一样，常常要宣传自己的主张，宣传起来，难免有点儿喋喋不休。我们每个人都难免想用自己的看法和观点去影响别人，只是程度不同而已，有些人影响别人的愿望格外强烈，有些人还有点儿教条，喜欢说教。但影响别人不等于洗脑。按照前面的分析，洗脑还要依靠屏蔽异见、暴力支持等多种因素。自由主义的一个基本诉求就是言论自由，信息流通自由。而且，从我们的现实情况看，自由主义者在我们这个社会处于边缘地位，本来没有禁止我们了解其他道理的实力，更靠不上暴力。考虑到这些因素，我们很难把自由主义的宣传说成洗脑。我们说纳粹政府对民众洗脑，因为它掌握着宣传机器，它有力量控制资讯，它有钱操纵舆论，在这一切背后，它还有实实在在的武力。把所有想影响别人的活动都称作洗脑，就抹杀了这层根本的区别。如果它没有这些，只是不断编造谎言，宣传歪理，那你可以起来批驳他呀。

如果自由主义者宣传自己的思想不算洗脑，那么，男尊女卑观念呢？忠君观念呢？圣殿教呢？很多观念，在很长时期内是主流观念，在我们看来，它们却是错误的，甚至是恶劣的，但仍然，当时的人们不是因为被洗了脑才持有那些观念。总的说来，这样的观念都与当时的特定生活形态相联系，与当时人们对其他事物的理解方式相联系，而正是由于这样的联系，有些观念不管怎么错误，都不能说是洗脑的结果。谁又敢说我们自己的观念那么正确，不会被后人视作愚蠢乃至恶劣？实际上，一种观念只要在相当多的人之间有相当久的传承，它就不会是洗脑的结果。事君如父不是斯德哥尔摩综合征，对这种观念的解构来自一般的观念批判而不是来自心理治疗。不管你怎么反对忠君观念或男尊女卑，把它们贴上洗脑的标签都是胡来——你通过审慎的研究发现其中有洗脑的因素则自当别论。这些观念是错误的，但不是没有道理的，这是说，它们曲曲折折地连通到我们的道理上，并因此，我们虽然拒绝接受它们，却有可能理解它们。

不消说，我们无法在传播某种怪异观念和洗脑之间划出明确的界线。就拿圣殿教来说吧。它好像不是靠暴力支撑的。不过，它的确采用屏蔽异见之类的方式，像传销活动一样，这种封闭性也多多少少要依赖暴力。在公开说理的环境中，它的洗脑力量就会减弱。我不是说公开说理总能说服圣殿教的信徒，但若如此，我们就需要更全面地研究圣殿教这类现象，也许，圣殿教的教义，并不只是一派荒唐，其中也有值得我们思考之处。

总的说来，我会建议我们要慎用"洗脑"这个词。尤其是，凡在我们看不见暴力的地方，我们就不要轻易把不同意见说成是洗脑的结果。不要因为别人的立场和做法显得荒唐就指斥他被洗脑了。朝鲜民众以为他们那种穷困的日子是幸福生活，这在很大程度上可能是洗脑的结果，因为在朝鲜，大多数外部信息是被屏蔽的，支持这种屏蔽的是巨大的暴力。但一位修道士认为，有汽车有洋房算不上幸福，真正幸福的是一心事主，因而甘心情愿去过我们都不愿去过的艰苦生活，虽然他的想法和做法跟我们绝大多数人不一样，你也不能说他是被洗脑。即使我们面对的是极端的事例，我们仍应慎言洗脑。例如，日本空军驾飞机去撞美军的军舰，这被说成是，日本军人都被洗脑了，其实，神风敢死队那些年轻队员有不少相当有头脑，对世界也有相当全面的了解。再举一个极端的例子：自杀式袭击者。这里大概有一些洗脑的成分，但我个人不认为他们的所作所为能用"洗脑"一言蔽之。当然，我同样认为自杀式袭击者错误，愚蠢，罪恶。我们为什么不直接说针对平民的自杀式袭击是错的，是犯罪？然后去分析它怎么错了，为什么那是罪恶，此外还要探究他们自己所具的信仰，所持信的道理。径直把什么什么说成"洗脑"，这来得太容易了，往往妨碍我们对某些极端事例的深入理解。一旦给某种做法贴上"洗脑"这个标签，你似乎就不用再对他的所作所为以及这些做法的根源进行细致的探讨分析了，我们在不经意间放弃了对这些事情进行严肃思考和深入理解的责任，结果，我们本来就已经相当稀薄的智性生活就变得更加浅薄了。

结语

今天讲的,密度有点儿大,如果哪位觉得没有跟上,那肯定不是你的错。但我希望,也不全是我的错。毕竟,这个话题我反复思考了很久,你可能刚刚来思考。而且,我远谈不上系统的研究和界说,很多问题,只是开个头,背后还有很多问题可以深究。你要是这里那里听到某一点觉得还有点儿意思,能够启发你自己去更深入地思考,那我就非常满足了。

行之于途而应于心

（2015 年 12 月 2 日周濂为《南方人物周刊》就《何为良好生活》采访）

周：今天想跟您谈谈您新近的这本书，《何为良好生活》。您以前有做"哲学三部曲"的计划，第一步做本体论和知识论，第二步做伦理学和政治学，第三步做艺术论。您是不是觉得伦理学这部分内容基本已经做完了，还是说有些话依旧没有说完？您还打算写政治哲学或艺术哲学吗？

陈："哲学三部曲"的想法，记得那话是你跟陆丁、陈岸瑛几个采访我的时候说的。大概是 1995 年？那时回国还不久。回国之前跟胡平聊天，我说，觉得自己可以回国了，可以给人上课了（笑），感觉有值得对年轻人一说的想法。你们那次采访，在我印象中是最成功的一次采访。你们问到我的工作计划，我并没有一个清楚的计划，只是觉得大致会这样展开自己的工作。不过一晃二十年了，想法变化很大。一个变化是，我越来越感到，对写书不满多过满意。对写书一开始就有点保留，现在更甚。

周：您的意思是写书本身是不是有意义或有价值？

陈：我不能说完全没意义吧，书出了能卖出去，有人读，我也挺高兴的。但一本一本出书，自我感觉不是很舒服。好像更愿意潜心读书、思考，跟二三子探讨探讨。

周：但您还是会希望达到更广大的读者吧？

陈：但的确不想要从前那种写法。哲学是一种贯通的努力，所以，一写书就难免求全，不像我们平常讨论问题，有厚实的默会理解作背景，在一点两点上深入，生动。也许应该更集中在一个特定的 topic（话题）上，从这个 topic 出发并始终围绕这个 topic，通过深入这个话题达到贯通，而不是把想得到的事都包括进来。现在的书和文章太多了，无论什么话题都很难把已有的议论都照顾到。亚里士多德读了多少书？孔子读了多少书？我们面对的知识存量、学说存量太大了，贯通的方式不得不改变，话题窄一点，把你的理解都体现在里面。

周：对，其实就是找一个小样本，但这个小样本"麻雀虽小，五脏俱全"，我把它做深了、细了、具体了，然后把它作为一个典范，以典范的形式来体现普遍的道理。

陈：是这样的。有些书要求全，比如说植物志。当年我写《海德格尔哲学概论》吧，当时国内还没什么人读海德格尔的书，但大家都想知道海德格尔，写一本概论，介绍他的哲学思想，加上一些我自己的想法，不妨写得"全面"些。像《何为良好生活》《说理》，就不适合。如果再出书，多半会论题更集中、篇幅更小，不再是三部曲四部曲那样的构想。

周：但是我读您的《何为良好生活》，其中有一个关键的说法恰恰就是"伦理学是有我之知"，正因为有这个"我"在其中作为主要的视角，就不需要成为一个客观的、中立的旁观者，把每个人的视角都摸索一遍。所以在这本书中，我们能看到"抽象之理"和"个人的特殊体验"的结合。换句话说，如果您对伦理学的判断是正确的话，把伦理学本身写成一本书似乎并不成问题？

陈：我本来希望把抽象之理跟我们这一代人的特有伦理经验更切实地结合起来。高头讲章式的伦理学我不爱读，当然也不愿写。可惜我觉得有不少深层的感知和困惑我没能把捉住。

周：其实我是想说，您这本书肯定不是西方意义上的理论，然而也不是道德说教，也不完全是穷理，至少不是在穷普遍的、抽象的理，而是跟一个特殊的"我"相关的情理。在我看来，这种与我相关的穷理之作，会面临着一个小小的质疑，它是如何同别人的情理勾连在一起？您刚才说应该把它再写得实一些，把自己的关切表达得更清楚一些，但这样一来会不会导致与他人的勾连也就更困难？

陈：这里可能有个挑战，但不能从迂腐的普遍主义角度来理解这个挑战，仿佛我们要做的是把特殊的经验上升为普遍的道理，这样就人人都可以理解了。我们能读懂一个诗人，以前流行的理论说，因为他表达了普遍的人性，那实在是浅陋的理论。好诗始终在表达别具一格的感知和经验，他表达得生动有力。我们读诗，不是要去了解诗人都有哪些特殊经验，仿佛出于好奇；我们受到指引，引导自己也更加生动地感知世界。我不相信伦理学理论，因为这些理论做得好像跟他的特殊经验无关。个殊经验的确会带来理解、沟通上的困难，作者要善于培养一些突触，读者也要努力，把自己的经验跟作者的经验连通起来。这种理解有远有近，不是像理论设想的那样，普遍的道理讲明了，人人理解的都是同样的道理。作者在自己的经验上延伸出一些道理，他为读者提供了一个范本，读者学会怎样基于他自己的经验明白一些道理，他们就这样通过这些道理勾连起来，形成论理层面上的对话。仍然，这种勾连可能是密致的，可能是疏远的。

周：您在这本书中谈到一句很有意思的话："我该怎样生活这个问题不仅是人生道路之初的问题，而且更是贯穿人一生的问题，这个问题主要不是选择人生道路问题，不是选对或是选错人生道路的问题，而是行路的问题，知道自己在走什么路，知道这条路该怎么走，我们是否贴切着自己的真实天性行路。"我的疑问是，我们是怎么知道自己的真实天性的？在我看来，真实天性恰恰就是在行路的过程中，在选择行哪条路的过程中，逐渐去"发现"的。甚至"发现"我都觉得用得不好。您后面也谈到本性是有待于在盘根错节的实践中，逐渐向我们清晰"呈现"的。但是无论"发现"还是"呈现"，这些说法都暗含着有一个本性就在那，但本性也有可能不在那，它是被塑造的。

陈：我肯定同意本性是在实践的过程中不断被重塑的，没有三岁看到老那回事，突然出现一个极端情境，你可能以事先完全无法逆料的方式作出回应，而你对一件事情怎样回应，这会影响你对下一件事情怎样回应——这包括你上一次回应为你造成的"社会形象"。是不是有哪些段落让人以为本性是实践之外的某种现成的东西？那有可能表述得不好，但也可能只要用到"本性"这个词就会产生这个麻烦。但即使如此，这个词还是要用，哪怕冒点儿危险。整个这段话的大致意思你也清楚，的确不是想说我有个本性，一些道路在我之外，我依着自己的本性去选择其中一条道路。倒不如说，他已经"被抛"上一条道路。反正，只有已经走在路上的人能体贴他的本性，而这个本性已经跟他所行之路有某种牵连了。

周：对，我觉得这里就说到一个关键之处。伦理学是有我之知，这个"我"肯定不是一个无所依傍、原子化的个体，"被抛"是一种过强的说法，相比之下我更喜欢海德格尔的另一个说法，此在始终是在世界之中的。我们当然都是在处境当中有所选择，与此同时，我们也就一定没有被环境彻底决定。我理解您是要把选择的位置放低，但我觉得有点放得太低了。我理解您整本书想要讲的是，我们的实践是要坐落在传统之中的，这个传统或是脉络赋予我们实践以意义和目的。虽然您也承认传统是变动的，但是您这个变动性不是那么大，但恰恰是这过去的一两百年，我们处于一个剧烈变动的、传统彻底被打散的"三千年未有之大变局"，由此选择的意义就被凸显了。在这样的处境下面，如果仍然坚持您所说的选择的标准依然坐落在传统之中，我就不知道指的是哪一个传统。

陈：的确，老传统都破碎了，我们很难把自己认同到一个现成的传统里去了——硬去认同有点儿矫情，但在我看，我们因此需要格外下力认清自己身在何方。你可以说我把选择的位置放得太低，但要我自己说，我想说的是站在外面选择和身处其中的"选择"。我们说一个跟政治离开比较远的例子。一个姑娘上婚姻介绍所找她的白马王子，她能做的无非是比较各个候选人的各种条件，然后做出选择。但结婚十年以后，情况就完全不是这样了，她不能总是拿她的丈夫跟别的男人做比较，然后不断选择。道理很简单，早先她还没有上路，现在她已经走在路上了。当然她可能再次面临选择，比如说丈夫家暴，或者她碰到一个让她特别倾心的男人，但这跟她站在婚姻之外的选择完全不同——她上婚姻介绍所那时候，如果知道这个男人家暴，她根本不会把他当作一个选项。现在她已经被卷入了这种共同生活，她无法站在这种共同生活之外去做选择。

周：比如说是同床异梦还是夫妇同心。

陈：私人生活如此，公众生活也会碰到这种情况。比如说在1937年前后，有为青年会在国民党和共产党之间选择，这里且不说其他的选择，比如出国留学。这个选择当然非常关键，从后果看，不同的选择会让你在此后几十年里的生活完全两个样子。但是，在他做此选择之际，他的人生还没开始呢，他怎样建立他的政治品格，他怎样一桩一桩应对日常生活和政治生活的挑战，怎么挣扎怎么做事，那都是做出选择之后的事情。还不大像刚才说到的女士，他甚至没有"离婚"的机会，而只能考虑怎么把不得不过的日子过好。

周：我知道您的意思。但我们也经常会说"日子过不下去了"。我觉得对于社会政治来说，包括人生也是这样子，不是说第一次选择之后就没得选择了，最重要的恰恰是我做了一次选择，然后经过非常痛苦的反思、挣扎之后，认识到第一次选择是错的，我依然有做出第二次选择的能力、机会和权利,这才是重要的。您现在强调的是,我做了第一次选择,然后日子基本上就得硬着头皮过下去,但我觉得现代生活和古代生活很大的一个不同,就在于社会、国家、法律保障你拥有第二次选择的权利,并且要培养你第二次选择的能力。比如说,我作为一个宗教家庭出身的人,一出身就被父母受洗了,在古典社会的话,我这辈子只能把这条道走到黑了,但事实上,现代的我们意识到,日子可以不这么过。

陈:你说的这些我也同意,但你我至少在侧重点上不一样。在我听来,"选择"更多是站在事情之外来说的,仿佛个人站在生活之外,选择他进入哪种生活。一个人小时候受了洗礼,从小就是基督徒,他为了某些缘故决定放弃基督信仰或改信别的宗教,把这说成选择恐怕太轻了。你逃离日占区,考虑是去延安还是西安,这时候你在做选择。你到了延安之后,发现延安不是你所想的,比如王实味,但这时,改而跑去投奔国民党并不再是一个明显的选择。通常,即使他发现共产党不如他所想,他也是在共产党内部去努力,或去顺从,或去改善,或去批评、反对。

周:我觉得这就是我和您稍微有些不同的地方,我始终认为退出权很重要。当然这个权利一生之中不能使用过多,使用过多的话,你可能就是一个不负责任的人,但如果说你一次都不使用,也许也是一种不负责任。而我觉得一个良好的生活,或者一个良好的社会,应该会让人在郑重其事地使用退出权时,代价不是那么大。

陈:是,现代社会使得退出权变得更容易,代价更小。比如旧时候人安土重迁，我是个陕北人，明知道广东收入高，却仍然守在陕北。不仅是观念在起作用，还因为社会结构和社会体制，一个人的生活在很大程度上依赖于家族和一个社会网络，反过来，为家族服务也是他的生活目的与生活意义所在。在现代社会，我们可以相当轻松地退出婚姻关系，甚至退出家族关系。选择观念的流行依托的正是这个大背景。我对选择观念的保留也是针对这个大背景而发。我认为选择观念的流行遮蔽了生活中的另外一面，这一面有深刻的内容，今人感到意义流失，部分地在于不去体察这些内容。

周： 您这本书的副标题是"行之于途而应于心"，如果仅仅"行之于途"，那就是所谓未经考察的人生，所以，必须要有所觉醒地"应于心"，那样才是一个经过考察的人生。我读您的这本书，有一个很强烈的感觉，你这个良好生活的提法，虽然不那么着眼于极端的处境，但它对于人的心性要求是很高的，它并不是一个对"中人之资"的要求。这当然是因为本书深深烙有您的特色，就是所谓的有我之知，但是一本有"陈嘉映"之知的著作显然不是一个"中人之资"的人所能够追随的。

陈： 我想我已经再三说明，何为良好生活并没有一个对人人有效的答案。但我相信很多很多人会自问这个问题，并且通过与他人的交流，通过阅读，更好地理解何为良好生活，以自己的方式实现自己的良好生活。我们互相学习，并非谁追随谁。

周： 您在谈良好生活时，历史维度是很明确的，也很强调实践的传统。但制度的维度好像并不是太突出。我的意思是，如果把制度的维度引进来，您的这本书也许会有另外一种呈现方式。

陈：良好生活肯定与制度有联系，简单说，我们都承认，好的制度给人带来好的生活，否则怎么说它是个好制度呢？但恰恰因此，良好生活似乎要独立地得到刻画——得先知道什么是良好生活，才知道一个制度是不是好制度，是不是有助于人们实现良好生活。这样想下来，政治学就是伦理学的延伸，而不是反过来。如果好生活就是人均 GDP 最高，事情就会是这样，判断一个制度是好是差就很简单。然而，如果良好生活离不开德性，事情就比这复杂，用亚里士多德的话说，青年人若不是在正当的制度下面成长就很难培养成具有德性的人。这样一来，人们的伦理生活与制度就有一种内在联系，这就要求联系着制度来考虑伦理。但这该怎么谈恐怕会困难很多，就像你说的，那样呈现出来的会是另一种面貌。亚里士多德的伦理学直到最后才提了一两句法律和制度。让事情变得更加复杂的是，在不同的制度下面，在不同的处境里面，要求不同的德性。比如，反右之后的知识分子一声不敢吭，到八十年代，知识分子、青年学生意气风发，什么话都敢说，但我们不能简单说五六十年代的知识分子是软骨头。

周：这还是有点吊诡的，在严酷的政治环境下，对人的品格要求会很高；而在一个更加优裕的、轻松的、easygoing（好相处）的制度环境之下，对人的品格要求反倒没那么高。正因为淡化制度的因素，所以读完整本书，我感觉您对个体的德性、对个体所承担的责任的要求会特别高。所以很有意思的是，您一方面在反复强调，人是在世界之中的，他的选择或是生活都是跟传统、环境勾连着的，但另一方面，我读下来的感受是，好像你其中描述的人是一个特别超拔的存在，因为您是不需要制度来保障这些东西的。而作为庸人，我们其实是希望把很多的东西托付给制度、政府，而不是凭一己之德去建立良好生活。

陈：我们都知道个体生活是与政治环境、社会环境连在一起，但怎么在伦理学视野里呈现这种联系还有待更多考虑。你想想亚里士多德明确地把伦理学和政治学这两个学科连在一起，但他在伦理学里并没有多谈政治学的内容。

周：比如，塞内加在尼禄的治下想要过一个德性的生活，就只能践行斯多葛学派的哲学。

陈：庄子也是这样。他明显感到了当时的政治极度黑暗。

周：所以当我读到您点题的第六章第九节"良好生活"时，对其中的一段话特别有感触，您说"不敢引用狄更斯的那句名言，说什么我们的时代是最坏的时代也是最好的时代，我只敢说，不管好坏，你生存的社会就是这个样子，你要是有心好好生活下去，就得在这个社会现实里建设你自己的良好生活"，然后你加了一个破折号，"毫无疑问，这种建设包括批判与改造。不过，我们仍应留意，不要让批判流于抱怨，尤不要因袭于抱怨而放松自己、放纵自己。说到底，并没有谁应许过送给你一个良好的社会环境"。我觉得这段话很丰富，完全可以展开来谈很多东西。为什么有心好好生活，就得在这个社会现实里面建设你自己的良好生活？我们为什么不能想象和建设另一种形态的社会现实,由此过上良好生活?当然您也谈到了批判和改造,然后您又说到"不要让批判流于抱怨",这我完全同意,但我们要问的是在什么意义上我的批判不是抱怨?这当然就涉及对制度本身的一个评价。我自己之前写过一篇文章,叫做《嫉妒、怨恨与愤恨》,就是想把制度分析与人的道德心理分析结合起来。"不要因袭于抱怨而放松自己、放纵自己……"当我们这样去说的时候,就必然要把制度的维度拉进来,才能够把这话说圆,否则就纯粹是个人心性的修炼。所以制度德性和个人德性必须要形成一个完整的叙事,单讲任何一面都是不够的。

陈: 若不深说,批判和抱怨的区别还是挺明显的,批判总是含有建设性在内的,这包括,超出个人得失好恶。努力建设另一种形态的社会,这当然可以是一些人实践其良好生活的方式,但你似乎在建议非如此不足以谈论良好生活。至于好制度与优异心性的关系则复杂多了,至少不能简单说,在一个好的制度下,人有更高的心性。

周: 反而有可能心性会更差。因为你如果把过上良好生活的希望更多地放在制度上,在某种意义上是放弃了个体的责任。但另一方面,再良好的制度也不可能确保每一个个体一定就能过上良好的生活,因为中间有太多的偶然因素,人有太多的幸与不幸。

陈: 现在我们设想的那个良好制度的确是想要减低个人的这种责任。现代制度倾向于让个人的努力变成按规则出牌的那种努力,这在一般意义上不需要心性上的努力。这跟古今社会结构的不同有关。从前的社会从根本上来说是分层的社会,所谓德性只是就精英阶层说的，而现代社会是民众社会，人们不大说德性，更多说道德，道德这个概念天然含有普适的含义。谈论智愚、高下、精英群众的区别很可能在政治上不正确，但这些区别当真从人的观念中被除了吗？这里又有伦理言说的一些难点。

周：还有一个问题，您觉得您过上了良好生活吗？

陈：我提良好生活，和一般意义上的幸福生活是非常接近的，但我在书中也提到了，我主要把"良好生活"看作希腊词 eudaimonia 的译名，它和幸福生活的主要不同点在于它包含了"有所作为"的维度，而幸福更多地是从一个人所安享的状态而不是从他的作为来说的。所以我说，少有所学，壮有所为，老有所安，这是良好生活的全景。希腊人是从这个全景来看待 eudaimonia 的，是将你的一生考虑在内的，我的生活还没结束呢。

周：亚里士多德特别强调过，不到最后很难说有没有过上良好生活，梭伦也是这么说的。不到盖棺，不能论定。

陈：从有所作为的角度来考虑事情，一个人自己的视角一定与他人的视角不同，他不是在考虑自己过的生活是不是良好生活，而总是考虑自己要去做什么，不妨说，总是从欠缺的方面去考虑，哪些事情，自己该做也能做，却没有做到。我们很难摆脱对自己的不满，很难摆脱失败感的纠缠。不过，老有所安，也许我到了老有所安的时候了。

召唤爱思考的人来一道思考

（2016年6月2日与青年教师、学生关于《何为良好生活》的座谈）

陈老师之前是做挺多像语言哲学、分析哲学这种东西，怎么会想到专门写一本书来讨论这个伦理学专题——何为良好生活？

伦理学的问题我相信几乎所有好思考的人都会关心，就我个人来说，我认为伦理世界本来就是哲学思考的主要议题，当然，这些思考会带向各方各面，比如，一个重要的问题是伦理世界跟物理世界有什么不同，为什么物理学能够达到所有人一致的看法，能够不断进步，而伦理学却显然不是那样。我用了几年时间去集中思考这个问题，最后写了本《哲学·科学·常识》。我的工作通常只有个笼统的方向，没有一个规整的计划，随着问题走到哪儿，就在某些问题上集中做上几年，大概是这样。

"何为良好生活"这个题目本来是出版社报选题的时候用的，这类题目一般是犯忌的，前两年读了一本特里·伊格尔顿（Terry Eagleton）写的《人生的意义》，他一上来就解释自己怎么竟用了这么个题目。出版时我不想用这个题目——这本书讨论伦理思考常会碰到的一些概念，并不是要给"何为良好生活"这个问题提供一个答案。编辑强烈建议用这个书名，我觉得也可以，归根到底，伦理思考要回答的是何为良好生活。

这不是说我们会得到一个对人人都有效的答案。传统社会有主导的观念，但即使在那时候，其实也没有一致的回答。今天当然更不可能。不过，你我的观念不一样，不等于你我无法来一起讨论何为良好生活。

您讨论快乐、幸福、良好生活，这些概念都跟古希腊的概念连着。您能阐释一下这些概念在古今的区别吗？

书里说明了，"良好生活"差不多就是希腊人 eudaimonia 的译名。这个观念跟我们所讲的快乐、幸福都有关系，但是不完全等同于快乐幸福这些。例如 eudaimonia 比较侧重品格、德性，这些东西跟人的作为联系在一起，幸福则更多是讲享有一种状态，幸福的童年、幸福的晚年。再如，古代人大体上不会把幸福快乐之类当作一种纯粹主观的东西，你过得人人都觉得一团糟，但你说我自己觉得很幸福，这就够了，在古代大概会是非常奇怪的说法。总的说起来，近代人一方面追求一种更彻底的客观，物理学那样的客观，另外一方面——恰恰跟它追求这种彻底的客观性相应——他会把幸福看作是纯粹内心的、主观的东西。

今天，我们或许常会有一种感受：有各种各样的外部力量，从四面八方挤压着我们的个人生活，我们却往往说不清这些力量到底源自哪里，感受到的更多是一种无力。现代人之所以乐于强调幸福是一种"个人感受"，会不会也是由于这样的无力感所激起的自我保护反应呢？我们所能做的似乎就剩下调整一下自己的感受，整理一下自己的心情了。

你说的我很同意,我们的想法在很大程度上来自我们的实际处境,不过,我们的观念跟我们的实际处境之间的真实联系往往被遮蔽着,需要通过反思揭示出来。否则,我们的自我认识就形成了某些虚假观念,不是自家体会出来的,只是些人云亦云的流行观念。幸福只是主观感觉我认为就属于这一类流行观念。实际上,我们无法只靠调整一下心情就变得幸福。人们实际上也并不满足于这样只守着自己,我们要跟身外的什么东西连到一起,连不到具体的东西上,就连到很遥远很普遍的东西上,国族主义,或者更加普遍的,共产主义、普世道德等等,把自己连到一个大的观念那里,我们就觉得自己的生活有意义了。这种感觉是虚幻的。能不能区分出什么是实实在在的意义,什么是虚幻的意义,这得就着具体事情细说,但从平常眼光看来,你跑到街上起哄,去砸日本电器去烧日本汽车,并不当真给你的生活带来什么意义。

你把观念的各种来源看得更清楚些,有助于我们的自我认识变得更加切实,做事情会更切实一点,或者更明智一点。在反思这些事情的时候,我个人觉得古代人比较朴实,近现代哲学家倾向于把自己的思考做成一个一个大的理论,我个人从那里学到的东西更少。一般人他忙着做事情,做事情的时候他只看身边有些什么,当然满眼都是当代的东西,我们读书人不做很多具体的事情,可以多去了解一点儿古代的东西,把这些东西讲给大家,会有益处,有助于我们跳出眼下,用更广阔的视野来思考当下的生活。

大家躲回到自己的生活里,来追求这样一种个人的良好生活,这个跟犬儒主义是不是也有一定关系?

这里提到 cynicism 正对头，这正是希腊化时期兴起的。在希腊城邦盛期，个人与共同体的关系总体上是积极的，一个人有作为，大家都能看到，他的作为会对公众生活或者说城邦生活有点影响，有时候一个人的勇敢和明智就可能影响城邦的兴亡。忽然，亚历山大建立起茫无涯际的帝国，个人面对的是茫茫的世界，一方面他们是世界公民，另一方面他们是原子式的个人，他们退回到自己内心，从最贴近的内心处，或者从远处，从最远处，去汲取生活的力量。我们现在身处其中的世界那么巨大，个人变得那么无能为力，希腊化时期就有点儿像是这样。那个时期兴起的思想潮流，不止 cynicism，还有伊壁鸠鲁派、斯多葛派、普罗提诺的新柏拉图主义，都跟城邦全盛时期的主导观念有很大不同。

顺便说一句，本来，cynics 是些有坚定执守的人，不是现在所谓的"犬儒"。世人推崇的东西他们看不上眼，后来变得有点儿玩世不恭，转变成"犬儒主义"——没有什么要坚守的，好像对什么都不恭，其实，对自己有好处的事情他恭敬得很。

您说借助古人的视角来重新理解现代人的生活，但古今生活那么不一样。

在实际生活上，我们的确无法模仿古人，我说的是思想资源，帮助我们从更广阔的视野上看待自己的生活。

古今的差别多方多面，其中有一条我觉得特别值得提到。古人一贯区分 the few and the many，区分上人下人。如果我们把"生活的意义"这话投射到古代，那我会说，在古代人眼里，只有少数人或者说精英人群的生活是有意义的。当然，精英也会关心老百姓，那说的是怎么照顾好民众，关心老百姓的福利，关心的不是老百姓作为精神主体有什么意义，芸芸众生，好好过日子就行了。这种关心不是从大众的视角出发的，夸张点儿说，这种关心有点像我们现在谈论动物福利、动物权利——关心动物是好事，但要把这说成是"动物权利"我觉得有点儿忽悠了。现在不同了，我们这些芸芸众生都觉得有个自我，都觉得要寻求生活的意义，需要一种精神层面上的生活意义。这是一种新的诉求。

对 the few 来说，他的存在有意义，主要在两个方向上，一是建功立业，为共同体做出杰出贡献，一是精神创造。The many 呢？做不到这些。老百姓也要生活得有意义，跟精英的理想不是一回事。我们普通人本来过的是日常生活，精神上的诉求也要在日常生活里得到体现。从前的日常生活围绕着家族，你要光宗耀祖，你要子孙出息，这就是意义；你要是家里老大，上上下下的事情都要管着，一步都不敢走错，你生活可有意义了。在岁数比较大的人那里，现在你还能遇到这样的人。但总的说来，家族已经解体了，有论者主张恢复儒家传统，恐怕只是纸上谈兵。一个替代物是爱情，不知道你们注意到没有，在今天的话语系统里，爱情是顶尖的价值，差不多相当于绝对命令，只要事出爱情，错的也是对的。男女之间本来是私情，我觉得这里也有某种虚矫的东西。

陈老师，您讲到古今之别，是不是也会有某种相通的东西贯穿在古今之间呢——一个人要有一种良好生活，他的世界就不能过大，也不能过小。"帝国"这种大规模的共同体，即便它是相当实在的，我们的良好生活似乎也不太可能在这样一种规模和层次上达成，因为它超出了我们任何个人能够触及的范围。但要缩回到一颗孤独的心灵，似乎也不行。我们真正需要的，是不是一个适当规模的生活共同体呢？在今天的时代，我们所期望的似乎更多是一个生活圈子：在这个圈子里，我们找到我们生活的出路。

一个亲密的朋友圈子。中国人本来比较注重私人朋友，朋友圈子寄托了我们好多东西。不过这里所说的共同体是带有政治意义的共同体。但什么是政治共同体呢？也许在现代条件下，我们需要对"政治"重新理解。

伦理（ethic）这个词源自 ethos，它最早是居所的意思。伦理跟你的居住是联系在一起的。对希腊人来说，城邦那个居所是很自然的，是人从出生就被赋予的。现在对我们来说，我们该怎样给自己建立一个寄托生活的良好居所？

我们不再有自然的居所，不夸张，我们每一个都属于"流动人口"。这肯定从根本上改变了现代人的伦理。

您说到 the few and the many，实际上我们今天都属于 the many。

这也是我想说的。古人区分上智下愚，那些著书立说教给我们道德文章的，是上智，他们是从 the few 的眼光来看待社会和社会生活的。古代哲人是 the few，一个民族，即使在思想学问的全盛期，也就那么几个人称得上哲人，他教导 the many 应该怎么做。今天咱们有成千上万哲学工作者，the many，far too many。我们今天的思想者自己是个小老百姓，可有些人仍然把自己想象成 the few 里的人物，宗师似的，有些中国施特劳斯派好像就是这样，但我一看，论出身、品性、学识，他跟我差不多，也是 the many 里的一个。结果，他自上而下地来教导我，就显得蛮奇怪的。

您真的不希望自己获得更大的影响力吗？

是啊，是啊，影响力。在美国，有几个宗教领袖天天上电视，有大批信众。要这样的影响力干吗呢？教给民众什么是最道德的？哲学，尤其今天的哲学，不是宣教式的，不是上智向下愚宣教。我们之所求，首先不是让别人明白，而是求自己明白。有好多人懒得思考，或者，工作太忙没有闲暇思考，他们等着有人来宣教。的确有这样的社会需求，那就让别人去满足这种需求。我一向希望哲学有更广泛的社会作用，但无论怎么广泛，它都只能达乎那些本来愿意思考的人，希望参与对话的人们。要是没几个人愿意来对话呢？何须道场热闹，二三子就蛮好。我个人想要的是，认真思考，认真表述这些思考，召唤爱思考的人来一道思考。

按照您的说法，希特勒是不是也可能过上良好生活？但是他把整个德国带入了深渊，道德理论中应该包含了对希特勒这种人的一种批判。能不能说像这种政治人物不能仅仅用过良好生活作要求？

希特勒，或者罗伯斯庇尔，或者列宁，他们首先是政治人物，我们首先要从社会和政治角度来考虑。希特勒的个人品质也许比大多数人更无可挑剔，但不能依此评价说他的生活是良好生活。反过来，你也不能单单根据这种人物的某些个人品质缺陷来否定他。他在一个广大的范围内行动，我们就得在这个范围里评价他。一场革命，一场战争，伤害了不少无辜，这当然不是好事，但我们显然不能只依据这个事实就否定这场战争或革命；可像我这样一个教书匠，害了一个人就不得了，我没有救过任何一个人，还害了一个人，那当然要否定。

黑塞有一本书叫做《纳尔齐斯与歌尔德蒙》，这两个人是好朋友，纳尔齐斯在修道院里生活，但他认为歌尔德蒙不是那种在修道院里生活的人，要到修道院之外去体验生活。此后，纳尔齐斯在修道院里一直按照教导的那些规则来生活，符合大家的道德规范，什么是好，什么是不好，而歌尔德蒙他过的那种生活是危险的，有很多很多经历，经历到死亡、爱情，或者是奇遇，整个过程都是在力行。按我们正常的生活标准来讲，歌尔德蒙的生活有很恶的那一面。在经历所有之后，书的结尾这两人又聚到修道院里，纳尔齐斯已经成为主教了。他们俩讨论，什么样的生活是有意义的？书最后讲，歌尔德蒙快死了，死前，他对纳尔齐斯说，你一辈子在修道院里其实没有经过生活，你不懂得爱，不懂得爱你又怎么能够理解生活？我有时候会联想到歌德所写的《浮士德》，浮士德和梅菲斯特。这两个角色，怎么来评价呢？

不同生活道路的是非高低，是要用这样一部具体的小说才写得出来。这个话题也的确是近代文学作品的一个主题——一个人该走哪条道路，尤其是跟传统社会相比，现在正统的、按部就班的生活道路受到广泛质疑。但道路是一步步走出来的，两个人，同样都反正统，却可能一个让你佩服，另一个却是混蛋。也有各式各样的东西体现在其中,两个人都反正统,区别体现在他们两个一步一步的走法中。有点儿像常有人问我他该选择什么样的生活道路,我能提出什么好建议?你需要很多很多细节。熟人之间有时能提出一些有意义的建议。当然,也有读者说读了我的书,帮了他很大忙,这我也可以信——那是他从自己的具体生活出发领会了一些一般的道理,怎么帮上忙了,我无法知道。

哲学家列举道德规范,造出有轨电车悖论,这些充其量是些一般道理。用一般道理来讨论这样的小说有点儿迂腐。不过,为了凑趣,我来迂腐一下。这本小说表现出来的,歌尔德蒙的生活比纳尔齐斯的生活更有意义,虽然他做恶,但他有爱;另一本小说可能相反,写一个人,爱得很深,但陷入了疯狂的做恶,我忽然想起聚斯金德的《香水》,对香气的极度感受。我们每个人都只能过一种生活,区别在于,你是不是封闭在这种生活里,不封闭的一层意思是,你知道人家的生活也蛮好的,而你还是要过你这样的生活。修道士的艰苦生活就是这样的,他要是不知道别样的生活蛮舒服的,那他就不是修道士了,他就是受虐狂了。这么说,纳尔齐斯也许生活得更深,因为他理解歌尔德蒙更甚于歌尔德蒙对他的理解。这都是迂腐之见,提示一下事情有好多方面。

关于痛苦与灾难
——答阿坚关于《何为良好生活》的一点批评

阿坚他们那圈人，看来拿什么都不当正经，有时批评与自我批评却来得气势汹汹。这还不是因为他们反正不正经——由于批评猛烈或尖刻而不欢而散而翻脸的事儿时有所闻。跟那种猛烈和尖刻相比，阿坚对《何为良好生活》的批评太温柔了。我想，主要是因为自打我们三十几年前相识，我一直比他年长几秋。或者也因为公共批评总要比在小圈子内部批评起来克制几分。

阿坚一身都是本事，但我总说，论理是他的弱项。读这篇书评，倒觉得他读长篇论理不怎么费劲。无论褒还是贬，都在点子上。尤其下面这一点，切中肯綮：

> "何为良好生活"这个书名太避重就轻，甚至画饼充饥了……觉作者没有大幅度论说诸如"如何面对痛苦"及"灾难"这样的问题。

我承认，这不仅是本书的根本缺陷，也是我自己的根本缺陷。

很多重要著述以极端的苦难为题，我这一两年读到，比如，贝尔特拉姆《卡廷惨案真相》、普里莫·莱维《被淹没和被拯救的》、安妮·阿普尔鲍姆《古拉格：一部历史》、西蒙·威森塔尔《宽恕》。

读莱维的时候，我正在写自己这本小书，一边读一边感到自己应该罢手。这里抄上读莱维时的一段笔记吧：

> 他经历过大苦难，他不可能夸夸其谈，跟那大苦难相比，我们吃过的小苦都嫌轻薄，我们可千万别夸夸其谈。作家们，说得可爱一点儿，常在撒娇。理论家们，不能不对自己的行当感到沮丧。哲学这个行当必定隐藏着某种优越感吗？如果有，那种优越感是多么浅薄。我知道，世界不是奥斯维辛，我们不能以它为标准来衡量品德，衡量乐趣，衡量我们的小小苦乐，但有过奥斯维辛，它就会成为我们思考人性的一个永恒的坐标。

我不去讨论极端苦难蕴含着何种意义，或无意义；硬去做，一定会更加轻薄。我们不在那里，但我们不能不时时望向那里；这一点，感谢阿坚提醒读者，也再次提醒作者本人。

形形色色的伦理观念深深嵌入处境、情感、行为之中，在那里呈现出最生动的面貌，而以论理方式展开的伦理学只能从一个层面探照这些观念。在很多方面，文学作品和艺术作品更有力地穿透时代的伦理经验。在写作这本书的时候，我越来越感到这一点。尼采在《悲剧的诞生》里，以他一贯的尖锐与夸张说到"理论世界观与悲剧世界观之间的永恒斗争"，在理论家那里找到的是一派"亚历山大里亚式的乐天"。伯纳德·威廉斯也认为，对命运之无常、伟大之脆弱、必然性之可能成为摧毁力量，希腊悲剧诗人充满敏感，而这份敏感在哲学家的伦理学中消失了。

认识到这些会感到沮丧。不过，看清这一点，也有一份释然，看清"哲学的限度"，有助于我们更清楚地看到"道德哲学"在这个限度之内所能做出的独特贡献：概念辨析。穿透力或有欠缺，却仍有可能保留提供坐标之效。哲学不高踞文学之上，更不高踞于生活之上，但让我们愿它有时能协助我们反思生活。

《查理周刊》血案余想

(原载于《财新·新世纪》2015 年第 7 期)

到处在谈论着《查理周刊》惨案。也是在新年伊始，另一批极端主义者在尼日利亚制造了巨大惨案，不仅屠杀的规模大得多，而且，被屠杀的更多是妇女、儿童、老人。听起来，人们把注意力集中在前一惨案上似乎有点儿势利。其实不然，至少不尽然。以我个人论吧，在法国，我有不少朋友熟人，我在法国工作过、旅行过，我相当熟悉法国的历史，曾从法国文化汲取不知多少营养。如果我可以有不止一个精神故乡，法国定是其中之一。我在巴黎找路，也许比在上海还容易些。我想，多数人像我一样，对法国要比对尼日利亚亲熟得多。当然，有些人不是这样，例如那些从万里之外奔赴尼日利亚去与埃博拉抗争的白衣天使。我只是想说，像大多数人这样，像我这样，对发生在巴黎的血腥袭击更加关注也许无可厚非。

听闻这样的惨案，当然有强烈的反应，有感情反应，也有想法。但没有想到要写什么——我的反应应该与大家差不多吧。可是后来听到一些议论，有些出自平时颇有见地的朋友，竟与我的想法相差很多，于是动了念把自己的想法写出来，与不同意见者商榷。

有人谴责袭击，但是，对，"但是"，他们说，他们也极不赞同《查理周刊》刊出那样的漫画，不赞同的程度不同，程度深的，差不多站在袭击者一边。《查理周刊》侮辱了伊斯兰信仰，而信仰是不容侮辱的；言论自由不足为之辩护，是，查理们动口没动手，但是，一位议论者说，你说我睡你妈，是，你没动手，但我决不能容你这样侮辱我母亲，我就是要跟你拼命，这有什么不对吗？话说到这里，不再是各打五十大板，而是在为杀戮者辩护了。

这里至少有一个区别。睡你妈，大家公认构成对对方母亲的侮辱：说这话的意在侮辱，听这话的受到侮辱。但《查理周刊》刊出那些漫画意在侮辱吗？他们也刊出讽刺本国总理、讽刺梵蒂冈教皇的漫画，在那里，这些被视作讽刺，也许是过分的讽刺，有点儿恶毒的讽刺，但总理们教皇们没有以侮辱人格罪起诉他们。不同个人，不同文化，对这些漫画是否构成侮辱并无一致看法。

有议论者说，在这种事情上，你我怎么看不重要，重要的是伊斯兰人怎么看，感到侮辱的一方怎么看。对此我有两点疑问。

第一点疑问是，我们干吗要这么虚怀若谷，声称自己的主张不重要。当然，极端主义者看到这些漫画会怎么反应，法国人在遭受袭击杀戮之后将采取什么措施，你怎么看我怎么看未必有多大影响，就此而言，你我的看法不重要，当事两方的看法才重要——他们用行动来体现他们的看法。行动当然是最重要的，然而，却不是唯一的，行动之外，还有反思、讨论、争论。你我现在正是在讨论这个问题，这时候，你我的看法不重要，那还拿什么来讨论？

那我们是什么看法呢？当然，各不相同。有些同情西方的价值观，有些则更同情袭击者一方——他们也许不愿这么说，但把《查理周刊》的漫画比作睡你妈，已经透露出这一点。

第二点疑问是，即使你我的看法不重要，为什么是伊斯兰人的看法重要，而不是法国人的看法重要呢？他们说，在这种事情上，要以受到冒犯的一方如何感受为准。有那么一些时代，有那么一些地方，有人见到女学生穿着裙子逛大街，大感不适，乃至大受冲撞，于是女学生们就该找点儿布头把露肉的地方都遮住？朝见皇帝不匍匐跪拜，曾经被视作对天朝的大不敬。没几十年前，说说蓝萍往事，就是对伟大旗手的恶毒攻击，为此丢了性命的不只几个，关进大牢的更不胜数。

考虑到谈论蓝萍往事很可能招致严重后果，我可能因此噤口不言；你可能出自政治明智的考虑反对公演《刺杀金正恩》；你可能出于相似考虑或其他考虑批评《查理周刊》对政治讽刺画的尺度掌握有误；但这些不是在上述层面上的对与错，不是单单因为有人觉得受到冒犯所以我们错了所以应该改正。

有些议论者同情极端主义者，不单单是因为他们受到冒犯，更多是因为他们所代表的伊斯兰文化是一种有信仰的文化，而《查理周刊》所代表的西方文化轻浮腐败。让我们先说说文化，再说信仰。

这些议论者当真不认同西方的文化价值而更加认同伊斯兰的文化价值吗？这不大可能呀。他是以言论为生的人士，不会对因言获罪因言死难更多一点儿同情吗？在一旁议论的时候，他对西方文化嗤之以鼻，但他有机会留学的时候，去了法国，去了美国，没去伊朗，更没去伊斯兰国。他的儿女打算出国定居，他建议他们去欧洲去美国，没建议他们去伊斯兰国。也许，只因为这些西方国家生活好？什么叫"好生活"？除了奶酪红酒，也许还包括对多元文化的宽容，还包括你喜欢看的杂志，说不定其中包括《查理周刊》。

再说信仰。有些议论者反复声称，先知是不容侮辱的，信仰是不可侵犯的。我们什么时候开始对宗教信仰如此肃然起敬了？是因为我们自己也皈依了哪种宗教，成了坚定的信仰者？还是苦于心里不但没有宗教信仰，而且不再有任何坚定的信念，于是要靠崇拜别人的信仰聊作心理补偿？我们自己若没有信仰甚至无所信从，我们若为此感到苦恼，这该是培养某些信念的好兆头吧。我们是因为自己无所信从感到苦恼和谦卑了吗？抑或由于无所信从而不加分辨地鼓呼任何一种好勇斗狠？

在我想来，不信奉哪种宗教并不是什么坏事——只要我们对美好事物怀抱坚定的信念。我相信，绝大多数中国人仍怀抱这类信念，虽然历经种种摧折，这些信念已经相当脆弱，需要努力维护、增强。这靠的是日复一日事复一事的培育。远远看一眼陌异的信仰，嘴上对它赞美一番，无法由此填充信念阙失的心中空洞。

有特定宗教的信仰当然也没什么不好。可是，就像多少罪恶假自由之名而行，世间多少罪恶在信仰名下横行。在耶路撒冷屠城的十字军没有信仰吗？党卫军信仰得不够坚定吗？波尔布特徒众呢？信仰并没有资格颁发给信仰者怎么干都行的空白许状。天下哪条公理告诉我们，只要信仰坚定，就可以去屠杀异教？就该凶狠暴烈？在这一端，纳粹党徒中，十字军骑士中，各个人的具体行事也不尽相同，在另一端，我们还见得到坚定信仰与宽厚人道主义的结合。领导非暴力抵抗的甘地信仰不坚？推行种族和解的曼德拉丧失了信仰而落入了西方意识形态的陷阱？若把极端主义推崇为信仰的楷模，该把甘地曼德拉们置于什么位置？该把千千万万不肯卷入极端主义的伊斯兰信众置于什么位置？《查理周刊》杀戮事件的确透露出信仰冲突，但我们不能因此笼统地把伊斯兰教信仰等同于极端主义者的所做所为。

也许，有些议论者并不那么关心信仰不信仰，他们倾向于同情伊斯兰人，多多少少在于，两造之间，伊斯兰文化处于弱势。刚才谈论冒犯的时候，我为了显得振振有辞，没举强者冒犯弱者的例子。

然而我承认，一种冒犯是否构成侮辱，跟出自强者还是出自弱者颇有关系。同情弱者本来是种正当的感情，更何况，面对强势西方文化，我们也许还心有戚戚焉。我不否认，尽管西方的主流观念提倡多元文化共荣，但轻视乃至压制相异文化的观念和举措并不鲜见。而且，虽然当今的西方已不再具有压倒性的文化强势，但与其他文化相比仍然相当强势，这种强势仍时时需要引起警惕，有时，我们还要为维护光大自己的文化传统奋起一争。我们起而与强势文化抗争以保卫文化多样性，那我们不是该十倍更加警惕那些容不得任何异见的极端主义吗？同情弱者是种正当的感情，不是说它是唯一优先的感情，不意味着只要是弱势一方感到不公就该判定事情不公，更不意味着感到受了侮辱或事实上受到了侮辱就可以大开杀戒。

维护文化多样性可不像在旅游景区展示多彩的文化产品那般轻松愉快，我们都知道，文化差异可以发展成文化对抗，不同文化之间会发生冲突、斗争甚至战争。这时候，我们还该怎样尊重文化多样性？在课堂上答卷，人人都可以答尊重他人的信仰，然而，真要说到尊重他人，正是在斗争中尊重他人——即使在斗争甚至战争之中，我们仍要努力理解并尊重对方的文化品格与信仰。这从来不易，但今天尤难，因为当今的主导观念往往让人看不清我们确切地在为什么斗争。

法国是一个崇尚言论自由的国度，查理周刊人也的确因为他们自由发表见解遭到杀戮。但这里的斗争却首要地并非在于捍卫自由言论这种价值，而是在捍卫生命本身。威廉斯引用施蒂纳的话说，老虎扑过来的时候，我有权反击它——如果我有这个能力，这时候，我不是在保卫我的权利，我就在保卫我的人身。按照流行的意识形态，无论我们做什么，似乎都要依赖于甚至源出于某种具有普遍性的道德要求。这不仅扭曲了实情,而且,把所有实际斗争都上升为原理和道德高度上的斗争,促生这样的局面:两种主义两种政治力量相争,甚至单纯的利益相争或两支军队对战,必要占领道德高地,在人格上污化对方,必要把对方说成而后想成理性阙失、道德败坏、心思邪恶、品性低劣,甚至体貌猥琐。(相比之下,倒是古代人朴直些。)

我这样做是有道理的,然而这并不意味着敌对一方没有他的道理,我更多占理不意味着他毫无道理,可一旦把我的道理上升为普遍道德,敌对一方就不再有任何合理性的余地。甚至用"被洗脑"来刻画敌对一方也未见得确当。物理学家戴森曾引日本神风攻击队队员的日记为证,认为"他们是一群有思想、内心敏感的青年男子,既不是宗教狂热分子,也不是民族主义狂热分子"。他接着说:"如果我们想要采取有效措施,减少恐怖主义对带理想主义色彩的年轻人的吸引力,首要的一步就是理解我们的敌人。"痛定思痛,即使对那些扫射平民的凶徒,我们也要力求理解——遏制极端主义的努力中包括努力去理解他们怎么会这么干。这里说的不是隔岸观火的理解,如果我们面对扫射平民这样的事情不感到震惊,不感到悲愤,我们还能够理解什么呢?而且,事情从来不止于理解。该斗争只好斗争。我个人以说理为业,但从来没幻想过说理总能取代赤裸裸的斗争。面对极端主义者的杀戮,最直接的反应就是起而与之斗争。我站在起而与他们斗争的一方,只是,我不需要把这场斗争想象成正义战胜邪恶的斗争。

起而斗争未必声称"正义战胜邪恶"

（2015年12月12日在广东美术馆"亚洲时间——首届亚洲双年展暨第五届广州三年展论坛"上的发言）

我首先感谢广东美术馆邀请我来核心现场学习，感谢孙歌教授的邀请。感谢前面的六位嘉宾，他们在很短的时间内给了我们很多有意思的知识和想法。作为中国人，我们一向以中国为中心来看待周边的历史，这在一定程度上是不可避免的，不过，这也跟我们受到的教育有关系，这个教育不只是说眼下的教育，一两千年的传统教育就是这样。今天前面的几位发言者教给我们更宽阔的眼光，让我们换个角度来看中国的历史，不要只以中原王朝的视点来看待中国历史，仿佛只有皇朝更迭这一条主线，比如说浙江、福建，它们一方面很早就属于中国这个大共同体，另一方面，它们又跟东南亚、琉球、日本构成了一个文化圈、经济圈。滨下武志教授从这个方面讲，很有说服力。我们要学习从不同的文化圈、政治圈的互动来看待历史发展。刚才李·纳兰戈雅讲到，从中国北部来说，情况也是这样，我就不去重复了。

孙歌请我从哲学上讲讲普遍性和特殊性，其实，我对普遍性和特殊性的理解差不多就是前面几位发言人的理解。白永瑞教授讲到，我们更多的要从关键的发生事情的现场来看待特殊和普遍的关系。我的想法也无非是这样。白永瑞还讲到沟通。无论从历史思考来说，还是从更一般的思考经验来说，我们都不是从一些特殊性抽象出一个普遍性，"上升"到普遍，很大程度上很像滨下武志画的圆圈，一个圆圈套到另外一个圆圈上，然后再套在另外一个圆圈上。我们不是上升到普遍性才开始沟通，我们直接在特殊性之间理解、沟通，特殊者之间的可理解性、可沟通性、可翻译性是我们真正要去思考的东西。我就接过这个话题再往下说说。

一开始，每个族群都把自己的文化和自己的生活方式看作是最优越的，这个最优越不是跟别人比较之后他认为是最优越的，这种优越感不如说是先验的：我这样生活才是生活应该的样子。我们也可以这样来看待宗教，宗教本来就是一个族群的基本生活理念，一种宗教属于一个特定的族群，例如，犹太教就是这样。基督教不太一样，基督教它不是属于一个特殊族群的宗教，它是一种普世宗教。但是基督教的普世主义在非基督教徒看来是有点自说自话的，因为它等于把它的上帝加给我们所有人。中国人也有这种普世主义。我们现在讲文化，文化这个词就已经说明这点了，"文"就是我们华夏有"文"，其他人都没有文，都是蛮夷，所谓文化就是用我们的"文"去化他们。这个"化"比较好，虽然是普世主义的，但不是太强加于人。孔子有一段话说："远人不服，则修文德以来之。既来之，则安之。"这种招徕的态度跟基督教向外传教的态度显然大不相同，人家不服，不是硬去传给人家，而是自己来修文德，一直修到人家愿意来接受你的文化。你可以说这里头仍然有点儿自我文化中心，但既然不强加于人，自我中心也没啥不好。在当代，这种态度尤其可以继承和弘扬。

到了宗教战争后，欧洲逐渐发展出了宗教宽容的理念，这种理念首先涉及的是基督教内部的派别，就是新教天主教之间的宗教宽容,此后很快就变成了一种普遍的宗教宽容的理念,尤其是基督教和伊斯兰教之间的宗教宽容——到那个时候基督教和伊斯兰教互相敌对互相战争差不多上千年了。这是启蒙时代的一个主要理念。启蒙时代还发展出了像科学、进步这些理念,这时候,宽容这个理念融合在启蒙的整体开明精神里。开明天然就包含了宽容,一个不宽容的人,我们不会说他开明。

启蒙运动主张宽容,但它有它的普世主义,只不过,普世主义现在跟进步观念连在一起,人类的文明不再是一些平行的互相冲撞的文明,而是一个纵向的阶梯式的发展,不同文化的区别转变为先进和落后之间的区别。西方当然在这个阶梯的最上端,西方文明是所有文化的普世理想。这种普世主义哪怕到了现在仍然是西方中心的。不过,这个时候的西方普世主义跟基督教的普世主义不尽相同,因为现在的普世价值中宽容本身就是一项最重要的价值。这种宽容、包容,不单是政治态度,也是人生态度。当然,宽容也有它的困境,典型的困境是,一种宽容的文化碰上了不宽容的文化,你该怎么办?一种反应是,你不宽容我就不宽容你,但是如果你本来只宽容那个可宽容的,那就不叫宽容。宽容意味着它能够宽容那些真正异己的东西。另一方面,如果你去宽容那种不宽容的、极具攻击性的文化,它可能反过来把你这种文化消灭掉。

启蒙思想家也并不都主张进步观念,单举出卢梭就够了。启蒙时代之后涌现出巨大的浪漫主义思潮,在哲学、诗歌、艺术各个领域里都很汹涌。浪漫主义的理念催生了我们现在说的文化多样性观念——人类不是向共同的文明目标单向演进,各个文明或者各种文化都提供了不可替代的价值。接着,在人类学等领域也兴起了文化多元性。

我们中国人一开始接受西方观念,主要是天演论所带来的这一套进步观念。天演论当然是一个生物学说,不过在中国人当时接受它的时候,主要是把它当作一个社会学说接受的。这个社会学说是说,优胜劣汰,不进步不发展就亡国,就这么简单。但是很快,一些提倡本土价值的思想者就提出了文化相对主义。梁漱溟是一个主要的代表。文化相对主义是弱势文化很容易走上的道路,弱势文化面对强势文化用文化相对主义来自我保护。

到了二战之后,文化多元论更加泛滥,到今天,进步论差不多已经过时了,文化多元论才是政治上正确的。然而,一方面人们支持文化多元论,另一方面,人们习惯上仍然反对相对主义。这里有个相当明显的矛盾。此外,文化多样性跟普世价值似乎也相互冲突。这些矛盾和冲突,我上一次在广东美术馆已经做过一点讨论,今天我就略过了。今天只想就其中的一个问题讲一点。

主张文化多元论,或者主张一般的相对主义,我们都好像是自己站在各种各样的立场之外来主张,我自己没有特定的价值观。大致说来,自然科学依赖于这样一种价值中立的态度,而且它也确实能够做到这一点。为什么自然科学能够是价值中立的,这里就不讲了,我想说的是,涉及文化价值、生活态度、生活方式,没有任何人是完全中立的。当然,我们已经不能像原始人类那样,想当然地把自己的价值观当作天然优越的,我们早就进入了反思的时代。但是我们也不要以为我们能够靠反思完全跳出任何特定的价值观和文化传承。这个我们做不到的。很多反思只是给固有的观念披上一层层衣裳,找出或发明各种各样的理由来说明:说来说去,还是我自己最优越。无立场,我们做不到。做不到是从否定的方面来说的,但我还不只是从否定的方面来说的,我想说如果你真的跳出了任何的一种特定的价值系统和文化传承,你的思考就没什么意义了。我们恰恰是因为要坚守某种文化传统,要坚守某些价值,我们才去思考,思考普遍主义、相对主义、文化多元性,去反思我们自身。正当的反思不是一件容易的事情:一方面你的确有什么东西要坚守,另一方面要留心不要让你的反思变成自我美化,给你固有的观念披上理性的外衣。此外,还要留心,不要过度反思。我想举一个大家都会面对的实际问题来说一说。

我刚才提到宽容的两难,这是个理论上的两难,更是现实政治和现实社会生活中的两难。欧洲人面临伊斯兰极端主义者的攻击的时候就面临这种两难。

我在《查理周刊》血案后写过一篇小文章,中心思想是,面对这样的一种攻击,我们不一定把它上升到很高的理论层面来考虑,我引用了前人的一句话:一只老虎扑过来的时候,我把老虎打死,这个时候我不是在捍卫一种价值,我是在捍卫我自己的生命,在捍卫我的身体。由于我们处在一个反思的时代,甚至是过度反思的时代,我们遇到无论什么问题,都要上纲上线,从很高的理念层面上讲出一番道理,但有些事情很基本,拉到很高的理念层面上来讨论,反而越绕越糊涂,例如老虎扑过来,你首先是奋起自卫。有时候,斗争就是赤裸裸的斗争,我们并不是永远都能够靠对话沟通来解决争端,所需要的就是赤裸裸的斗争。

我说"首先",不是说"全部"。我们首先奋起自卫,但这不是事情的全部,自卫之后,还是要反思。反思什么呢?其中的一条是,跟伊斯兰极端主义的冲突是赤裸裸的冲突,但即使如此,应该说正因为如此,我们不一定要把它说成是正义与邪恶之间的斗争。大家知道,从政治家到媒体,甚至到我们自己,动不动把这场斗争说成正义对邪恶的斗争。布什讲到十字军,但我们知道,十字军与伊斯兰之间的战争跟正义和邪恶没啥关系。近代以来，用宗教真理为自己辩护越来越吃不开了，但是它沿袭的辩护路线仍然有强烈的宗教色彩。有人把二十世纪叫做意识形态的世纪，所谓意识形态化，就是沿用宗教思路来讨论世俗问题，把什么问题都上升到意识形态的高度，把自己投入的事业看成是正义的事业，凡与它敌对的力量都是邪恶的力量。

如果我们的反思只是要表明自己多么正义对方多么邪恶，那么，不反思也罢。的确，极端主义分子跑到集市跑到剧院引爆炸弹，炸死无辜的人，包括妇女儿童。他抓到俘虏之后，由于是不同的教派或不同的宗教，甚至跟什么宗教都没关系，他就砍头，他就去屠杀，这些在我们看起来就是邪恶的，不可理喻。我们不待反思就要起而斗争。我刚才说，有时候，摆在眼前的是赤裸裸的斗争，没那么多闲话可说。然而，从长期看，跳开一步看，现代社会与极端分子之间不只是赤裸裸的斗争。理解是必要的。即使面对极端主义者，我们仍然需要在尽一切可能的情况下，想办法理解他。

有的记者深入到伊斯兰极端分子控制的地区，回来以后告诉你，说在那里，基本不用担心有人偷东西。这些人会对平民开火，但他不偷东西，做买卖的不欺诈，人们不喝酒，不吸毒，不滥交。你说他们是一群胡作非为的疯子，但在很多很多事情上，他们不胡作非为，规矩还极其严格。他们的是非观念我们很难理解，但不等于说他们都是疯子，或一心胡作非为。仔细想想，他们有他们的是非观念。这就使得他们不是完全不可理解。

当然，很难理解。一开头我们讲到一种联系，不是上升到普遍性然后就互相联系上了，而是一连串圆圈一个套一个。有的圆圈在我们近处，这时候虽然它对我们是一个他者，但是我们理解起来并没有很大的困难。有的圆圈就离我们很远，我们努力去理解也只能理解到一点点。我们并非总能够达到充分的理解、沟通，就像翻译，我们知道在翻译的过程中会丢掉很多很多的东西，但我们还是会从事翻译。理解遥远的他者是件很困难的事，而且也很难理解得充分，但仍然可能有一点点理解。

我说理解是必要的，还不只是说，只有理解了对方，才能更好地跟他打交道，才能更好地谈判呀什么的。理解对方，还有可能更好地理解自己。实际上，一般说起来，理解他者，在很大程度上本来就在于我们希望通过理解他者更好地理解自己。我们生活在一个文明社会里，别说拿俘虏来砍头了，用水刑逼供也会让全世界的媒体一片哗然。我们种花草，保护流浪狗。可另一方面，我们的社会可能缺乏诚信，卖假货的，往河里排污水的，只要能挣钱，无所不为。有偷盗的，有吸食麻醉品的。那只是少数人吧，大多数人呢？大多数人挣钱，然后消费和娱乐。我们也许从小就是这么长大的，我们觉得这样的生活天经地义，挣钱，消费，娱乐。但我们在努力理解别种人群的时候，回过头来看一眼自己的生活，难道这种生活真的是那么自然吗？真的是天经地义，可以一直这样过下去吗？如果我们的社会，从开明的自由的理念开始，最后长成了一个消费与娱乐至上的社会，可能都等不到极端主义分子来毁灭了，这样的社会可能自己就把自己毁掉了。

就讲这些。谢谢各位的耐心！

（陆丁评论，省略。）

谢谢陆丁的评论。陆丁一开始是我的学生，现在是我的同事。

我们在北京也有一个讨论的圈子。我不常外出开会、讲座，陆丁则更少抛头露面，不习惯跟公众讨论问题。他的评论大家未必都能听懂。现在我试着用更普通的话来重新表述一下他讲的要点。

如果我理解得不错，他的核心意思大致是，不是先有善才去理解，而是：善本身就包含去理解的努力。我相信的东西，希望别人也相信，我追求良好生活，希望别人也过上良好生活。或者说，分享善好也是善好的题中之义。但你要让别人来分享善好的时候，你也要留心，这可能会伤害他，因为他有他自己的生活，你想的是分享，从他那方面看却可能是强加。所以，真正要他人分享，你就得理解他人，知道他真正要的是什么，如何以正当的方式让他来分享，而不是机械地把善分配给他人。所以，善本身就要求对他人的理解。

我补充一个脚注。这里的理解，显然不是去理解一个数学公式什么的，而是去理解他人的所思所感。我要去分享善的时候就要理解你的所思所感，我要理解你的所思所感就是我要把你当成一个人来理解，我不是在理解一个数学公式，我不是理解一个动物的行为，我是在理解一个跟我不同的心灵。因此理解本身就是对对方的尊重。我刚才讲，即使针对那些极端分子，我们仍然要努力去理解，这也意味着，多多少少包含尊重。他是敌人，那就是对敌人的尊重。该战斗的时候只有起来战斗，但在战斗中仍然尊重对方，这个不是没有先例的，实际上有很深厚的传统，例子很多，只要想想美国南北战争时期的一些事例，战争非常残酷，但双方在很多的场合仍然保持对敌人的尊重。一旦把所有的斗争都视作正义战胜邪恶的斗争，这些就都谈不到了。事实并不是只有当我们是正义的时候我们才有权起而斗争，反过来说，我们起而斗争，不一定就要把对方视作非人的魔鬼。

关于查尔莫斯"语词之争"的评论

(原载于《世界哲学》2009 年第 3 期)

2007 年 8 月 7 日，查尔莫斯在我们首师大做了两个报告，其中一个是 Terminological Disputes and Philosophy Progress〔语词之争与哲学进步〕。组织者梅剑华要我对这篇报告做评论，于是写下这些不很成熟的意见。

我先择要介绍一下这个报告，主要介绍报告的前半部分。这篇报告没发表过，尚未定稿，我的介绍根据查尔莫斯提供的 PPT 和我听讲的记忆，希望没有在要点上弄错。因略去不少内容，简介调整了报告内容的顺序。所评论的是未定稿，批评所指虽然都列在"查尔莫斯"名下，其实未见得是查尔莫斯定稿时将会持有的观点。查尔莫斯在报告中说，反思语词之争的性质有助于揭示概念和语言的性质，我希望这篇评论在他指出的方向上迈出一小步。

查尔默斯报告简介

有没有事实之争与语词之争的区别？查尔莫斯回答说：有。

查尔莫斯先讨论了别人关于"语词之争"的一些定义，例如 Hirsch 的：两方，一方主张 S，另一方主张 ~S；如果一方使用的 S 等同于 S1，另一方使用的 S 等用于 S2，并且，双方都同意 S1 和 S2 的真理性，则他们的争论为语词之争。查尔莫斯疑议说：S 往往没有两个可明确定义的意义，S1 和 S2，而且，有些争论本来是关于定义的争论，例如，麦尔维尔主张鲸是鱼，同时承认鲸鱼和别的鱼不同：它有肺，恒温，等等。据查尔莫斯，这表明麦尔维尔和林奈之间只是语词之争。但这里没有明显的 S1 和 S2。

查尔莫斯自己提供了一个素朴的界说：争论双方对相关事实没有争议，但对用什么语言来描述这些事实有分歧，是为语词之争。查尔莫斯引了一段威廉·詹姆士来说明此点。詹姆士在《实用主义》第二讲中讲了个小故事。詹姆士与一些朋友去郊游，朋友们为一个"形而上学"问题起了一场争论。他们设想，树上有一只松鼠，游人张三站在树的另一面，他想看见那只松鼠，就绕树转过去，但他转，松鼠也绕着树转，无论他怎样转，松鼠总在树的另一面。现在的问题是：张三是不是在绕着松鼠转？朋友们请詹姆士裁决，他裁决说，答是或不是，要看你实际上说"绕着转"是什么意思：若它是说依顺序处在某物的东南西北，那么应该答"是"，若是说依顺序处在某物的正面、左面、后面、右面，则应回答"否"。

有时候，语词之争"只是语词之争罢了"。在科学中、哲学中以及在日常生活中都常有这种无谓的争论。我们本来关注的是一阶领域，没有什么重要的东西依赖于语词的用法。这类争论不仅无益，而且妨碍理解，妨碍我们关注实质问题。但有时候，有某些东西依赖于怎样使用语词，这时候，语词之争是重要的。查尔莫斯列举了一些例子，我会在评论中加以讨论。

查尔莫斯从两个方面谈到哲学为什么关心语词之争。一、很多哲学分歧至少有一部分只是语词之争，诊断出这一部分，抛开它，从而要么明了双方在实质上是一致的，要么明了实质上的分歧究竟何在，这两者都带来哲学进步。他列举了一些包含语词之争因素的哲学争论，如自由意志、语义/语用之争等等。二、反思语词之争的性质有助于揭示概念、意义、语言的性质。

概括说来，语词之争可以通过以下一些方式得到解决：1.确定关于语词使用的事实；2.区分含义；3.用中性语词重述相关事实。实质之争则无法这样获得解决。更具体地，查尔莫斯提议了一种"语词之争测试法"（Terminology Test）来查明一场争论实质上是不是关于T的语词之争。这种方法的讨论是查尔莫斯报告后半部分的主要内容，其要点是：放弃T这个语词，换用一个使得争论不再是语词之争的新词来重述争点。且以自由意志问题为例。相容论者主张：自由意志与决定论相容；不相容者主张相反。挑战者则认为：两方的争论是语词之争，两方所说的"自由意志"意思不同，例如，相容论者的意思可能是去做自己选择之事的能力，不相容论者的意思可能是作为选择的终极源头的能力。这时我们可以尝试语词之争测试法：放弃"自由意志"这个用语，转而争论道德责任是否与决定论相容。测试的一个可能结果是，双方同意，决定论在一定程度上与道德责任相容。测试的另一个可能结果是，关于意志自由的争论不是语词之争。这时，可以进一步对"道德责任"进行相同测试，直至我们弄清楚，争论中的哪些部分是语词之争，哪些是实质内容。

大量哲学争论围绕着具有"什么是X"这种形式的问题展开。什么是自由意志？什么是知识？什么是真理？什么是意识？什么是语词之争？等等。这类问题特别容易潜藏并不明显可见的语词之争因素，因此，特别适合于用语词之争测试法来加以检验。

但语词之争测试法对有些概念无效，或者说，这种方法有时会达到终点。例如，一个人在伦理学意义上应当怎样做？老鼠是否在现象层面上是有意识的（phenomenally conscious）？这时，我们只剩下一些同源表达式来陈述相关争点。这表明，我们到达了一些基本概念或曰河床概念（bedrock concepts）。语词之争测试法的一个重要目的，本来就是要引出一个"方法论上的重要结论"，即确定哪些概念是河床概念。查尔莫斯的看法是，真正的河床概念很鲜见，不要轻易声称我们已经达到了河床概念。

语词之争测试法把哲学争论推进到：1. 涉及河床概念的争论；2. 关于哪些是河床概念的争论。这样一来，我们就无须言必称概念分析了。我们无须再问"什么是信念"并期待一个确定的答案，而可以聚焦于我们让"信念"所承担的各种角色。一言以蔽之，把语词抛到脑后去吧！查尔莫斯相信，这一进路将自然而然导向概念多元论，因为在每个重要的哲学概念周边都有着很多很多有趣的概念。

最后，查尔莫斯表达了对卡尔纳普的强烈敬意。他在这些问题上推进愈远，就发现自己愈接近卡尔纳普的思路。他希望自己关于语词之争的想法以及他的语词之争测试法会为卡尔纳普的一些重要工作提供辩护。

字词之争——痒痒还是刺挠

查尔莫斯在报告中花了相当时间讨论了别人关于语词之争的一些定义，我前面只简短介绍了 Hirsch 的。很多人以为，要讨论一个概念，先得精确定义这个概念，在我看来则大可不必。只说一点吧，查尔默斯质疑 Hirsch 说，那个被考察的 S 往往没有两个可明确定义的意义。我更要斗胆说，哲学所关心的概念都是不可能精确定义的——后面将表明这是我与查尔默斯的分歧之一。就拿定义这个词本身来说吧，如设立专章讨论定义的阿·迈纳指出，这个词本身并没有明确的定义。[1]

人们误解了定义的功能，以为它是要使一个词的意义变得明确。伦理学著作里会给"对错"下个定义。它不可能在一般意义上使"对错"的意思更明确——我们都明白"对错"的意思，如果需要标准定义，查查字典也够了。实际上，如果我们连"对错"的意思都不明白，我们恐怕读不懂以任何方式为它所下的定义。

欧几里得和牛顿从定义开始。他们要建立理论，这些定义是为建立理论服务的。在某种意义上，"水是氢二氧一"也可说是个定义，但显然，那首先是个发现，不是字典学工作。哲学教科书若模仿欧几里得或牛顿，只会是照虎画猫，无所针对地提供了一个干巴巴的字典学定义。哲学文著中若提出一个特殊的定义，那它一般用于澄清用法分歧，用于限制用法等等。或者，它干脆就展示了一种洞见，洞见一种重要的亦即富有启发的然而别人没注意到的概念联系，从而充当思想走向的路标。

查尔莫斯自己则与事实之争相对照来界定语词之争：争论双方对相关事实没有争议但对用什么语言来描述这些事实有分歧，是为语词之争。在语词之争中，他又区分了有意义的和无谓的。前一种，"有某些东西依赖于怎样使用语词"，这时候，语词之争是重要的。后一种，"只是语词之争罢了"。显然，只是语词之争与实质之争不是两种并列的争论，就像想象中的百元钞票与手中的百元钞票不是两种并列的钱币。确定了那只是语词之争，一切都已结束。所以，没谁会认为自己在作语词之争，那相当于自认：我在瞎争，我在抬杠。

---

[1] 阿·迈纳，《方法学导论》，王路译，三联书店，1991年，24页。

我们难免觉得，把查尔默斯所称的"重要的语词之争"叫做"语词之争"，哪怕强调它是重要的，仍然容易引起误解，因为我们平常说到"语词之争"、"字词之争"，意思恰是"只是语词之争罢了"。但事情远不止此，我马上要表明，查尔默斯所称的"重要的语词之争"本来就不是"语词之争"。

依查尔莫斯，"鲸是不是鱼"只是语词之争——如果我们对鲸的性状描述并无争议。好的，我们对鲸的性状描述并无争议——鲸有肺，恒温，等等。那么，鲸是不是鱼就没的可争吗？显然有，因为是不是鱼是有标准的。这时争论的不是鲸的性状，而是这些性状说明了什么，它们是否以及怎样影响动物分类。按照科学分类法，有肺、恒温等等表明鲸是哺乳动物，但若采用"现象"分类法，鲸生活在水里，它游泳而不爬行等等，鲸应该归入鱼类。唯科学分类法是正当的吗？抑或两种分类法各有各的道理？那么，这两种分类法之间是什么关系？这些都可以是严肃的问题，殊不亚于自杀式袭击者是恐怖分子还是自由战士——且不管这些问题是事实问题还是语词问题。

我当然不是否认有些争论只是"语词之争"。Heidegger 应该翻译成海德格还是海德格尔？你要跟我争论说，这是 rose，不是玫瑰，我会回应说，随你叫它什么名字，玫瑰还是玫瑰。我在突泉插队，说起身上痒痒，惹得烧饭的老王头笑话，他教导我们说，人只会剌挠，牲口才会痒痒。我要是跟老王头争起来，你会说，你们仅仅是语词之争。没什么可争的，要是问我为什么说到人和牲口都说痒痒，我会回应说，没什么为什么，没什么道理，我们就是这样用这个词的。

两人为选用不同语词而争，但用这个词或用那个词其实并不影响所要言说的内容，是为"字词之争"。不过，不同的用词很少会不影响所要言说的内容，这一点，我猜想诗人最多体会。痒痒/刺挠的分歧不那么重要，但我们从中也许可以想到，农村人比城里人更在意区分人和牲口，实际上，大多数城里人从来没跟牲口相处过。反正，一般说来，这样描述或那样描述，描述出来的内容总是有差别的，哪怕两种描述都成立。

是否影响言说的内容，往往要看语境——张三比李四高和李四比张三矮是一回事吗？从这里想，即使玫瑰/rose之争也不一定只是语词之争。我们可以设想，在中国的花卉博览会上，政府规定必须用中文标注花卉名称。一个实际发生的事例是把汉城改称为首尔。[1] 提议修改的人士大概不会承认自己仅仅在作语词之争，他们有一堆政治—历史的考虑。你不赞成把汉城改为首尔，你可能不同意建议修改者的政治—历史立场，这时候，他和你有实质争论。但也可能，即使你持有相同的政治—历史主张，仍然不赞成这种修改——你认为这些政治—历史考虑或者不能有效地通过这种修改体现出来，或者没必要这样体现。

我们还可以再分析一些例子，不过，我们应已经能够看到，鲸是不是鱼，汉城要不要改成首尔，不见得只是语词之争，它们含有实质的争论，虽然这实质不一定在于事实认定上的分歧，有可能，争点在于相关语词的差别并不能体现所欲体现的诉求。这时，分歧也不宜说成"用什么语言来描述这些事实"——无论主张留用汉城还是改用首尔，都不在于哪个名称更好地描述了相关历史事实。

---

[1] 类似的例子还有黄金海岸改为加纳，锡兰改为斯里兰卡等等。上世纪二三十年代，有关于改汉族为夏族或华族的建议。近年来，有人提议中国的国际名称应从 China 改为 Zhongguo 或别的什么。

语义之争——"绕着转"

在查尔莫斯那里,另有一些语词之争是重要的语词之争,因为"有某些东西依赖于怎样使用语词"。"重要的语词之争",他举了三类例子。一、元语言争论,这里,我们首要的关注是语词及其使用者。这种争论出现在语言学、语言哲学、历史、文学批评等领域中。二、准法律争论,例如确定什么叫"婚姻"或"谋杀"。三、修辞学/政治争论,例如什么叫"酷刑"或"恐怖主义"。这里,语词带有某些意味和联想。

元语言争论,查尔莫斯举了个"飞"的例子。甲方说,你并不是在飞,你并没有推动自己在空气中到这儿到那儿。乙方说,飞,并不必须推动自己在空气中到这儿到那儿。查尔莫斯说,这个一阶争议完全基于元语言上的分歧。我没有吃透查尔默斯对"元语言"的用法,依我俗见,这里的分歧似乎简简单单是关于语词含义的分歧。詹姆士那个故事好像与此同类,涉及的是"绕着转"包含的不同含义。

詹姆士那个故事挺平俗的,但他是要从这个故事引出实用主义的根本旨意:只有造成实际后果差别的概念差别才是真正的概念差别。所以他在"要看你实际上说'绕着转'是什么意思"这句话里特特把"实际上"这个词加了重。这又跟对传统形而上学的批判连在一起。在詹姆士看来,世界是一还是多,是命定的还是自由的,是物质的还是精神的,这些问题都与是否绕着松鼠转同类。于是,他就可以主张用这种"实用主义方法"来解决争执不下的形而上学问题了。[1]

---

[1] 威廉·詹姆士,《实用主义》,商务印书馆,1979年,25页及以下。

我想，詹姆士的进路就是很多人所理解的"语言转向"。这个转向包含了很多思想，很多尝试，但转到头来，似乎不过在主张：所谓哲学问题，其实是语义问题。大量甚至所有哲学问题，可以靠查字典加以解决，或最多是要求我们编一本更完备的字典。语言转向于是成了"语言学转向"。的确，语言转向之后的分析哲学不断挺进到语义学和语法学领域之内。

澄清 being 或 is 的几种意义，解释"当今法国国王是个秃顶"这话错在哪里，曾被欢呼为解决了几千年纷争不已的存在论基本问题。它们的确是一些重要的哲学工作——西方的论理发展中有不少思路纽结在这些关节点上，松解这些纽结，有助于思想的自由生长。论理总是通过语言实现的，穷理或曰哲学论理因其反身性质会不断返回到语言本身，涉及语义和语法的澄清。不过，据此而称"哲学问题总是语言问题"已经颇为误导，若称"哲学问题总是语言学问题"就完全弄错了。哲学探究必须警醒地把关于语词的探究保持在论理的层面上而不试图发展为语义学和语法学。[1] 这不禁让人想起维特根斯坦的一批警告："困难在于：让自己停下来"，"在哲学中很难不做过头"。所谓逻辑语法或深层语法，本来是指内在于论理学的语法探索，后来发展为普通语法的一部分，源始的论理旨趣若没有完全消散，也至少含混不明了。本来没有任何戒律限制哲学的某一部分转化为实证学科，然而，我们在此的任务是分清哪些是实证研究哪些是哲学探究，尤不可受欺以为转化成为实证学科的那部分研究竟解决了哲学的根本问题。

十九、二十世纪之交的语言转向，颇可与十七、十八世纪的

---

[1] 当然，哲学家可以同时是语言学家，反之亦然。

"认识论转向"比照。实证科学的长足进步曾让哲学家意识到自己的任务并不在于揭示世界的客观结构,哲学的任务应更加鲜明地标识为"认识我们自己"。在西方哲学强大的传统力量吸引下,这种努力大规模地转向"认识人的心理结构",这类研究又大有淹没哲学探究之势。后来的语言转向,其旨本在拨正心理主义的扭曲,以概念考察为旗帜重新与实证科学划清界线。但类似的情况再次发生,概念考察又大规模地转向对普通语义—语法的研究,并以为这类研究将最终解决哲学的基本问题。

挖掘某些深层语法,区分 being 或 is 的几种意义,这些工作,在有针对性的时候,可以是论理的内在组成部分。但存在论的基本问题,"世界是物质的还是精神的"、"世界是被决定的抑或我们禀有自由"这类问题,没有也不可能由此得到解决,实际上,它们根本不是"超弦是不是物质的最小元素"这类有待解决的问题。至于一般的语言学,在论理学上没有针对性,它最多会帮助我们防范论理过程中的一些低级错误。精通语言只是论理的外部准备工作。我好好学习德语,有助于我更好理解德国哲学家讨论的某些问题,但我学习德语并不是在从事哲学探索。

事实还是语义 —— 恐怖分子还是自由战士

元语言之外,查尔默斯所举的另两类例子,一类包括"婚姻"、"谋杀"等等,另一类包括"酷刑"、"恐怖主义"等等——自杀式袭击者是恐怖分子还是自由战士?就这篇报告的主题而言,我没有看出这两类有什么区别。本节就把它们拢在一起讨论。

他是恐怖分子还是自由战士?依查尔默斯,两造对事实没有什么分歧。但另一方面，这样的争论显然不像"飞"和"绕着转"那些因语词歧义而起的争论。两造对恐怖分子和自由战士的语义没什么分歧——唯没什么分歧才争得起来。那这是什么层面上的争论呢？修辞学上的争论？因为语词所带有的联想而起的争论？恐怕不得要领。在我看，它跟鲸是鱼还是哺乳动物之争颇为相近。不讲究的话，就叫它关于分类的争论——鱼和哺乳动物之争也许揭示出两种基本的分类理念，与此相似，恐怖分子还是自由战士的争论也许会揭示出两种不同的政治理念。无论在哪个领域，似乎都有相类争论。他这样做是节俭还是吝啬？他是个企业家还是个投机家？他爱她抑或只是哄她高兴？对她来说，他爱她抑或只是哄她高兴蛮可以是非常重要的"语词之争"。

　　自杀式袭击者是恐怖分子还是自由战士这样的争论是语词之争——且不说重要不重要——还是实质之争，并不是一眼可以看穿的。要看清这个问题，不妨想想你我会怎样展开这样的争论。你谴责自杀式袭击，因为它造成大量平民伤亡。我争论说，美军轰炸造成了更多的平民伤亡。你可能不承认这是个事实，但即使承认，你仍然可以反驳我说，美军轰炸造成平民伤亡与自杀式袭击造成平民伤亡性质不同：自杀式袭击以造成平民伤亡为目标，美军轰炸则以军事人员和设施为目标，平民伤亡是连带发生的。我争辩说，自杀式袭击伤害平民也不是目标，而是手段，其目标与美军轰炸一样，同样是赢得战争。你反驳我说，不，我们必须区分直接目标和最终目的，恰恰因为自杀式袭击攻击的直接目标不是敌人而是平民，这种攻击就不是战争，而是恐怖行动。相关争论可能采用十分不同的路线，例如，我可能援引无政府主义全盛时期的系列袭击，你可能援引德累斯顿或广岛。就以这里设想的争论路线来说，争论在每一点上都可能向另一个方向发展。但一般说来,无论循哪一条路线,争论都会既牵涉事实又牵涉语词。

随着争论的开展,你我多半会不断引进一些新的事实。即使对新引入的事实是否成立你我仍无异议,我们的争论仍不一定了结。你可能会说,这个事实不相干,那个事实并不重要,这个事实才重要,等等。不妨说,这些不是关于事实是否成立的争论,而是怎样看待事实的争论。但最值得注意的是,我们不能由此认为,一边是赤条条的事实,一边是站在所有事实之外的看法和态度。通过引入新的事实,原本似乎不相关的事实获得了联系,原本这样联系的事实进入了另一种联系。

上面这个设想的争论还表明,在争论中,你我不仅会引进新事实,我们还可能需要澄清目的、手段、直接、间接以及战争等一般概念。一个传统的名号是"概念考察",常以"目的是什么"或"直接是什么"这样的形式出现。[1] 概念考察显然与确定自杀式袭击还是美军轰炸造成了更多的平民伤亡不同类,它不是"事实之争"。但就像引进事实并不只是多出了一些赤条条的事实,概念考察也不是从语词到语词,从概念到概念。我们需要依赖形形色色的事实来展开概念考察。

前面说到,鲸是不是鱼、汉城要不要改成首尔等等不宜笼统说成"用什么语言来描述这些事实有分歧"。自杀式袭击者是恐怖分子还是自由战士的争论更不宜这样刻画。毋宁说它是关于政治理念的争论,牵涉到很多道理,牵涉到应该考虑哪些事实,应当怎样看待这些事实,等等。这类语词和事质相互缠绕的争论是义理之争。把

---

[1] 查尔莫斯列举了这样一些"X是什么"这样的问题,例如"物质是什么",区别于"鲸是什么"这样的事实问题。

这样的争论叫做"语词之争",哪怕说它是重要的语词之争,高度误导。与其说在这场争论里"有某些东西依赖于怎样使用语词",不如说"使用哪个语词依赖于某种东西"。当然,"恐怖分子"和"自由战士"是两个语词,争论借助这些语词展开,落实在这些语词上,然而,什么争论不借助语词展开呢?

我无法接受查尔莫斯的号召:忘掉语词,因为语词远远不仅带有"意味或联想",而是有种种重要的道理汇拢在语词中。恰当地使用语词,使得事实呈现出新的面貌。"有重要意义的语词之争",就是关于何种语词能够起到这种作用的争论。与此相反,"字词之争",所谓概念游戏,大意是说,我们看见一系列字词换来换去,却没有看见事实呈现出不同面貌,字词的变换并没有揭示事实的不同联系。

概念多元论

论理之际,我们常常会采用事实/描述、事实上的/语义上的、事质方面的/表述方面的等等两分。这当然是因为这类两分时不时会帮助我们澄清争点。然而,我们切不可被误导去认为天下万物都可以被某种两分整齐划开。就连男人/女人或阴/阳都做不到这一点。别的不说,单说那究竟是何种两分,也随着使用的语词不同会有微妙的区别。例如,在这篇未定稿中,查尔莫斯以多种方式称所意指的两分,两分的一边,有时说是 of fact,有时说是 substantive。说成 substantive 或"实质性的",那另外一边就已经成了非实质的,成了"仅仅语词之争"。

我同意查尔默斯,哲学争论不是关于怎样确定事实的争论。依照事实上的/语义上的这种两分,哲学的任务就成了确定语义?詹姆士从"绕着转"的故事似乎引出的就是这样的结论。然而，要澄清语义，我们何不求教于字典求教于语言学家呢？在这一点上，查尔莫斯不完全同意詹姆士。在他看来，哲学争论中固然掺进了大量的语词之争，但哲学争论并不都是语词之争。我们要做的是把哲学争论中的语词之争部分辨别出来，排除出去，而这将有助于集中到实质哲学问题上，哲学将由此取得进步。这篇报告的主要内容是怎样用"语词之争测试法"来从事这项工作的一个纲领。

我在前文表明，对何为语词之争，查尔默斯的看法颇多疑问。而在获得比较靠谱的诊断之前，我们很难提出有效的治疗方案。如果我们坚持事实/语言两分，用"语词之争测试法"排除了语词之争，我们还剩下什么呢？剩下事实之争吗？显然不行，于是，查尔默斯不再说"事实"，换成说"实质"。可惜，我们没有被告知，把事实问题排除出去同时把语词抛到脑后去之后还剩下什么样的实质哲学问题。

在我看，"语词之争测试法"一开始就行不通。这一方法依赖于这样的假设：大多数概念争论可以用不引发语词争论的概念来重新表述，只有少数"基本概念"或"河床概念"除外。我猜想这个假设并不成立。实际上，我对一层层抵达基础的这一总体设想就有相当保留。概念考察既不以提供一个更标准更确切的字典学定义为目的，也不是向着更基本的概念不断推进以便停止在那里。概念考察的确会把我们带到某些"基本概念"那里——存在、实在、灵魂、信仰、正义、善好，然而，它们不是一些各说各话无可争论的概念，相反，所谓"基本"，说的是它们是多种争论的拢集之处。

概念考察并不是向着些"河床概念"渐渐挺近，依我看，概念争论实际进程更多显示的是循环这一特征。关于目的/手段的讨论会牵涉直接/间接、原因/后果、有意/无意等一系列概念，原因/后果概念会牵涉动机、作用、效果、结果等概念，你要考察动机和效果，又连回到目的和手段上来。[1] 也许这一进程是在"螺旋上升"或螺旋深入，但它不会把我们带到不多几个"河床概念"。

概念考察的终点在哪里呢？既然循环，就没有终点。但在一个意义上，概念考察当然是有终点的，这是因为概念争论是有争点的。大循环、小循环、往哪里循环等等，没有一定之规，依我们所要澄清的争点为准。我们不大可能建立一种系统的方法，因为我们每一次都须参照实际争点来展开概念澄清的工作。而且，十分重要却常常未被重视的是：什么会形成争点，怎样能澄清争点，这些都跟特定的文化传统和说理传统有关。从希腊人到今天的欧美人，容易忽视这一点，因为他们的文化传统和说理传统占据统治地位，他们不经意间会把它当作唯一的传统。然而，就算他们到达了他们的"河床概念"——ousia、substance、soul、faith、justice、goodness，我们还面临着怎么翻译它们的任务，怎么把这些概念联系于我们自己的论理传统的任务。并没有一套自在的"河床概念"。概念多元论不在于来到河床概念那里就只能各说各话；不同传统之间始终需要对话，而不是皈依于某种自在的真理。

查尔莫斯在报告里的结论是概念多元论：关于"什么是信念"这类问题并无确定的答案。虽然我对他达至这一结论的路径多有保留，但我高高兴兴地接受他的结论。"世界是物质的还是精神的"、"什么是信念"与"什么是鲸"这类问题不同，原则上不可能获得一

---

[1] 随着考察的推进，最后甚至会把所有一般概念都牵扯进来。黑格尔的逻辑学试图把一切基本概念都包揽进来形成一个"真理的整全"，而他这个整全也是循环的。我还想补充说，即使这样循环着的整体，也只是以往体系时代的遗迹。

劳永逸的答案。本来，这些问题是些思考的题目，题目下面是特定论理传统中的种种争点和思路；我们提出它们，不是为了求得最终答案，而是要依托这些争点来展开思想，加深对世界的理解。

传心术刍议

(原载于《语言战略研究》，2016年1月创刊号)

《三体》里头有一段写到，在三体的智慧生物那里，想和说是同义词，想就是说，"我们没有交流器官，我们的大脑可以把思维向外界显示出来，这样就实现了交流"。怎么显示？大脑思维发出电磁波，这种脑电波比人类的脑电波更强，"能直接被同类接收，因而省去了交流器官"。因此，在那里不可能设想隐瞒思想、撒谎这些事情，不可能出现狼外婆这样的故事——老狼一旦跟小红帽交流，小红帽就知道它的企图，就不会开门放它进来了。这应了老早有智者说过的，人发明语言是为了隐瞒。

自古以来，就有人设想传心术、读心术，也有很多这方面的故事。人虽然自诩为万物之灵，但也不能不发现自己的本事有限，例如，不能像鸟儿那样飞翔，于是就有飞毯之类的幻想。传心术是为了弥补什么缺陷呢？从听者一面想，恨自己不能真切知道他人的心思，知人知面不知心；而且，听人说话，要靠近说话人，最远隔半个操场。从言者一面想，恨语言不方便，不够用，想对心上人吐诉衷肠，心上人早听烦了，自己还觉得言有尽而意无穷。形容王昭君的意态，啰啰嗦嗦写满一篇，仍然不得要领——若能用脑电波发一张微信照片，岂不快捷达意？

身体的演化太慢，我们想飞天，等不及慢慢进化出翅膀来，还不如去研制飞行器。古老幻想的实现，差不多靠的都是科学技术。有了文字、电报、电话、电邮，远距离通讯的幻想早已实现。但言不尽意的苦恼，人心隔肚皮的苦恼呢？快了，脑电传感技术突飞猛进，想和说也许不久就会变成同义词了。

在想和说变成同一回事之前，它们的主要区别何在？

一、说话是一种广义的技能，需要学而后能，而我们的很大一部分想是不需要学习的，例如，我想吃小红帽或天鹅肉，或者落叶伤秋时思绪万千。

二、我们需要学习一种语言才能说，跟这一点相连：说话通常是说话人有目标有控制的活动，很大一部分想却不是这样。三体人"可以把思维向外界显示出来"，这个"可以"有歧义，听起来似乎"向外界显示"是一种受控制的活动——他或她可以向外界显示，也可以不把思维向外界显示出来；但依后文，三体人无法控制他向外界显示什么，三体狼无法向小红帽隐瞒它想吃掉她的欲望。IT专栏作家阮一峰总结出控制机器的七种方法，前六种是已经实现了的：卡片控制、键盘控制、鼠标控制、声音控制、姿势控制、眼部控制。梳理上述方法，有助于看到计算机的发展历史。第七种是脑电波控制，这一种还没有问世，但"相信总有一天会成为现实"，设想这种方法，"可一窥未来的发展趋势"。这七种方法真能比肩并列吗？前六种，已经实现的那六种，不仅控制机器，而且首先是受到我们控制。要用脑电波来控制机器，我们就得先学会怎样控制自己的脑电波。

三、我们说，说话是一种有控制的活动，还不仅仅是指我们可以有意隐瞒什么。我对办公室同事说，昨天来找过你的那个人又来找你了。那个人男人还是女人？大概什么年龄？高个还是矮个？面容？仪态？什么款式的衣裳？衣裳什么颜色？新旧？这些，我当时一眼看过去都看在眼里，但"昨天来找你的那个人又来找你了"这句话都没说出来。也没说我在走廊看见那人，没说走廊有多宽，走廊有个灯亮着。说话是一种有控制的活动意味着：说出来的内容总是有限的，总是有所说有所不说。这些说与不说，还与特定的语言相连，同一件事情，你对英国同事说 the man who looked for you yesterday is here again to see you，但这句英语包含了汉语句子没有的内容，不包含汉语句子包含的有些内容，比较明显的是，它说出那人是个男人。三体人用脑电波传达的时候，传达的是"那个人"还是 the man 呢？是不是连同那个人的年龄印象、相貌印象以及看到那个人的环境细节一道传达了？那他会一下子传达了海量的信息——也不妨说，传达了过量的信息。接受信息的一方会因此困扰，需要从这海量的信息里检出哪些是有用的信息。话语只能传达有限的信息，这让衷肠吐诉爱好者长恨言不尽意，然而，唯因为这种有限性才使得我们能进行有效的传达。

　　四、区别当然不只在信息量的多和少，说和想的内容并不同类。我告诉你，我要到机场去接我太太，这时我想到了些什么呢？若用脑电波传给你，那会是些什么呢？我太太的相片？机场的样子？我告诉你我喜欢读红楼梦，我想到了些什么呢？我给你讲解红楼呢？一个人是不是在说，他说了些什么，比较容易断定；什么算是在想，哪些算是所想，却难以界定。三体人直接传达其所想的时候，这个"所想"包括走廊的灯光吗？你看到树上一只苹果，你是在想吗？你有个欲望，你是在想吗？如果你自己都不知道这个欲望，例如只有弗洛伊德才看得透的弑父欲望，算不算你想弑父呢？

　　五、这就引到第五点：在很多时候，我们很难知道别人在想什么，并不只是因为人心隔肚皮；实际上，想对我们自己往往也不是完全透明的。有些想法太模糊太朦胧，有些想法太乱太复杂。你觉得张三这个人怎么样？我对远嫁王昭君有些想法，但究竟是怎么想的，我自己也不知道。用微信传王昭君的照片，照片上何处清晰何处模糊，明明白白，心里想王昭君的模样，连你自己都弄不清何处清晰何处模糊。思想这一端连到话语上，有个终点，那一端连着欲望、动机、感知、经验，没有清楚的端点。

看来，我们还得演化相当一阵子，想和说才能变成同义词。出于这种原因那种原因，人们设想某种不受语言限制的交流，设想思想的直接交流，但通常只是泛泛一想而已；认真想下去，传心术也好，裸露思维也好，需要连带设想进来的内容还有很多很多，仔细审视这些内容，会引导我们更深入地理解语言的性质。

辑三

读书从来不只是为了吸收信息,读书把我们领进作者的心智世界,我们通过阅读与作者交谈,培育自己的心智,而不只是搜寻信息。

漫谈书写、书、读书

（2016年5月5日下午在首都师范大学图书馆的讲座）

感谢屈南的邀请，让我有机会到图书馆来讲讲书和读书。讲别的我都不太行，对书和读书我还比较熟悉。今天是漫谈，的确，这个题目可说的很多，拉拉杂杂，我也不知道怎么能够做成一个一本正经的报告。我要讲的，大致分三块，书写、书、读书。每个话题讲一点儿，尽量挑大家也许觉得有点新鲜的东西来讲。

从口头传统到书写传统

我把我们从大概两千多年前一直到现代的整个人类时代，叫做文字时代。最古的文字大概元前三千多年前就在苏美尔人那里出现了，不过，一开始，文字掌握在很少很少人手里，用来记载王室的言行，或者用于记录卜筮的结果，或者也用在商业目的上，特别是征税这类事情上。大概在两千多年前到不到三千年的时候，文字开始从一小撮人手里流传出来，被较多的人掌握。这种情况，几大文明在差不多的时间段里都出现了。在中国，大家都比较了解，中国兴起一个阶层，这个阶层叫做"士"，现在叫读书人、知识人、知识分子。最简单说来，士能读能写，这是士的本事。那么这个时候，我就说，文字时代开始了。在那之前，神话、历史、思想等等，都是靠口传的。比如说孔子整理《诗经》以前,《诗经》的诗也流传了几百年。又比如希腊的两首史诗,《伊利亚特》和《奥德赛》,在成文之前也流传了大概几百年。《旧约》的故事也是这样。当时有一些行吟诗人,我们讲最早的语言文化的保存者、加工者、流传者,就是诗人。为什么是诗人呢?大家都有这个经验,我们小学、中学的时候,老师让背课文,诗我们能背下来,而且几十年以后还会记得。散文就很难背下来——骈文好一点儿——就算背下来,很快也忘掉了。在口头流传的时代,人们把最值得记住的事情都做成诗,这样才能一代一代地往下传。在没有文字的地方,人们对语言的记忆能力特别好,传说、故事、祖辈说的话,都得靠脑子来记。有了文字,有了书,很多资料都存在书里,把脑子省下来了。从口头到书本,我们的记忆方式、思考方式发生了很大变化。我们这个时代又在发生一个大变化,储存知识不再靠书,都存在电脑里,存在云端了。

从口传变成书写和阅读,这是一个根本的转变。先说一点。口传带有很多感性的东西,可以想象一个行吟诗人不仅把话语传下来,话语还伴随着音乐,还有他说话的方式,他的语气、手势、个人魅力。海德格尔说,语言是口中的花朵,语言本来生长在我们的生活场景里面。变成文字以后,文字脱离了说话的人,包围在文字周围的感性部分就没有了,很多东西失去了。不过,文字有文字的优势。孔子说"言而无文,行之不远",他说的"文"不是指文字,但是把这话用在文字上也很恰当,那就是,话语是传不远的,现在有了录音设备当然不一样了,但从前,一段话,传远了之后就走样了。我们都有这样的经验,你对一个人说的话,他传给他,再传给他,传了几道,往往变得面目皆非。有了文字,话语就可以原样传播很远。这个"远"也有时间上的远,到现在我们还可以读《左传》,读《庄子》，他们的话两千多年了还在。在以前，隔个两三代就不知道之前的人是怎么说话的。

文字还有一个好处。话语虽然有更丰富的感性，但是往往不够精确，逻辑不够严整。你做一个讲演，每一段都有声有色，听众听得很过瘾，但后来讲的跟前面讲的逻辑上是否一致？听众很可能没怎么注意。阅读就不一样了，读者可以随时回过头去比较一下你一开始是怎么讲的。日常交流，这算不上大麻烦，你通常是在对知根知底的人说话，用不着表述得那么讲究。但有些事情，例如科学考察，在口传环境里就发展不出来。人们从远古时候就特别注重观测天象，从实用方面说，游牧民族、农民，怎么确定一个月，怎么确定一年，此外，确定方位，这些都要靠看日月星辰，另外，原始民族都是有信仰的，在他们的想象中，神灵都是居住在天上的。但是在文字时代之前，他们很难准确记录他们的观测，有了文字我们才可能精确地记录天象。我们知道科学都是建立在资料基础上的，如果对资料没有精确的记载，不可能发展出科学。

此外再说一点。在口传时代，每个民族都有一个重要的传说，从盘古开天辟地开始，一直到民族的诞生，最早的英雄。传说的内容肯定是经常在变的，但是每一代人并不知道这些变化，因为是口传，他只听到最终的版本。于是他不会对自己的传统产生很多反思，因为无从比较同一传统的不同版本。但是转到文字传统之后就不一样了，比如说，我们想了解孔子的思想，有《论语》这样记载孔子言行的原始文本，有汉朝人注孔子的文字，有宋朝人对孔子的诠释，新儒家又有新儒家的理解。这些文本，这些理解，不可能完全一样，每一代人都在重新理解。究竟应当怎么理解？我们这些后来的读者，面前摆着不同时期的文本，都在那里，我们就可以自己进行比较，形成对整个传统的反思和批判。进入文字时代,实际上也就进入了反思时代。

所谓理性,本来是靠反思和科学精神培育的,两千多年来,我们对世界,对人生逐渐开始了理性地看待。这是文字时代的基本特点。

关于"书":中国和欧洲的不同

说了文字,再来说说"书"。最先是书写,拿笔写在丝绸上、树皮上、纸草上,或者拿刀刻在竹板上,等等。不管是哪一种,都很费劲很昂贵,保存起来也难。以前说学富五车,有人算过,古时候五车的书大概相当于我们现在一本二十万字的书。书少,很多人要读书,只能投奔有书有学问的人去学习。(宋濂《送东阳马生序》自谓少年求学时,"家贫,无从致书以观,每假借于藏书之家,手自笔录,计日以还",由此竟得"遍观群书"。)那时候,读书人记诵能力都很强,读一本书差不多要把它背下来,自己手里没几本书,靠记忆。书的数量有限,主要的书所有读书人都读过,四书五经、楚辞史记、唐诗宋词,所有读书人都读,几百上千年都读。这些书,我称之为"共同文本"。古代的读书人有他们的共同文本,今天没有了,大家坐在一起聊天,没有哪本书是中心,要说共同话题,电影、电视剧,但这个不是共同文本,过几个月就聊新电影了。

阅读和书写都要有时间精力,所以,阅读、书写是少数精英的事。谁是文字精英?在中国跟在西方很不一样。中国很早就有了科举制,汉朝选拔官员的一个主要途径是选举制,但除了一开始,所谓选举其实也是要考试的。中国主要是靠科举选择官员,而科举是靠文字的,所以,中国的官员都是文化人,能读能写。一个人只要会写文章，长得不漂亮没关系，声音不好听，甚至说的是家乡土话，这都问题不大，只要你写得一手好文章，你就当大官。相比之下，在中国，文字时代的边界最清晰。中古时期，中国总体上是个文教社会。后来有了造纸术、印刷术，书多起来了，宋朝的文教水平很高，跟造纸、刻板、印刷这些技术的发展有关。从那个时候起，读书人多起来了，写书的人也越来越多。到清朝，是个识文断字的人就留下一两部诗集或别的什么，书多得再也读不过来了。战乱的年头在中国历史上大概占三分之一的比例，这样的时期文教衰败，但三分之二是稳定的社会，文教比较昌盛，一直保持到清末。

西方不一样，西罗马灭亡以后，文教传统基本上断掉了，识字的人很少，能够读希腊文的更是凤毛麟角。中世纪，大大小小的领主都不识字。整个社会上，认字的没几个。文字传统主要靠寺院和僧侣保存下来。在东罗马，在拜占庭帝国，情况好一点儿，他们使用希腊语，文字传统的保存要比西欧好得多。后来，阿拉伯人攻占君士坦丁堡，那里的基督教徒带着典籍带着学问逃到西欧，这倒促成了西欧的文化复兴。

在这样的背景下，西方近代文化的兴起就显得格外蓬勃。大学的出现，小文艺复兴，文艺复兴，航海和扩张，科学革命，西方文化的改变翻天覆地。就读书而论，近代以来西方的变化比中国大得多。整个近代世界可以说是从阅读的复兴开始的。"文艺复兴"是希腊罗马文化的复兴，我们现在更多谈到的是那时的绘画、雕塑什么的，而据布克哈特说，"古代文化中希腊拉丁的文学遗产比建筑方面的遗迹更为重要，当然也远比流传下来的一切艺术残迹更为重要"。据说，在十四世纪的佛罗伦萨，贩夫走卒也识字读书。书籍和阅读这项新兴的爱好就这样繁荣起来，有人爱书如命，不惜倾家荡产增加藏书。意大利有的爱好文化的王公，不惜花费上万的金币搜购古书，雇人抄写。他们也常常慷慨延请文人学士驻留在自己的宫廷，以便就近讨论学问。

活字印刷在西方的文化大复兴里起到格外重要的作用。本来，活字印刷是从中国传到欧洲的——虽然也有历史学家提出异议——但活字印刷在中国和在欧洲所起到的作用是不一样的。我们知道，中国的字很多，常用字就有几千个，即使有了活字排版技术，排版仍然很不方便，所以活字印刷对中国书籍的印行改变不是那么大，有了这项技术，多半还是用刻板。在西方，就那么二三十个字母，改用活字，排版就容易太多了，因此，活字印刷在西方所起的作用是革命性的。据估计，活字印刷之前，整个欧洲的藏书不过几十万册，活字印刷出现半个世纪之后，到十五世纪末，书籍增长到两千万册。活字印刷对整个西方的文化的提升有着特别巨大的作用。

文字时代和图像时代

跟从前的时代相比，读书这事儿变化很大。我在美国读书的时候，学校里每年都办旧书大卖场，还没开门，门口就挤满了穷学生，一开门，冲进去挑自己要的书。成千上万本书，书脊朝上摆在大长条桌上，谁抢到算谁的，美国学生眼快手疾，我们留学生眼慢，吃亏。一美元一本的，两美元一本的，三天后撤场，一袋子几块钱。二三十年过去，盛况不再。这两年在美国逛社区图书馆，也都有卖旧书的，也摆在长条桌上，价钱更便宜，无人问津，也就是老头老太太过去瞎翻翻。我自己读书，读过了大多数就送人——没住过大宅子，只放得下那么几个书架，新添一批就得送出去一批。从前，年轻人还挺稀罕你送的书，现在都改网上阅读了，人家看你面子才接受这些书。

总的来说，我们这一代人比你们更爱读书。倒不是说我们多么读书上进，主要是因为我们那时候，读书差不多是汲取知识的唯一途径。我们那时候连电视都没有，更别说微博微信了。电影翻来覆去就地道战、地雷战那几个。我们那时有共同文本——有它可悲的一面，我们有共同文本，一个原因是那时候能够找来读的书数量有限。今天很难凑到几个人，都读过同样的书，大家的共同谈资不再是书，大家都看过的多半是同一个电影什么的。那时候，天南地北的年轻人，聚到一起，都读过同一批书，说起读过的书，立刻就可以交流了。书是我们这一代人最好的交流平台。三四年前我在这个图书馆做过另一场关于读书的报告，题目好像是"我们青年时代的阅读"。我说，那时候，读书对我们来说是一种信仰。在当时，读书几乎是一切知识的来源，但远不止于知识，我们靠读书保持自己的精神高度，靠读书来抵制那个恶劣愚昧的时代，在谎言的汪洋大海里寻找真理。

现在年轻人更多网上阅读，或者读读微信什么的，所谓碎片化阅读。有了网络，流传的文字多了，流传得快了。"作者"多了，更新率大大加速，每篇文字的读者就少多了。即使哪篇文章有几十万点击率，也不是共同文本，很少有人会认真读，多半是草草溜一眼吧。我自己上网，主要是搜索信息。网上阅读本身就有点儿像信息搜索，我是说，网上阅读好像你只是在读重要的东西，而不是完整的东西。读书从来不只是为了吸收信息，读书把我们领进作者的心智世界，我们通过阅读与作者交谈，培育自己的心智，而不只是搜寻信息。培育需要一遍一遍的慢功夫。旧时读书，一字一字细读，读了下文回过头来读上文，还可能背诵不少篇章。就此而言，读书这种学习方式最自主，看电视不行，听音频也不行，我常常听一些语音课程，你当然可以回过头来再听一段，但太费事，所以通常听内容比较简单的导论课。

我们以前不大说信息这个词，说消息，消息里蕴含着真义，呼唤你去理解。密集的信息不一定带来相互理解。一切都在 bit 的平面上传播，深心的交流难遇。于是，一方面是信息爆炸，另一方面每个人愈发感到隔绝与孤单。读书当然要求我们有点儿寂寞，但我们在这种寂寞里跟伟大的心灵交流。

我们说"实体书"、"实体书店"，这里说的"实体"，可以深一步去想。书在那里，它是个实体，读者围绕着这个实体，搜索信息的时候呢，我是中心，信息本身没有组织，今天根据我的这个需要组织起来，明天根据你的那个需要组织起来。从前的经典是共同文本，是把读书人联系到一起的实体。从前有经典，今后不再有经典——从前的经典当然还有人读，但只是很少数人。经典不再是读书人的共同文本就不再是经典了，更宜叫做古文献，从读书人床头进了博物馆。从前的经典是成篇的文章，是一大本一大本的书，现在的"经典"是经典段子、经典广告词，一两句话，理解起来、传播起来都容易。它们多半跟时事联系得紧，也更适应于老百姓的理解力。那些段子有的的确很精彩，不过，要紧的不是隽永深邃，要紧的是惊警甚至惊悚，一时振聋发聩，来得快，去得也快，不求经得起一代代咏诵。网络新词也是来得快去得快，出来个新词，一下子人人都在说，到明年，消失了，又换上一批新词。过去，没有报纸、无线电广播、电视、网络这些即时媒体，新词儿不容易普及，它得先慢慢爬升到文化阶梯上端，然后通过阅读普及开来。有人说，有了网络，我们的语词变得更丰富了，这我可不同意。要说一种语言里有丰富的词汇，那得是这些词汇始终保持活力。

语言文字的变化折射出时代精神的变化。人类的精神不再是以经典为顶端的金字塔那样子，而会是好多好多结点相互联系的网络——正好跟眼下所说的"网络"呼应。

不仅是读书，人与人之间交流思想的途径也发生着日新月异的变化，从前，地远天长，交流要靠书信，于是有鸿雁传书，现在，你在美国，他在广州，发个手机短信发个微信就好了。眼前有景道不得，发张照片就好了。

你们生活在一个新的时代。文字时代正在落幕。差不多六十年前，先知先觉的人就谈论新时代的到来，有一本书，叫《图像时代》。但那时的图像还不能跟现在比，毕竟，图像制作起来比较费劲，也就是广告、电视热闹点儿，现在有了电脑，有了手机照相，有了互联网，铺天盖地都是图像。你们早就习惯了到处都是图像，我们不是。我们小时候，照个全家福是件大事儿，现在，一人一天可以产出多少照片？那时中国刚开始有电视，大多数人没见过。街头也没有五颜六色的广告。要看图像，就看连环画。想学油画，当然不可能到国外去看美术馆，运气好的也只能看看画册，而且多半是一些印刷很劣质的画册。今天生产图像变得非常容易。从文字时代转变到图像时代，其中有技术的支持。文字生产和图像生产哪个更容易？这要看技术的发展。刚才说，有了造纸术、印刷术，文字变得便宜了，现在，生产图像变得便宜了，反倒是好的文字越来越少。图像和文字当然很不一样，我们想知道林黛玉长什么样子，写上好几页也写不清楚，拿张照片来一看就知道了，但照片无法取代"一双似泣非泣含露目"这样的文字意象。文字转变为图像，会在好多方面带来巨大的改变，我们了解世界的方式，我们的思考方式，都会剧烈改变。同样还有社会生活方面的改变，比如说吧，读书人以往的优势差不多没有了。在文字时代盛期，大本大本的著作写出来；写出来，是因为有人读。后来，文字越来越短，而且开始从纸面上转到屏幕上，从博客变到微博。文字已是强弩之末。我一用上微信，就说这是对文字时代的最后一击，短信都不用写，直接说话，发照片，发表情包。文字的两千多年就结束在微信手里。好坏再说。

　　图像时代的大背景是平民化。文字一开始掌握在极少数人手里，后来王官之学传到民间，文字没么神圣了，但掌握文字的仍然是一小批人，他们构成了一个精英集团。在中国，士人集团既服务于皇廷，也与皇廷分庭抗礼——皇族把着治统，士人集团把着道统。西方掌握文字的是僧侣阶级，他们跟贵族的关系也有点儿是这样：这个世界由贵族统治，但基督教这个大传统由教会管着。印刷术发明之前，书籍是属于精英集团的。王侯以及宫廷文士，会有点儿看不上印刷出来的书籍，这些工业制造品的确不能跟那些用深红天鹅绒包封并配有白银搭扣的羊皮纸书相比，翻开来，里面是抄写专家的精美书法，抄在高质地的羊皮纸上。像彼得拉克这些"人文主义者"，读的就是这样的书，往往来来，多是公侯将相。有一种说法，是说印刷业的兴起导致了人文主义学者的式微。

　　近百多年，普及教育，首先就是文字普及了，人人都能够读写，掌握文字不再是一种特权，我们就来到了平民时代，平民开始读书了。然而，一旦有了图像，平民就不读书了，他们更喜欢图像，文字成了配角，简单易懂的短短两句。文字是 artificial 的东西，我们需要专门学习，否则就是文盲，与此对照，图像是自然的东西，一幅照片，风景或人像，不用上学也能看明白。文字仍然与精英有种联系，坐在那里看书的百分之九十属于精英，不过，他们不再是政治精英，跟统治权没多大关系。就像印刷业的兴起导致了人文主义学者的衰落，图像时代的到来导致旧式读书人地位的衰落。统治者现在更需要技术专家，而不是读书人——图像生产不靠读书，靠的是技术。技术专家不同于读书人，他们没有很强的道统观念，对统治权没啥威胁，他们也不像工商人士，有自己作为一个集体的诉求。统治阶级下面新的精英集体，读书人和艺术家，工商人士，技术专家，他们是平民时代的三种精英。不过，"精英"这个词不怎么妥当，这个词有点儿过时了，这三种人都是平民，有点儿特色的平民，书读得多一点儿，或者钱挣得多一点，不像从前的精英阶级那样掌控着全社会。

我一直认为，到我们这一代，文字时代开始落幕。我们是最后完全靠阅读长大的一代，差不多是两千多年的文字时代的最后一代人。我们两代人虽然只差了四十年吧，但你们所处的是全新的时代。

我说文字时代落幕，当然不是说，文字和阅读会消亡，以后就没人阅读了。据艾柯说，书就像轮子，一旦发明出来就永不会过时，哪怕有了宇宙飞船这种用不着轮子的交通工具。的确，没有那么多人去读大部头了，我觉得有点像京剧爱好者——现在还有人喜欢京剧，但不像一百多年前慈禧那时候，上到宫廷下到街巷，大家都在听京剧，大家都在玩票友。文字从前是主导社会的力量，现在不再如此，今后，阅读和写作不再是获取知识、传播知识的主要途径。但文字还会存在，像我们这种关心文字的人也会存在。《红楼梦》和《浮士德》还在那儿，阅读不会消失，永远会有相当一批人仍然热心于阅读。的确，文字有它特殊的品质，不是任何别的东西能够取代的。我们一向叫做"思想"的东西，是跟文字连着的，主要落实在文字上。

说到文字时代落幕,我们这些伴着文字长大的人,难免有一点失落。不过,人类生活形态的根本转变,争论它是好事坏事没多大意思。我更关心的是,文字时代到底有什么好东西,寄身于文字的有哪些独特的价值。文字在新的生活形态中会起到什么作用?我们称作"思想"的东西会是什么样子?有一些我们珍爱的东西会失去。叹息归叹息,复古从来都是不可能的事儿,我是希望将来会出现一种立体的传播方式,把文字保留在其中,它不是全部,但仍然是立体传播过程中的一维。

未来会是什么样子,你们比我知道。不管未来是什么样子吧,曾经有思想的盛世,留下那么多璀璨的作品,毕碌碌一生,欣享还来不及呢。

关于读书

学院里的人,读书是你的本分,当然要多读几本。我们跟古人不一样。孔子博学,但没读过几本书——那时一共没几本书。他们所谓读书,恐怕每个字都记在脑子里。现在,即使在一个小领域里,也有无数的书要读。不过,不同专业要求的读书量也不同。你是研究唐史的,唐代的史料你读到的越多越好。你是数学家,就不一定要读那么多数学书。爱因斯坦说,我需要的只有两件东西:一张纸和一支铅笔。我们哲学工作者间于两者之间吧。

学院里的人读书太少可能不行。但天下的好书太多,没谁能通读。刚才说到了明清,书已经多得读不过来了,今天,每年印行几万本,当然更不可能有人读那么多。我们除了读书,还得学外语,学数学,学生物,没那么多时间读古书,像在《红楼梦》里,那些十几岁的女孩子做诗、行酒令、玩笑,都用那么多典故,典籍烂熟于胸,我们现在只能望洋兴叹了。小阿姨打扫书房的时候问,大哥,您这么多书,读得完吗?我说,读不完。"吾生也有涯,学也无涯"。到了我这把年纪,更不得不挑着读。我年轻时候有个毛病,不管好书、坏书,只要读了前十页,就一定要把它读完。也是因为那时候书很少,好容易逮着书就玩命读。现在书太多了,但很久才改掉积习。现在多半几本书同时读,脑子好用的钟点读费力的书,脑子不大转的时候读轻松的书,一本书一次只读几十页,第二天接着读时会有新鲜感,也不能隔太多日子,否则,读长篇小说,前面的人名什么的都忘了,接不上了。

做研究,不得不读书。专业之外呢?读哪类书倒没有一定,有人更爱读历史,有人更爱读文学,有人更爱读科学。我想,首先是读好书,人生有限。闲读要读好书,有知识含量的书,有思想性的书。不像做研究,你为了写论文,不得不去读好多二手资料、三手资料,就没那么好玩了。如果不幸你的专业是研究五六十年代的中国文学,你只好一天到晚读没意思的书。读书有点儿像交朋友,当然是挑有意思有内容的人去交朋友,只不过,你看他好,要跟他交朋友,他不一定搭理你,这就不如读书,你看着这本书好,拿来就读,它拗不过你。

最后说两句我们为什么要读书?大贤大智说了很多,我只补充一点个人的体会吧。我不想从高尚什么的来说读书。宋朝人明朝人比我们爱读书,不见得是因为他们比我们高尚。这是跟社会情况相连的。他们没有电影没有电视没有微信,除了读书能干什么呀。他们那时候要靠读书来做官,他当然好好读书了,我们读了书没什么用，那当然大家书就读得少了。读书是不是能让我们变得更高尚，这个我不知道，非要知道，得去做实证研究，你们做社会学的同学真可以把这做成一个研究项目。我个人比较爱读书，同时也比较高尚，但我不知道是读书让我高尚呢，还是高尚让我读书，也许我这个人碰巧既爱读书又高尚。（听众笑）书读得比我少但人比我高尚的，为数不少。读书是不是让人善良，我也不知道，这个也需要去做实证研究。我们知道，有些坏人读书读得很多，我能列出几个大家都知道的名字。

就我自己来说，读书的好处多多，只说一点吧，读书能让人变得谦虚，你自以为聪明，你读读费曼，就知道自己跟傻子差不多，你自以为博学，你读读雅克·巴尔赞，就知道什么叫渊博了。书不像口传传统，两千多年古今中外，你想知道谁想了些什么，谁说了什么，你上图书馆拿出书来一读，孔子离你不远，亚里士多德离你不远，伽利略也离你不远，你直接就跟人类产生过的最伟大的心灵和智性面对面，就在一张书桌上。书把你带到两千年前，带你去游览中东古迹和美洲的丛林，把你带到宇宙大爆炸，带进双螺旋结构。世界无穷之大，我们得乘着书的翅膀遨游。这同时也是一种超脱，生活里到处是些琐琐碎碎的事情，你把这些破事忙完了之后，读你最喜欢读的书，一卷在手，宠辱皆忘。

虽然阅读主导的时代或者说文字主导的时代已经过去了，虽然我们已经不再是传统意义上的读书人，但既然我们有幸成为大学生、研究生，我觉得多多少少还是沾着一点读书人的边，还是应该有一点阅读的习惯。我们都知道，在世界上，中国人的阅读量排名很低，希望你们这一代人把排名提高一点。

问答

书那么多,该读什么书呢?您能给我们开个书单吗?

书单开不了。每个人的背景不同,爱好不同。要说推荐书,你可以请学长推荐,比较信任比较佩服的学长,他比较了解你。公认的经典多半是好书,而且,它们是读书人的共同文本,为读书人共同体提供了凝聚力。不过,你不一定要照着"100部经典"这样的单子去找书读,不如依着自己的条件、积累和兴趣找书读。它经典是经典,但若不合你现在的条件和兴趣,不妨先绕过去。先挑你比较有兴趣也有能力去读的。选费点劲能够够得着的。别选太容易的,你要是为了消遣,当然无所谓,但为了学习,太容易的等于你没学到什么。有一些书,读起来比较费劲——我是教哲学的,大部分哲学书都是有点难的——实际上,我觉得应该趁年轻心力充沛的时候去读艰深的书,在精神最好的时候,比较有勇气的时候去读难啃的书。但也别选太难读的,要读的有那么一点累,累完了还真学到东西了。太费劲就算了,把时间精力用在你费一番力气能够得着的东西上。对初学哲学的,我常推荐比如像罗素、莱尔、奥斯汀这类的,像政治哲学中的桑德尔。他们的知识比咱们多,想法比咱们想的深一点,但不是那种你一下子够不着跟不上的。跟桑德尔相比,罗尔斯更专门一点儿。桑德尔大致是就我们关心的一些问题在反思、在想。罗尔斯是一个理论建构。读罗素,不是读他的数学原理,除非你专门要学数理逻辑。罗素的"摹状词"理论也是个理论,但那是个很简单的理论,你一两天就掌握了。

读比较艰深的书,可以组一个读书小组,三五个人,一起攻读,这也是以文会友。可能比较理想的是六七个人，有时候这两个没来，还有四五个，是吧，两三人就太少了。大家读一本书，这本书可以选的稍微难一点，一周一次，几周把它读完。聚会的时候，说说你特别有体会的是在哪，有疑问的在哪，这种有个文本基础的讨论，比完全空对空讨论要好。读懂了原来读不大懂的书，也是一种享受，格外享受。你的程度提高了，原本很艰深的东西会慢慢变成你费一番力气就能够得着的东西。

您能介绍一下您读书的方法吗？

我一直建议要区分精读和泛读。把好精力用在精读上，其他的书就那么读读，不求甚解。

书是地图，是画，是歌

（2011 年《绿城》的书面采访）

请写一段自己的读书的记忆，1200 字左右。

夏天晚上，一帮孩子聚在院子里，瞪着眼张着嘴听嘉曜讲岳飞的故事，一上来是说大鹏金翅鸟，说一帮徒众听佛法，那佛讲得"天花乱坠宝雨缤纷"。这些词儿好个迷人。正讲到好处，说该各自回家睡觉了，还缠着要他讲，嘉曜说，你干吗不自己去读。回屋拿出《说岳全传》，这是我读的第一本长篇小说。一发不可收，从学院图书馆借了，一本一本读下去。《水浒》《三国演义》《西游记》《三侠五义》《东周列国志》《隋唐演义》《封神榜》。《红楼梦》翻了翻，琐琐碎碎缠缠绵绵没个痛快劲儿，读不下去。

我和嘉曜两个都不爱睡觉，家里管着，装睡，父母一熄灯，我们就从枕头底下抽出书来读。星期天妈妈在家，我坐在她旁边念《三国》。妈妈熟悉书里的故事，她说外公最喜欢三国，从小给孩子们讲。我念不出的，念错的，读不懂的，听妈妈讲，妈妈也不知道的，就混过去。读着，念想着将来长大了，横刀立马，建一番功业，名扬天下。

别人借书，在借阅台填书单，管理员进书库去找。大概是管理员们看这么个小人儿总来找大书，觉得好玩，特予优待，让我进书库，爬到踏凳上自己找书。只挑旧小说。有一次看到一本《晋阳秋》，以为是旧小说，拿回家一读，是近代故事，借来了就读读吧，也挺有意思。此后就读《林海雪原》《敌后武工队》《苦菜花》之类。《家》之类的书，不写打打杀杀，不爱读。外国书也读些，借来一本《罗密欧和朱丽叶》，扉页上铜版画，罗密欧小楼下跟阳台上的朱丽叶搭话，一看罗密欧一把络腮胡子，吓了一跳，和想象中的俊美青年满不是一回事，不明白朱丽叶怎么会爱上他。不过，西洋人带着剑谈恋爱，风风火火的，也带劲。

大人书之外，也看连环画小人书。少儿必读书里最难忘的是《十万个为什么》，每出一册，不分昼夜把它读完。我的科学小常识应有一半是从这套书里读来的吧。不知是不是这套书把我的兴趣引向科学。中学那两年，很少读小说了，《趣味数学》《怎样用圆规直尺作图》，读各种科普，生物进化，相对论，量子力学。不想横刀立马了，想设计宇宙飞船，到火星上去做科学考察。

"文革"扼杀了一个潜在的科学家。跟着嘉曜，跟着整个时代折腾了大半年，忽然厌倦了群众运动。家已迁到月坛，我住在六楼顶上两个哥哥帮着搭建的单独小屋子里，它是我第一个书斋。红卫兵大哥哥们知道我好书，把抄家掳来的书一捆捆送来。经历了一番天翻地覆，走过了新疆云南，心智变了，不再只读故事，开始读文学了。唐诗宋词，孔孟老庄、《史记》《古文观止》。背诵了不少，虽然误过了童子功，毕竟还年轻，直到今天触景生情还能想起些古诗文来。中国小说里，尤爱《红楼梦》，外国小说里，尤爱《静静的顿河》。近代中国书，只读鲁迅，全集一本本读下来，还手抄了其中不少，自己写点小破烂也自觉不自觉地模仿。读过这些，潜移默化养出对文字的敏感，渐渐地，要文字好才爱读，文字不好就生抵触。

这竟成了毛病，例如现在的文化批评吧，无论多么高明的理论，满眼生涩的新词儿，冗长古怪的句式，读不下去。

后来呢？后来读书，要学东西了，成了另一种读书。

你是什么时候成为作家的？是什么原因让你成为作家？

从小好写，亲旧知其如此，邀发表，一来二去，发表了不少，但算不上作家吧，发表的绝大多数应算论文一类，不过比较通俗，有些专业之外的读者。

描述一下你个人对书的感情？

自认为算个读书人，在书里讨生活。从小爱读书，应是天性使然，父亲学工科，做行政，家无余财，很少买书，就从图书馆借阅。"文革"时期，假大空茫无涯际，唯书中能找到一些真实，更把读书当成精神生长的主要养料。一卷在手，忘怀利欲。读书的时代式微了，信息时代，数码时代，图像时代，读书有所有这些都无法取代的东西。

举一部你最喜欢的作品？它对你产生了什么样的影响？

最喜欢？大费踌躇。就像问你最好的朋友是谁，每个朋友都那么独特，很难比。好吧，就举《红楼梦》吧。小时候读，读不下去。十五岁读，迷上了。后来十年八年重读一遍，百变红楼，每次展现出新的内容。喜欢什么？说不尽，单说文字就喜欢不尽。我为好的文字着迷。外国即使有比红楼梦写得更好的,我的外文不够好,达不到能为文字着迷的程度。

最喜欢和产生影响不怎么搭。潜移默化的影响一定有,却罗列不出什么,反正从来没想过住进大观园。

通过读书,你对生活发现了什么?

在没开始生活之前,书是地图,你从书里找东南西北。自己有生活,书是画,把你感受到却无能表达的东西画到你眼前。活过了,书是歌,活过的岁岁月月都跟随这首歌那首歌存入记忆。

请给少年、青年、中年各推荐一本书,各写一段一百多字的小书评。

给少年:《安徒生童话》

美丽,沉静,忧伤。海的女儿,怀着缄默而挚热的爱情,没有嫁给王子"从此过上了幸福的生活",她化作浪花,在来自上苍的阳光里获得永恒。用这篇故事的开篇来形容安徒生童话吧:海水那么清,像最透明的玻璃,然而它很深很深,深得什么锚链都探不到底。所以,它适合少年,我们老人仍然爱读。

给青年:《史记》

有故事。不是白领职场故事——你成天在办公室里朝九晚五,差不多的男人女人,好容易回家了,怎么还会去读那些杂七杂八的事?去读史记的故事吧,铿铿锵锵的故事,神采飞扬的故事。有文字,史家之诗骚。饭菜,果腹可矣,不一定要玉盘珍馐,书不是这样，本来可有可无，不是极品，读它作甚。不消说，有历史。让我们知道，今人的残暴严酷阴谋诡计，古已有之，唯古人的高风亮节，今已难再。有精神有思想。精神和思想，只有连到古时才浑厚深邃；只盘桓在眼前事端，难免单薄孱弱。要是太忙，不能整本读下来，就挑些喜欢的篇章读。

给中年:《庄子》

人到中年，生活变得琐碎无趣。不全怪他自己。中年人上有老下有小，还担着一大堆社会责任，好不辛苦。读读庄子吧，大鹏扶摇，鼹鼠饮河，无论什么日子，都把它活出精气神来。可别以为庄子只是无所谓，那是有风骨的无所谓，不慕荣利，处浊世而自清，履难苦且自乐——若无风骨，所谓无所谓只是油滑而已。庄子可有一丝油滑？气之盈者，堂堂正正。

推荐一本自己的书。

刚推荐史记和庄子，还怎么推荐自己的书？若从命，提一本读起来最不费力的吧，《白鸥三十载》。其中或有一两篇不尽辱没汉语的文字。

读《知识分子》

（保罗·约翰逊，《知识分子》，杨正润等译，江苏人民出版社，1999年）

这是一本以知识分子为靶子的书。据作者，知识分子从诞生的第一天起就让人不敢恭维。卢梭是第一个知识分子，同时也是个讨厌人物。但即使头开得很糟糕，仍有每况愈下的势头。他写了不到二十个，卢梭和萨特在很多人心目中本来形象欠佳，但一向被奉为世人楷模的马克思和托尔斯泰，也一身恶习。加在一起，世上没有哪种劣习和失德不能在他们身上找到：虚伪、虚荣、冷酷、不忠不孝、忘恩负义、专断偏执、嫉妒、好色、贪婪、说谎、偷窃、吝啬、赖账、喜欢争吵、不讲卫生。此外还得加上知识分子专有的劣习，跟着观念走，看不见现实；想用头脑来改变生活规则；自我吹捧、自我推销；毫无顾忌的性游戏和性享受；嗜好毒品。主要的一条，是他们声称爱世界上的所有人，却不会爱他身边的人，在日常生活中甚至冷酷无情。说雪莱吧，他的爱"是一种抽象的火焰，可怜的凡人靠近时常常会被烤焦"（44页）。容忍暴力乃至鼓励暴力，这一点看上去不像是知识分子该犯的毛病，但约翰逊似乎看到了某种联系："暴力对某些知识分子总是具有强大的吸引力，它同希望得到激进的、绝对的结论是一致的"（433页）。作者不是要抹黑这个或那个著名知识分子，他的矛头指向整个知识分子群体。

任何规则都有例外。约翰逊也写了一个他尊重的知识分子，乔治·奥威尔。奥威尔最突出的长处在于把实际经验放在理性观念之上，在这个意义上，他恰恰是一个非知识分子。约翰逊讨厌intellectuals，他对拜伦不那么恶感，"他更是一个行动者而不是一个知识分子——他完全不相信人能改造社会，他只相信人决定自己的行为"（72页）。我自己也不喜欢"知识分子"这个词儿，多的不说，"分子"就够刺耳的。

作者引述的言行都来自公开出版过的材料，这似乎保证了某种真实。不过，细节的真实不能保证整体画面的真实。对有些事情，原始材料里的本来是同情的叙述，约翰逊把它们作为揭发丑行来引述。我们都知道，大到一个民族，小到个人，把缺陷和污点搜集到一起，画面一定乌糟得难堪。这当然不限于知识分子，政治家、企业家或其他什么家好不到哪儿去。普通人也好不到哪儿去，钱锺书说，猴屁股都是红的，只是那些爬到高处的猴子，红屁股格外让人看得真楚。

我们不一定要接受约翰逊提供的画面，但他的确提出了有关知识分子的不少真实问题。日常生活中的品质与作品的品质有关系吗？如果有，是怎么联系的？立德和立言的关系？我们应该用同样的标准来衡量各色人等吗？

就这本书来说，主导问题是：在近代和现代社会里，知识分子到底扮演了什么角色？初看起来，作者似乎热衷于搜集知识分子的道德缺陷，但在我看，他更关心的是知识分子的政治维度——通过揭露知识分子的失德来否定知识分子的政治诉求，"虽然所有社会工程的方案都由偏执的或极权的政府实施，但它们起初都是知识分子的作品"（466页）。知识分子已有两个世纪的历史，而作者对知识分子在这两个世纪里的整体作用深表怀疑。"在我们这个悲剧的世纪，千百万无辜的生命牺牲于改善人性的那些计划——最主要的教训之一是提防知识分子，不但要把它们同权力杠杆隔离开来，而且当他们试图集体提供劝告时，他们应当成为特别怀疑的对象。……知识分子远不是极端个体主义的、不随波逐流的，他们的行为有某种固定的格式。……他们制造了舆论潮流和主导的正统思想，其本身常常导致非理性的和破坏性的行为。"（470页）

文艺复兴开始，西方文化人反传统，此后，这种倾向越来越强烈，越来越自觉，越来越政治化。如果把这种倾向视作一个不断增长的连续体，我们也许要把伊拉斯谟（1466—1536）和拉伯雷（1495—1553）当作最早的一批知识分子。但约翰逊像许多人那样把卢梭定位为第一个知识分子也是有道理的。伊拉斯谟和拉伯雷他们要颠覆的是中世纪传统，通过这种颠覆建立起来近代西方文明。而卢梭直到萨特、鲍德温他们所要瓦解的恰恰是近代西方传统。约翰逊所要捍卫的，当然不是伊拉斯谟他们成功颠覆的中世纪传统，而是近代的新古典主义。本书作者主张的是古典理性，既反对激情至上，又反对理性设计。

约翰逊很会写书，读来流畅，本书的翻译保存了这个特点。可惜误译稍多了些。At the time of the disaster 是说雪莱最后出事的那一次，误译为"在天气恶劣的时候"，后面跟下去的译文也就有点差错（75页）。"这段惨痛的经历他……没有描述"译错了，大概是把 harrowingly（让人感到受折磨）错看成了 hollowly（417页）。"这种社会工程，包括它的全部错误，也是西方民主国家一直信奉的最后一件事"，正确的译文大致是："西方民主国家尽管有自己的种种缺点，但一向都最不能接受这种社会工程设计"（466页）。希望再版时译者能改掉这些小错误。

序阿坚

(《没有英雄的时代，我只想做一个人》，大踏著，广东人民出版社，2013年；写此序时的书名是《一个伪英雄的自白》）

那一年，好友刘建住进肿瘤医院，我们几个好友轮班看护。这一夜，我和大踏（他更为读者熟悉的名字是"阿坚"）交接班。病房外走廊里，靠窗，夏末，两人谈起写作，争论起来，记忆中，是第一次听大踏正面反对我的看法。我喜欢简洁讲究的文字，像海明威说的那样，站着写，落笔会比较节省，然后悠悠在摇椅上把可删的一字一字删去。甚至像贺拉斯提倡的那样，文字落成，放上九年再考虑示人。大踏不以为然：写作像生活一样，贵在原生态，当下写成啥样就让它啥样，否则有作假之嫌。

忽忽三十年过去了。他还是他那主张，我还是我那主张。只不过，那时候，我认为自己是对的，他是错的，而今我更愿说，各有各的道理。倒不是和稀泥，是因为我们各自的主张都不是孤零零的主张，这里的分歧连着很多其他不同，比如，大踏一身本事，走南闯北，富感知，高才情；我呢，好读书，差不多是在书里讨生活，坐在书房里写论文——想象不出大踏那种风格怎么写得出论文。大踏是作家，但我有时把他看作"半作家"，他的写作跟他怎么生活连得很紧，你觉得他写出来的东西有意思没意思，很大程度上依赖于你看他那种生活内容有意思没意思。大多数作家，典型的作家，完全不是这样。我们几乎不知道莎士比亚或曹雪芹怎么过日子，甚至有人怀疑根本没有其人——至少，把曹雪芹想成贾宝玉的原型在我看来错得离谱。认识的人里，例如刚得诺贝尔文学奖的莫言，也很难从他的作品中看到他怎么过日子。大踏和我关于怎样写作的争点编织在两种不同的生活里，编织在对生活的不同总体态度里；这些不同，复又编织在让这些相异之处息息相关的共同世界里——如果不是共处在这个息息相关的共同世界里，还有什么可争？但要从怎样写作这个争点一直聊到他和我的共同世界，那得聊到什么时候？

那时候，我们两个差不多谁都没发表过任何东西。后来，两人七七八八各自不知发表了多少文字，各自把关于写作的主张体现到自己的写作中。我仍然坚持他错把原生态等同于写作随意，但我也不得不承认，大踏走出了自己的路，如果他转而采纳我的主张，我们就读不到这许多大踏风的文和诗了。大踏有一双独特的眼睛，他固执地使用这双眼睛看待世界，于是，三十年来，他笔下出现了一个独特的世界。无法三言两语概括这个世界的独特之处，非要概括，我会说，那是一个被解构了的世界。我不是因为"解构"时髦选了这个词（何况这个词现在恐怕也不那么时髦了），大踏原是咱们中国最早开创解构之风的作家，只因为他一上来就解构得相当彻底，把自己也一道解构掉了，所以不曾以解构先行者的身份暴得大名。1976年，他碰巧领头冲了天安门广场上的公安部小楼，两年后，官方追认他们是天安门英雄，他又是那批英雄里有才有样的，一时间，赞誉崇拜蜂拥而来，可他认准了不走阳关大道。他要走他自己的路。"自己的路"这话说的人多，走的人少。是条什么路呢？曲曲折折，不大说得准，好在他一路走，一路哼唱，算是一路留下标记。他自己说得最到位："跟时代抬杠"，用"小折腾小反抗小颓废"抬杠。大家发财，他偏要受穷，大家成功，他偏要落魄，大家体检健身，他偏喝大酒吃大排档——好在他那身子板儿硬朗，几十年还没折腾零碎。常听知道不知道大踏的人说：能几十年把抬杠坚持到底，这本身就是个成就。

英雄都得扛点儿什么，我们却也不会因为扛着扛着就成了英雄。我们这个时代没有英雄，因此也不会有伪英雄。有真钞，才有假钞，满街成名竖子，还伪啥英雄？大踏及其同伙儿，倒有点儿像我们这个时代的嘲世派（通译"犬儒主义"），他们拒绝一般认作上进的东西，拒绝兢兢业业、守规矩、奢侈荣华，自愿忍受贫穷、脏乱差、身体的痛苦。他们不是要推翻旧社会建立新社会，他们只是在笼统的却也轻微的意义上是"反社会"——社会是组织起来的，而他们反感任何组织起来的、正式的东西，认为只有通过个人的任性才能获得心灵的提升。

的确，在我看来，大踏倒不是对咱们的社会怀有敌意，我不记得大踏对任何东西"怀有敌意"，他拒斥，或干脆不经心眼。人凭借财产分出等级，或凭借什么别的，例如产地、父母的官位、知名度，乃至凭借劳绩，这些等级在大踏那里都拉平了。也有他佩服的、崇敬的，新近尤其崇敬"有信仰者"，在一首长诗里，他提到苏联流放地的老东正教徒、同治年间的哲合忍耶教派、佛陀、穆罕默德、耶稣、巴哈欧拉、刘胡兰、黄继光、撞毁世贸大厦的原教旨主义者。他自己不是信仰者，也不为自己不是感到苦恼，他仍然兴致冲冲过他喝大酒的生活，时不时把喝大酒也拔高成一种信仰——我因此觉得他崇敬信仰者是否有点儿拉他们来为自己辩护的意思。

大踏写的东西，大多半我都读过，好看，受益，也有不满乃至不快。大踏的生活和写作，几十年来，我都深有质疑。他很早就在自己的写作中洗去煽情和矫情，但他刻意保持的那种抬杠者姿态，是不是也有点儿挺着板着矫情着？的确，这里那里，我会觉得他写到得意处，颇有点儿自鸣得意，而我个人一向把自鸣得意看作写作的或写作者的一个致命缺陷。呵呵，说到这里，恐怕我又要与大踏争论一番，且按下不表，再说他近期的写作也没有这种东西了。要紧的是，对我个人而言，大踏这个人，他的写作，不断把我带向自我质疑，质疑我自己的生活和写作。不久前，我们共同的老朋友梁和平在病床上说，不管我们是否赞同大踏，他始终是让我们审视自己的一面镜子。

以大踏这样一种独特的视角来写 1976 这样一个独特的年份，读来都会受益，对那一年不知情的，会由此知道很多，从那一年生活过来的，会重新去思考关于那一年的一些成见。这是一本纪实书，书的扉页上说："我写它的原因，是重回我个人的那段历史。因为好玩，弄假了就对不起自己了，所以要求真，即便写的有误，也是记忆的责任而无关良心。"这我信，实际上，大踏一路解构高调的东西，本来就有求真之意。不过，读者诸君不可指望历史学家式的严谨。记忆弄人，这在心理学上是在论的，大踏写回忆期间也做些查证，但认真比我尚不如，较历史学家所悬的标准更差得很远。要是回到本文一开头说到的真实与原生态，那我会说，这里呈现的是写作时的原生态，而不是事情发生时的原生态。我是 1978 年认识大踏的，此前的事是否得真实我不知道，此后的事情，我发现了一些失实之处；而且总体上，我猜想，大踏多多少少把他后来发展出来的生活态度投射到 1976 年了。

大踏说他写这书写得好玩，善哉，祝诸君阅读愉快！

从黎明到衰落

(雅克·巴尔赞,《从黎明到衰落——西方文化生活五百年,1500 年至今》,林华译,中信出版社,2014 年)

这本书中译本初版时我没得着空读,这次再版,断断续续读完了这本上下册 868 页的大书。相似时期的西方文化通史,在我读过的里面,这是最好的一部。像这样一本大书,本来难免有些段落写得讲究,有些段落粗放,巴尔赞的书却不是这样,纵览五百年,涵盖西欧各国,却每一段都来得切实精准。现在,我们绝无这样的作者,多数作者腹中货色不多,每年出一部;看人家,宿儒饱学,这本书从发愿到落成,经过六十年。出版之际,作者已年届九十三。

此书好评如潮,这里我只零星讲几点。

作者的博学令人惊叹。无书不知,且不说同样熟悉艺术、音乐、史学,哲学和自然科学也不陌生。如今互联网发达,要不是谷歌封了,什么信息都可以在网上查到。但在文史这一行,会搜索信息与满腹学问满不是一回事。知识在资料库里有一种组织法,装在脑子里是另一种组织法:只有装在同一个大脑里,知识才会勾连成一个鲜活的整体,满腹学问才能满腹经纶。

巴尔赞远不止勤奋、认真、博学,更突出的特点是深见卓识。这些深见卓识多半体现在绍述之中。时而,他也就一个论题单独议论一段。这些段落多半深富哲理,读者在这里,比在绝大多数哲学论文那里，应能学到更多"哲学"。

文化与政治交织，这本文化史不可避免会常常触及政治史话题，作者在这方面也颇多深见。有一节说到"政府理论"，本来，没有哪个政府的运作能合乎理论，也没有哪两家政府的运作方式一模一样，政府结构的形成及其实际运作要看机缘，要随形势与利益格局而定。那么，为什么需要政府理论呢？因为，"西方人总是想与自己的经历拉开距离，客观地看待它们，把它们分门别类，归纳到可以传播的模式"。由此就来了理论，因为"对过去和现在的经历做合理的解释，到以同样的方式促进改变，向世界提出新的原理或哲学，两者之间只是一步之差"（268—269 页）。啊啊，这一步之差却差之千里。我也一向认为，人的探究，包括政治探究，总是解释性的；你自探究你那里的政治如何发展到今天这个样子，其中利在何处弊在何处；你的政治方式，别人当然可能学习、效仿，但通过什么途径影响他者，效仿哪些以及怎么效仿，要由他者依乎他自己的情况去摸索。西方则有一种倾向，以为可以由自己的经历构造出普遍理论，既然普遍，就可以到处应用。

另有一节讨论历史学，指出十九世纪二十世纪之交，"史学的实质和特征发生了剧变……历史学家变成了研究过去的社会学家"（706 页）。这一节所阐发的历史哲学极为精当，的确，虽然作者贯通各个文史领域，他毕竟首要的是史家。多种多样的因素促成了这五百年的文化变化，而作者提到最多的是平民化。这一见解，连同他的历史哲学，都深得吾心。

这些大论题，作者多有他独到的见解，行文之中，三言两语的知人知世，则所在多有。"'研究'成了一个具有欺骗性的词……教学大纲里也许有大量的文科课程，但是，如果不用人文方式教授，它们就毫无教育价值。"（657页）"愤怒可以是一种廉价的感情，随意使用以显示自己的正义。"（342页）是啊，在我们这个"道德滑坡"乃至"道德崩溃"的环境里，千万别以为既然"道德义愤"泛滥，我们就多了一丝希望。我想，这么一部大书，是得有些这样一语中的的句子穿插其间才提神。再随手从几页范围里摘录两三句吧。"感伤是把行动拒之门外的感情，无论是真正的还是潜在的行动。"（437页）"崇高需要粗犷和宏大，有了和谐就没有崇高。"（446页）"鲍姆加登创造了'审美'一词。他不可能知道这个词今后会造成何种破坏。"（444页）不说德文，单说中文里"审美"、"审美判断力"这些用语，真不知造成了多少破坏。把艺术的鹄的归为美，已经高度误导，"审"这个字更不知所云，难道我们是在审视、审判吗？审再加上判断，似乎真是在审判。当然，找到一个替代词也不容易，但我们不妨试试艺术感受、艺术感受力、领会力。

对于文化史上的人物事件，作者多有独特的判断。总的看来，作者格外属意带点儿怀疑色彩的智者，拉伯雷、蒙田。我猜想巴尔赞会觉得自己也比较接近这个类型。睿智难免怀疑色彩吧。作者对中世纪后期的文化思想评价很高；这类评价这几十年来倒不少见，但这也跟作者不把近现代发展一味视作进步有关。有些不那么彰显的人物获得很高评价，例如十九世纪中叶的 Bagehot 和 O.W. 霍姆斯（那位美国著名大法官的父亲）。反过来，有些如雷贯耳的大名，并未多说多论。Bagehot 和霍姆斯那两节各占两页，莎士比亚一节也不过三页，而且，这一节并未放到他生活创作的十六十七世纪之交，却放到两个世纪后其地位确立的年代，更有甚者，Bagehot 和霍姆斯获得的都是好评，而莎士比亚——歌德那说不尽的莎士比亚，布鲁姆称之为西方经典核心的莎士比亚——浑身都是缺陷。对某一作者的具体批评，我当然常常并不同意，不过，在我读来，这类贬评，未见得是作者的周全评价，更多是针对一些流行看法提出争议。听听主流之外的评价——只要评价者不是刻意在标新立异——通常倒有益无害。毕竟，这不是一本教科书，更不是咱们这里的教科书，似乎随便哪个写书的教授都是在为历史人物做宣传部认可的全面而公正的评价。我更喜欢巴尔赞的写法：我们不知道的人事多谈几句，我们都知道的少谈几句，得到普遍推崇的不妨多谈谈缺点，反正是个人看法。

这本书的书名叫"从黎明到衰落"，所以，说到这本书，不能不说说作者的文化大势观。1500年，大致是西方走出中世纪的年代，是黎明，一个伟大的时代开始了；今天，日薄西山，这个伟大的时代落幕了。不少人有这样的感觉，但很少人做出这样明确的判词。作者说，的确，在二十世纪上半叶，虽然情况已经相当明显，但生活在彼时的人毕竟仍在庐山之中，不似现在，西方文化的衰落已经明明白白。第一次世界大战提供了一个显而易见的分水岭。可以看到，就在那段时间前后，文化人的政治观发生了巨大转变。巴尔赞列举了一系列鼎鼎大名，弗洛伊德、马克斯·韦伯、涂尔干、汤因比、柏格森、庞德、马勒、理查德·施特劳斯、邓肯，他们纷纷歌颂战争，吹嘘本国军队，煽动对敌国的仇恨。尽管作者列举了这些人以及很多其他名人，我们仍不难再续上胡塞尔、舍勒以及更多的名字。据巴尔赞称，实际上只找得出五六个人像罗素那样的例外。他接着说："在拿破仑战争中从未发生过这类情形。"（760页）当然，古代更不是这样。这种巨大的转变由何而起？这是我们每个关心文化史的读者都愿认真思索的，作者也努力加以解释。

这当然只是当代文化衰落的一角。巴尔赞笔下，西方文化方方面面都在衰落。有救吗？西方曾没入中世纪，在无垠的文化废墟上，这里那里，一两个修士在修道院昏暗的油灯下，阅读誊写古代辉煌文明残留下来的文著。如今，说不定这里那里也有几个有心人，未被大众文化的滔天巨浪所裹挟，他们坚持学习已被忽视的文学和哲学杰作，揣摩无人问津的绘画与乐曲，坚定地认为只有它们才与"更充实的生活"相辉映，默默地守望文化的再生。（868页）

无限与视角

(卡斯滕·哈里斯,《无限与视角》,张卜天译,
湖南科学技术处版社,2014 年)

  哈里斯的这部《无限与视角》是研究现代性起源的一部力作。主要线索是视角这一概念。库萨的尼古拉突出地认识到我们所熟悉的世界景观是通过从某一个特定视角——地球人的特殊视角——显现出来的,沿着这种认识想下去,就很可能对地心说这样的观念产生怀疑。围绕着视角概念,哈里斯探讨了那个时代的多种观念,既反映在天文学发展上也反映在绘画发展上。本书从库萨的尼古拉一直讲到伽利略,多方面探讨近代科学—技术发展对传统生活的颠覆。其中,在我看,最富教益的还是第一部分对库萨的尼古拉的研究。此书题献给汉斯·布鲁门伯格,最后一章也以阐发布鲁门伯格的"宇宙心智学"作结。所谓"宇宙心智学",可用布鲁门伯格自己的一句话来概括:"对于人来说,没有什么东西可以替代地球,正如没有什么理性能够替代的人的理性一样"(350 页)。在纷纷繁繁的后现代喧哗中,我自己一直沿着布鲁门伯格指出的方向踽踽前行:知其虚无守其笃爱。无论哪种主义的原教旨,我都敬而远之——无论粗俗的还是精致的虚无主义。至于那些其实什么都不在乎却不断宣扬某种原教旨的大师,更让人厌恶。所幸,在我狭小的交往中,这一处那一处的读书人,这一处那一处做事的人,时不时可遇到知其

虚无守其笃爱的朋友。

这本书正好与我正在读的另一本书辉映——雅克·巴尔赞的《从黎明到衰落》。两本书的共同之处在于，无论哲学、科学还是绘画，都纳入画面。不同之处则是，那一部是大画卷的文化史，论述一个人物或一幅画只有几行，最多一两页。这一部是思想史，特点是细致深入。例如，哈里斯从思想史角度解读勃鲁盖尔的《伊卡洛斯的坠落》这幅名画，引人入胜。

从思想史视角看，中世纪晚期到近代科学革命的思想转变是最关键的一章——在此之前，科学史依附于哲学史，在此之后，科学史主要是科学内部发展史。然而，对这一转变，国内的相关研究不算多，张卜天是这方面的专家。他年纪轻轻，却学识渊博，中英文俱佳，他的译文既可信又流畅。张卜天在《科学文化评论》2014年第二期上刊出《现代世界图景的思想起源——评〈无限与视角〉》一文，在短短篇幅里概述了本书的要点，可以作为该书引言来读。

最好的告别

(阿图·葛文德,《最好的告别》[*Being Mortal*,终有竟时],
彭小华译,浙江人民出版社,2015年)

这本书,读了就愿推荐。这本书的主题是衰老与死亡,关于这类主题,我读过的,这是最好的一本。在大诗人笔下,垂老也有一种美感,在《度亡经》里,灵魂有它自己的超升之途。这本书属于另一个种类,叫它自然主义吧。书里写的是些实实在在发生的事例,作者的父亲,别的几位亲戚,罹患绝症的病人,他们的亲友。作者还写到不同的治疗或护理途径,不同的养老送终建制。作者是医生,一路写来,就事论事,没有任何煽情痕迹,而同时,不论是描述还是思考,都饱含着深厚的、古典的人道关切。在我眼里,这是最高一级的写作——岂止写作,实是最高一级的人生态度。现代医疗造福人类,同时带来了过度治疗等一系列新问题。不遗余力地对接近尾声的病人进行干预、控制、治疗、抢救,远不止于浪费资源,它多半剥夺了患者最后时日的生存意义,并为患者家属带来不必要的痛苦和此后的抑郁。医学进步了,然而,现代人关于衰老、死亡、医疗的作用等等的观念越来越扭曲。在接近生命终点的时候,人普遍希望的是什么?我同意作者的总结:他们希望"避免痛苦,加强与家人和朋友的联系,保持清醒的意识,不成为他人的负担,实现其生命具有完整性的感觉"(141页),这些关切往往超过了延长生命的愿望。人不仅想活下去,对大多数人,比活着更重要的是生命的品质。本书讨论的是绝症、衰老、死亡,而贯穿本书的这一基本思想则超出这些,涵盖整个生命历程,只不过,当维护生命品质更加困难的时候,这一思想就更足珍贵。

　　我一直相信,宗教信仰有助于减轻死亡恐惧。从这本书的案例看,宗教信仰虽然仍在起作用,但人们在今天似乎更多依赖自然主义态度。自然主义态度在中国有深厚的传统,我相信这一传统像佛教、基督教一样有助于人们更坦然地面对无可避免的终局。就眼下的实际情况论,面对绝症,面对"输定"的结局,一般说来,美国医生、美国人的态度要比中国这里坦率不少,但在作者看来,人们的言谈处置还是太过暧昧,对相关问题的公共探讨,更是远远不够。在我们这个明星璀璨娱乐不死的时代,垂死只是个别人家的阴私角落。其实,人人心知肚明,我们每个人都有垂老的父母要照顾,有身患绝症的亲友要看望,而且,当然,或迟或早,每个人自己都要面对人生的结束。就此而言,可以向之推荐这本书的,不只是老年人、医护工作者、政府官员,而是更为广泛的读者。书写得好,译文也好,读下来,不仅有助于我们思考衰老和死亡,调整我们的观念,而且有可能为我们如何处理实际事务提供技术性的帮助。

想象的共同体？

（尤瓦尔·赫拉利,《人类简史》,林俊宏译,中信出版社,2015年）

我感到十分荣幸,能来与尤瓦尔·赫拉利先生对谈,感谢中信出版社的邀请。赫拉利先生的《人类简史》从7万年前智人的出现写起,写到我们这个世纪,还写了几行对未来的预想。我很佩服赫拉利先生,年纪轻轻,却知识渊博,思想广阔。书译成中文不过400页,利用了生物学、人类学、历史学、社会学等等好多领域的知识,涉及人类生活的方方面面。关于人类历史,作者有他自己的见解,例如,"历史从无正义",你也许不同意或不愿同意吧,但读读书里的内容,对这类让人不快的结论会多一点儿理解。我自己最受益的是第一部分史前史的部分,这方面的新研究最多,作者替我们做了一番搜集梳理,省了我们自己很多气力。

在今天这场读书会,作者的演讲概括了书里的四个主题:认知革命,商业的基因,数据崇拜,人工智能。每个主题都很吸引人,都提出了很多饶富意趣的问题。这些问题,我都愿有机会和作者讨论,但时间关系,我只就一个问题谈谈自己的浅见。

这个问题是"想象的共同体"。据赫拉利,人类获得如此巨大的"成功"的秘诀在于合作。但赫拉利接着指出,合作并不都是善好的。发动侵略战争、建设集中营,都需要合作。这是个明显的事实,早有不少论者指出,却仍然被广泛地忽视。伦理学里,人们研究道德的起源，往往集中去研究合作的进化，好像合作和道德是一回事。依我看，这在很大程度上是因为当代推崇实证研究，合作的进化适合于实证研究，而道德却不适合。

为什么人类能够产生大规模的合作呢？依赫拉利，这主要是基于人类的想象能力，人类的想象能力则与人类语言有关——动物的语言只能描述现实，人类语言却能够创造虚拟现实。人类的成功在于合作，合作基于想象，大家对这样的想法并不陌生。安德森的名著，书名就是"想象的共同体"。赫拉利表示，基督教、民族、中国或以色列，这些都是想象的共同体。

作者没有解释想象力为什么跟语言相关。一般认为，唯人类有语言，动物没有语言，所谓"动物的语言"是比喻的说法或"语言"概念的延伸用法。另一方面，动物心理学一般认为，动物也会做梦，在这个意义以及类似的意义上，动物也可能有想象。因此有必要说明，人类的想象力有什么特点，它跟语言的联系何在。我对这个问题做过点儿思考，大致想法如下。人类语言是用语词来构成句子，相当于把所要传达的内容分解成零件然后重新组装，重新组装出来的可能是全新的东西。正是这个特点构成了人类想象力的本质：人类不仅能想象出现实中没有的新东西，而且，这些东西可以是合乎语言逻辑的，或宽泛说，是合乎逻辑的，有可能得到实现的。也就是说，基于语言能力的人类想象不只是与现实对立的东西，它是沟通梦想和实现的桥梁。

如果我说的不错，那么，赫拉利把民族、国家之类视作想象之物并因此不是现实之物的主张就太过粗率了。什么是现实的什么是虚构的？据赫拉利，一座山是实在的，看得见摸得着。民族或国家呢？美国或以色列，你看不见摸不着，它们是想象出来的。然而，看不见摸不着的东西不一定都是想象出来的，例如空气，还有黑洞，也看不见摸不着。有人举北京大学为例，你参观北京大学，见到了楼房、操场、学生和教师，可你看不见北京大学。还有因果关系，我们见到这个网球拍接触到网球，但没有看到挥动网球拍和网球运动之间的因果关系。

把民族这样的共同体说成想象，甚至说成虚构、虚幻，这样的议论有时起警醒作用。警醒是为了更深一层思考，而不是让我们把警醒之语奉作新的教条。奔驰公司是实在的吗？工人可以全部换掉，经理层和投资人可以全部换掉。但这并不意味着因此这个公司只是想象出来的，像赫拉利所说的那样只是"法律虚构"，只是个故事。我身体里的细胞，组成细胞的原子也可以全部换掉，这并不意味着陈嘉映只是想象出来的。当然，在有些哲人眼里，我们的肉身的确只是虚构，不过，在这个意义上，山岳和草木也都是虚幻的。

我想说，我们需要区分多个层次多个种类的虚幻。在一个极端上，色即是空，万物都是虚幻，爱情和生命也是虚幻。在另一个意义上，国家、民族、货币，是实实在在的东西。就拿以色列和巴勒斯坦的冲突来说吧，仅仅申明民族和宗教都是虚构故事，有点儿高蹈，解决之方也不可能是发明出一个双方都能接受的故事。双方需要在好多不同角度和不同层次上探讨哪里存在着可以转圜的空间，哪里可以创造出可以转圜的空间。

关于共同体的虚构性质，我有这样的疑问，有幸向赫拉利先生当面请教。

《绝·情书》序

(《绝·情书:阿伯拉尔与爱洛伊斯书信集》,葛海滨译,
华夏出版社,2017 年)

在当事人心里,爱一来,翻江倒海,在旁人听来,那些绵绵情话好生无趣。惟当爱情与信仰、智性、苦难和社会冲突纠缠难解,爱情才成其为传奇。阿伯拉尔与爱洛伊斯的爱情是历史上最著名的爱情传奇之一。电视屏幕上小说月刊里的爱情故事早不稀奇了,中世纪的真实爱情故事却少而又少,不过,等读者去读的,主要不是故事有多曲折,而是一个别样的精神世界。通过这几封书信,那遥远时代男女的感情方式,跃跃然映入我们的眼帘。爱、罪、愤恨与认命,悔恨与隐忍、恐惧与颤栗,样样都来得单纯,样样都编织在整体的感情方式之中,形成复杂的图案。经受其他种种精神诉求的压抑和围剿,爱情格外彰显她难以幻灭的真身。直到最后一封信——那里,阿伯拉尔看来终于借信仰之力彻底斩断情缘,单独看来,这封信像是陌生的说教,作为这些书信的尾声,不让人感到升华的极乐,只感到埋葬了一切的无际荒沙。

这部书信集是文学史上的名著,此外,我还愿推荐这个译本。译者葛海滨喜欢文字——英文和中文,他乐在其中地做着这件手工活。他的译文有意尝试一种特殊的、富含妙味的调子。我们不会用

这样的调子来写作，却正好可以借翻译阿伯拉尔和爱洛伊斯之机试弹一番——时空的间距给了译者一种自由，也让我们听到中文发出别具一格的声响。

朱利安·巴吉尼《无神论》序

（朱利安·巴吉尼《无神论》，付满译，译林出版社，2018年）

作者说，他这本书的主要目的是"要为无神论的肯定性提供论证"。作者是西方人，是广义的"基督教世界"中人，在那里，过去很多很多个世纪，所有人都信仰上帝，今天，很多人不那么信了，或根本不信了，但愿意说自己是"无神论者"的，仍然不多。所以作者要提供论证，为无神论辩护。

大多数中国人不信上帝，似乎没必要为无神论做辩护。不过，作者提供的论证，涉及很多有意思的问题，例如帕斯卡尔赌注问题（帕斯卡尔说，即使我们无法确定上帝是否存在，我们最好也相信上帝存在，因为不相信的风险要比相信的风险大得多）。再例如，无神论本身是不是信仰？宗教跟道德是什么关系？什么能够充当有效的证据？这些都是一般的"哲学问题"。作者的论证有助于澄清一些常见的误解。

就拿宗教跟道德的关系来说吧。很多人叹息当今中国人道德败坏，叹息之际加一句，中国人没有信仰嘛，好像中国人若信上某种宗教，道德水准就能得到提升。作者的主张则是，宗教和道德满是两码事。很多人听来会觉得这个主张相当激进，但我是一直同意作者的。要说宗教信仰，十字军骑士信仰坚定，ISIS 圣战战士信仰坚定，要举宗教之外的例子，那就举纳粹吧。我当然不是说，有信仰都会成为纳粹或者自杀式袭击者,我只是说,信仰不一定能带来更高的道德——除非你认为最高的道德本来就是坚定的信仰。我不知道中国人的道德水平与半个世纪前相比低了多少,但若当今的道德水准偏低,毛病不一定出在信仰不信仰上,救治之方未见得是让信仰坚定起来,更不是让信仰狂热起来。

再说说"无神论"这个词吧。上面说到,在西方,人们多半不愿意自称"无神论者"。这是因为,atheist 从构词上就带着否定性的前缀 a-。"无神论者"有强烈的针对性,似乎他蔑视宗教,敌视宗教。在通常语义里,还有否定道德,否定人生的意义之类的意涵。作者为无神论辩护,自然要辩明,把这些意涵加在"无神论者"头上是不公正的。不信仰哪种成建制的宗教,不一定要去敌视宗教,更无关乎道德不道德。只不过,语词的意涵多半不是经由一番理性辩证就能够改变的。我就一直不愿自称无神论者,但在这个上下文中也的确不容易找到一个合适的词。反正,我不反对宗教——除非这种宗教鼓励杀人放火,而且,我一贯相信头上三尺有神明——唯当人这种动物能够抬起头来仰望什么,他才成为人。真正说来,只有人有天性,人性本来就是天性。

本书篇幅不大,写得平白易懂,不需要先做导读。受命写序,就写以上几句吧。

海德格尔《存在与时间》导读

《存在与时间》是海德格尔最出名的著作,是他此前哲学探究的总结,也是他后来几十年进一步思考的基础。大多数读者研读海德格尔,也是从这本书开始的。

时间有限,这里我不谈海德格尔的生平。海德格尔对二十世纪哲学的影响十分巨大,对哲学之外其他很多领域的影响也很巨大,例如对文学艺术的影响。海德格尔在中国的影响,按比例说,可能更大。《存在与时间》译成中文出版之后,卖了总有十数万本吧,我遇到的很多人都读过这本书,虽然其中也有不少坦承这本书不大好懂,读了个不了了之。

近几十年来,海德格尔的影响有所减弱,新的哲学家和新思想不断涌现,总有个此长彼消。在海德格尔这里,还有个特殊情况,他曾经跟纳粹跑了一阵子,人称"纳粹牵连",关于这段牵连,他事后又不肯检讨认错,这让很多人对海德格尔产生反感,对他的哲学也有点儿拒斥了。海德格尔的纳粹牵连跟他的哲学是个什么关系,以及一般说来,一个思想家的生活跟他的思想什么关系,是个复杂的问题,等将来有机会可以深入讨论。现在回过头来说《存在与时间》这本书。

《存在与时间》,书名里就已经给出了两个关键词,一个是存在,一个是时间。我们先说存在。

一、存在与此在

这本书一上来就说明，我们的任务是追问存在，我们的问题是存在问题，这个存在问题是哲学的根本问题，可这个根本问题，在西方两千多年的哲学史上一直被遗忘。这个指责听起来很严重，有点儿过于严重了——要是哲学一直遗忘了自己的主要问题，那它还叫哲学吗？海德格尔的指责也许对，也许不对，但让我们先看看他这个指责的内容是什么。

海德格尔说，西方哲学遗忘了存在，其中的一层意思是说，大家眼睛里只有存在者，却不问存在者的存在。存在者和存在的区分，das Seiende 和 das Sein 的区分，对理解海德格尔哲学有头等的重要性，但我恐怕这里讲不清楚，只好跳过去，只讲一点。不问存在而只关注存在者，难免就把世上的东西都看成是一些现成摆在那里的物体。最适合用来研究这些物体的，是物理学。实际上，由于西方哲学遗忘了自己的根本问题，遗忘了存在问题，到最后的确把哲学弄成了物理学。

物理学把世上存在的东西看作跟人没什么关系的物体，然而，世上的事物一开始并不是这样显现出来的。为了说明这层意思，海德格尔造出两个概念，das Zuhandene 和 das Vorhandene，上手事物和现成事物，前者指工具、器物等等，工具、器物当然都跟人有关系；后者指跟人不相干的中性的东西。上手事物和现成事物不是两类事物，它们是事物的两种面相、两种显现方式。海德格尔认为，世上的事物，一开始不是作为跟人不相干的中性的东西显现出来的，它们首先是些有用的东西，或者无用的东西，是些可爱的东西或可恨的东西。简言之，它们是些上手事物。

海德格尔提出上手事物这个说法，他所要强调的一点是，人和事物的关系，首先不是单纯的认知关系，而是做事、操劳。锤子不是放在那里让我们静观的东西，而是用来钉钉子、敲核桃的。要说认知，也是我们在用锤子来敲打之际对锤子有了最真切的认识——那把锤子太轻，那把锤子松了，这一把锤子最合适、最上手。用海德格尔的话说，锤子首先是工具，是上手事物，而不是现成事物，更不是物理学所研究的"客观事物"、"客体"。

我们回想一下，像罗素这样的哲学家在举例的时候，习惯举桌子之类的例子，然后谈论桌子的形状、颜色等等，海德格尔举例的时候，举的是锤子之类的例子，然后谈论锤子的使用。这里也可以看到所谓上手事物和现成事物的区别。当然，桌子其实也首先是上手事物，桌子太高了、太矮了、桌腿不稳摇晃了、桌面裂了，不过，通常情况下，桌子更像是现成摆在那里，我们不怎么说使用桌子来做这做那。

锤子是用来敲打的，敲打是为了加固某种东西，例如加固一个棚子，棚子是为了防风避雨。谁避雨？人避雨。一样上手事物连到另一样上手事物，连到最后，都是连到人身上。

《存在与时间》的根本问题是存在问题，不过，这本书的主要内容讨论的是人。人当然也是存在者，不是存在，不过，海德格尔说，人这种存在者不是一般的存在者，他跟存在有一种特殊的关系。简单说，没有人，存在就不会成为一个问题——只有人会问出何为存在，什么是什么这样的问题，也就是说，只有对于人这样的发问者，存在问题才是个有意义的问题。

为了突出人与存在的这层特殊的关系，在《存在与时间》里，海德格尔通常不说"人"，而是说"此在"。表示存在的是 Sein，表示此在的是 Dasein，这样一来，此在和存在两者在字面上就连在一起了。我们下面讲这本书，有时用人这个词，有时用此在这个词。

总结一下吧。首要的问题是存在，但讨论存在只能从存在者开始，因为存在总是存在者的存在。但不能从别的存在者开始，必须从此在开始，因为此在跟存在有一种特殊的联系——只有此在追问存在问题。哲学里，集中探究存在的部门，一向被称为 Ontology，汉语译为存在论或本体论，现在，既然此在问题是存在问题的基础，对存在的追问是从分析此在出发的，海德格尔把自己这本书称作基础存在论。

关于此在，首先要说的是，此在对自己存在的领会对此在的存在具有构成性，通俗一点说来，此在是什么，此在怎么存在，始终跟他把自己理解成什么有关。张三和李四都是奴隶，张三心甘情愿承认自己生来就是奴隶，李四不承认，他的奴隶身份是恶劣的社会制度加到他身上的，从天性上说，他跟自由人是同样的人，于是，李四所是的，就不同于张三所是的。李四这样为人做事，张三那样为人做事。

这里要强调的是，人并不是先存在好了，然后再去领会自己，然后再去对他自己的存在有所作为。人之为人，恰在于他一上来就对存在有所领会，这包括对自己"是"什么有所领会。跟别的存在者不一样，人一向对自己是谁有所领会，对世界是怎样的有所领会。

如果说一般事物不是现成摆在那里的东西，那么，此在就更不是现成摆在那里的东西了。人是什么？你是谁？这个问题不像质子、电子是什么，把你的各种性状描述一番，并不能回答你是谁这样的问题。

人的存在方式不同于其他事物的存在方式，为了表明这一点，海德格尔用 Existenz 这个词来表示人的存在，此在的存在。Existenz 这个词有个前缀，ex，这个前缀表示出离，例如高速公路上的出口，都写着 Exit。海德格尔用 Existenz 这个词来表示人的存在，是要说明人只有出离他自己才是他自己。后面第三节会说到，人通常沉沦在他的日常生活里，只有从这种沉沦状态中挣脱，从已经摆布好的现成状态中出离，人才真正存在。说得更大一点儿，人通过超越他自己获得真正的存在。

这层意思，无论把 Existenz 翻译成什么，都很难传达出来，勉为其难，我把这个词译为"生存"。如果再大胆一点儿，我们干脆把它翻译成"生生"，借用"生生大德"的意思。据海德格尔的解释，希腊人用来表示"自然"的词，physis，本来说的就是在升腾变化中成就其自身。草木通过日新月异的生长成就其本身，玫瑰因绽放成其为玫瑰。人也生长，但不是像植物那样生长，人不仅一点点生长，而且他以超越存在者整体的方式，获得真正的存在。

二、世界与认识世界

一个人是个怎样的人，跟这个人把自己看成怎样的人连在一起，这是说，此在的存在包含着此在的自我理解。这是关于此在要说的第一点，这上一节已经谈论过了。

关于此在要说的第二点是，此在的存在总是我的存在。上面说到，这篇讲稿里通常把此在和人当作同义词使用，现在看来，这种做法有点儿问题。此在的存在总是我的存在，但我不能说，人的存在总是我的存在。

作为一个定义，海德格尔当然可以说，此在的存在总是我的存在，但问题是，为什么要这么定义呢？或者干脆问：干吗要生出来此在这个概念呢？后面会讲到，海德格尔并不是要主张唯我论，他要谈论此在和世界的联系，要谈论"他人的此在"。但海德格尔的的确确想说，谈论存在问题，"我"占据一个特殊的位置。比如说，我们有时会问：人应该怎样生活？这样问的时候，我们其实是在对自己应该怎样生活产生了困惑。很难设想，我已经清清楚楚自己该怎样生活还在那里问：人应该怎样生活？对生活的追问，乃至对世界的追问，追问到头来，难免把我牵扯进来。我们甚至会得出结论说：真正存在的，其实只是我，你说世界存在吧，那是我看见它，我感觉它，要没有我，我怎么知道世界存在不存在？可要是这么说下去，我们似乎是在主张唯我论。王阳明主张没有心外之物，学生问他，一株花树在深山里自开自落，跟我的心有啥关系？王阳明答说："你未看此花时，此花与汝心同归于寂。"这差不多就是"唯我论"了。

很少有哲学家赞成赤裸裸的唯我论，海德格尔也不例外，他再三强调，此在总是生存在一个世界之中。人生在世，这话听起来不过老生常谈，但海德格尔别有新意。此在生存在世界之中，说的并不是一个现成的我放置在一个现成的世界之中，像饼干装在饼干盒子里那样。他从希腊人的 kosmos 来谈论世界，世界不是一个容器，世界说的是事物的秩序。各种文化里差不多都有这样的观念：起先是一片混沌，chaos，后来，阳清上升，阴浊下沉，天地分离，万物各得其所，于是有了我们所称的世界，kosmos。

任何一样事物都是在一定的秩序中显现出来的，在它跟其他事物的联系中显现出来的。例如锤子，它首先是作为用来捶打的工具显现的。这么说来，不是东一样西一样事物组成了世界，世界倒是无论哪一件东西能够显现的基本条件。

上一节说到，每一样上手事物都连到另一样上手事物，我们从锤子说到防风避雨的棚子，连到最后，连到此在这里。说到底，没有此在，锤子也就不成其为锤子了。现在，海德格尔又说，没有世界，就说不上哪样东西是哪样东西了。那么，事物获得它的存在，事物是一样事物，到底是靠了此在呢还是靠了世界？

我们提出这样的问题，海德格尔会回答说：怎么说都行。因为，照他的说法，世界本来就是此在式的存在者，泥石草木都是无世界的，而"此在生存着就是它的世界"。

前面说，此在的存在总是我的存在，现在说，此在生存着就是它的世界，这两句话合在一起，岂不就等于说：每个人都有自己独特的世界？一花一世界，这话的确有点儿意思。我们有时也说，这个人生活在他自己的世界里。到底我们共有一个世界，抑或每个人都有他自己的世界？赫拉克利特说："人在梦中各有各的世界，清醒的人有一个共同的世界。"的确，世界依其本意就是共同世界，要是一个人只生活在他自己的世界里，那是他有毛病了。

海德格尔一方面说，此在的存在总是我的存在，另一方面又说，此在总是存在在一个世界之中。但这两个方面并不平衡，总的说来，海德格尔看来是偏于此在一方，偏于我这一方。这是后来学者对《存在与时间》的一项主要批评。

我认为这项批评是成立的，但《存在与时间》对人与世界关系的刻画，还是提供了很多值得追随的线索。从认识论开始说吧。主流认识论设想这边有一个认知主体，对面有一个有待认知的客体世界。那边是客体，这边是主体，于是就有了主体怎么超出自身去认识客体的问题。海德格尔质疑道：如果人一上来先是囚禁在自身之内的意识主体，那么，这个主体是怎么从他的意识里走出来，出征到世界里捉住他所认知的事物，然后带着赢获的猎物转回到意识的密室？海德格尔断定，在传统认识论的框架里无法解答这个问题，因为这条错误思路的根子连在传统存在论上。认识被视作静观，而纯粹静观所对应的，正是纯粹客体——在传统认识论中，纯粹静观具有优先地位，在传统存在论中，以物理学方式来处理的纯粹客体具有优先地位。

在希腊，所谓认识说的是存在者怎样显现自身，说的是存在者在这个显现过程中把人吸引到它那里去。而在当代认识论里，人始终作为主体立在万物的对面，人不是要被存在者吸引过去，而是要作为主体去把握客体。下一讲会说到，主体的任务还不仅仅是去把握客体，主体是要去支配客体。人为了支配世界才去认识世界。

要克服当代流行的认识论，需要从基础存在论入手。不是这边有一个现成的认识者，那边有一个现成的世界，仿佛认识者在那里静观世上的事物。在海德格尔的存在论里，具有优先地位的不是现成事物，而是锤子、钉子、木板这样的用具、器物。此在首先操劳于世界之中，这些操劳已经包含了对世界的认识。要想知道锤子是什么，知道锤子的性质，我们靠的不是盯着锤子看，靠的是使用锤子，用锤子来锤。使用里已经包含着认识，使用不是盲目的，它有它自己去看的方式。而且，恰恰是我们使用锤子之际，我们对锤子有最源始最真切的认知。这正应了尼采那句话："我用锤子来思考。"

主流认识论把什么都说成是实体和属性的关系，它断言，"锤子重"这个句子的意思是"锤子这一物体具有重这一性质"，然而，在操劳活动中，"锤子重"这话可以在说"太重了，换一把"，或甚至一言不发地把不称手的锤子扔开。传统认识论更多把认识比喻成镜子，镜子反映现实，反映得正确不正确，要看镜子里的物象是不是符合于现实。这就是真理的符合论。与此对比，海德格尔更多把认识比喻成锤子、锯子之类的工具。与其说它们反映现实，不如说它们对现实做出反应。这是一个重要的视角转变。

主流认识论赋予纯粹静观以优先地位，这种纯粹静观相当于纯粹理性的认知，与此同时，感情、感受、情绪都被排除在理性认识之外，在认知活动中，它们似乎只是负面的干扰作用。理性认知是客观认知，情绪却总是主观的，是我们涂到客观事物之上的一层"情绪色彩"。海德格尔把这视作浅薄之见。我们并非先认识事物的客观性状，然后再做出好坏美丑的判断，把这类感情涂抹到客观事物上去。我们一上来就是带有好坏美丑这些感受来认识事物的，例如，这头机灵的小鹿，那道可口的点心，这股恶臭，那个猥琐的家伙。当然，为了达到某种类型的认识，例如科学认识，我们需要把认知中的感情成分剔除出去，但如此这般得到的所谓客观认识，只是人类认知的一种衍生形式。

在跟当代的流行理论争论的时候，海德格尔常常借用希腊思想。跟进步论者相反，他认为一开头的希腊思想比较纯正，后来发展出来的理论反倒芜杂不经。我们译作"理性"的，是希腊词 noein。海德格尔把它译作 vernehmen，意思接近于我们所说的感知。但这个感知不同于传统认识论所说的感知。有一种很流行的认识论，认为我们先获得纯粹的感性材料，然后通过联想等等形成关于事物的认识。海德格尔不认可这种看法，他认为我们最先感知到的，已经是树林的绿色，汽车的引擎声，换言之，我们直接感知到事物，要去感觉纯粹的感觉材料，反倒需要训练和抽象。如果真有感觉材料这回事，我们对它们也没什么感知；我们对之最多只能有所知，而没有所感。

希腊人所说的理性并不脱离感觉和感情，真正的理性是有感有情的认知。甚至可以说，情本来就是一种知。海德格尔说："我们称之为情的东西，倒比理性更理性些，这就是说，更富有感知，因为它对存在更加开放。"

前两年，神经科学家达马西奥写了本书，《笛卡尔的错误》，根据很多临床实例说明：情绪在人类认知中发挥着十分积极的作用，情绪和感受的阙失会严重损害人的理性能力。海德格尔多半不会在意是否得到神经科学的支持，不过，感情和理智是个无所不在的话题，值得我们从各种各样的角度来展开讨论。

三、共在与沉沦

上一节讲到，此在从来生存世界之中。此在在世，始终在与其他存在者打交道。我们已描述过此在怎么跟用具或事物打交道。当然，此在不仅跟这些东西打交道，他还跟其他人打交道。他人不是用具那样的东西，他人是此在这样的存在者，用海德格尔的话说，他人的存在方式"与此在本身的存在方式一样……他人也是此在"。他人也在此，与我的此在共同在此。

海德格尔不愿先设定一个孤立的主体，然后再把他物和他人附加到这个主体周围。只要此在生存，他就已经被抛入一个世界，抛入他人之中。因此，他把共同在此或**共在**视作此在的本质规定性。"此在的世界是共同世界"，在世就是与他人共同在世。即使无人在侧，此在的存在仍是共在。一个人可能很孤独，但他之所以感到孤独，是因为此在在世本质上是与他人共同在世。

在讨论共同在此也就是共在的时候,海德格尔强调此在从来都与他人共在,从《存在与时间》的具体描述看,仍然是先有一个此在,然后他人才来相遇。而且,"他人来相遇的情况总是以自己的此在为准"。上一节说到,谈论此在和世界,海德格尔偏于此在一方。现在我要说,谈论此在和共在的时候,海德格尔也是偏于此在一方。在我看,海德格尔的阐述一开始就不大对头,照他的刻画,他人是随着用具到来的,然而,现象实情似乎是,围绕着我们的存在者,首先被领会为有生命、有人格的,此后我们才区分出哪些是有人格的他人,哪些是没有人格的器物。更进一层,由于一开始围绕我们的世界是一个有生命有灵魂的世界,我们才能够形成自我。我们并不"以自己的此在为准"形成他人的观念,相反,"我"是很晚才形成的,我们倒是以他人为准,才能形成"我"这个观念。

上一节说到,海德格尔像多数哲学家那样,不赞成赤裸裸的唯我论,但这并不意味着他就一定摆脱了唯我论。他对此在和他人的描写,也有很重的唯我论倾向。他虽然强调共在是此在的一个根本的规定,但《存在与时间》全书中几乎没有谈到与他人共在如何积极建树此在。具体说到共在,差不多都是在谈论芸芸众生的生存状态。这些议论绘声绘色,我们不妨来引用两段——

> 他人从此在身上把存在拿去了。这些他人不是确定的他人。与此相反,任何一个他人都能代表这些他人。人本身属于他人之列并巩固着他人的权力。人之所以使用"他人"这个称呼,为的是要掩盖自己本质上从属于他人的情形。这样的"他人"就是芸芸众生,有了公共交通工具,有了报纸这样的传媒,每一个他人都和其他人一样。公众意见对水平高低与货色真假的

差别毫无敏感,把一切都弄得晦暗不明,同时却又好像所有事情都已经众所周知。芸芸众生展开了他的真正独裁。芸芸众生怎样享乐,我们就怎样享乐;芸芸众生怎么谈论文学艺术,我们就怎样谈论;乃至于,芸芸众生怎样从"大众"抽身,做出与众不同的样子,我们也就试着怎样与众不同。

这个芸芸众生,海德格尔称之为 das Man。人们的日常生活大致就是 das Man 的生活。一切差异都被铲平,人人都生活在平均状态之中——

> 平均状态看守着任何挤上前来的例外。任何优越状态都被不声不响地压住。一切源始的东西都在一夜之间被磨平为早已众所周知的了。一切奋斗得来的东西都变成唾手可得的了。任何秘密都失去了它的力量。Das Man(芸芸众生)到处在场,但又可以说"从无其人"。在此在的日常生活中,大多数事情都是由我们不能不说是"不曾有其人"者造成的。

在日常世界里,此在不是他自己,而是 das Man。此在并不作为自己本身存在,此在消散在芸芸众生之中,沉沦于种种事务之中。

沉沦有三种基本样式:闲谈、好奇、两可。在沉沦中,言说变成了闲扯,分不出什么是源始创造,什么是鹦鹉学舌。在沉沦中,芸芸众生贪新骛奇,刚看过一样新奇的东西,马上又去寻找另一样代表新潮的东西;人们似乎对什么都关心,却并不专注于任何事情。沉沦的第三种样式是**两可**。芸芸众生耽于闲扯——这也是可能的,那也是可能的,却并不投入坚定的行动之中。倾心投入实际行动的人，有败有成，芸芸众生却又说：我不是早就说了，这事做不成的，或者反过来，这又有何难？我不是早就想到该这样去做的。

我们听到这些观察，很可能把它当作对当代社会的批判，不过，海德格尔声称，他刻画的是此在的本质结构，沉沦不是个人或社会的某一不幸历史阶段，仿佛可以靠社会的进步消除。没有人从纯洁的伊甸园沉沦到尘世中来这回事，此在只要生存着，他就沉沦着。日常此在从来就不是他本身，而是芸芸众生。

不过，读者恐怕很难相信海德格尔的描述不是针对现代社会而发。在《林中路》，我们将看到，海德格尔关于此在沉沦所说的，的确主要是针对现代人的，是他的现代性批判的一部分。其实，依照海德格尔的一般思想，存在始终是历史性的，因此，此在似乎不可能有脱离历史性的固有结构。即使人真有跟时代性无关的本质结构，那么，我们在刻画这种结构的时候，似乎应该把它跟时代特点分开来刻画。

此外还有一点我也存疑。海德格尔再三强调：他说到沉沦，不是在做道德评价，他是在存在论层面上讨论问题。这我也很怀疑。我怀疑无论谁来谈论人的生存，或隐或显都带有某种道德评价。其中的一个原因是，像沉沦、芸芸众生这样的语词本身就带有评价，你用这些语词来刻画现象，自然而然就已经带有评价了。

《存在与时间》里的大多数段落，文句弯弯绕绕，而刻画芸芸众生的那些段落写得痛快淋漓，晓畅易读，读起来蛮过瘾的。不过对我来说，虽然其中不乏真切的观察，总体说来还是太偏于愤青了。

回到义理的层面上，我认为，从义理上说，海德格尔对共在的阐论是《存在与时间》中给出启发较少的一个部分。而之所以如此，是因为海德格尔总是从我的此在出发来谈论他人谈论共在的。

四、进入本真生存

上一节说到,此在只要生存着,他就沉沦着,沉沦的要害则在于:此在不立足于自己本身而以芸芸众生的身份存在。失本离真,故称之为"非本真生存"。相应地,本真生存就是立足于自己生存。

那么,此在怎么获得本真的生存呢?在讨论共在的时候,海德格尔区分了两类共在的样式。一类是越俎代庖,把他人应做之事整个拿过来,这时候,他人就成了附庸;或者反过来,把自己应做之事整个交出去,于是,他人就成了主子。与此相反的是本真的共在,那就是让他人去做他人应做之事,人人都保持独立人格,做他自己该做的那一份事情。

这一番论述相当潦草。总的说来,海德格尔对与他人共在有什么积极意义没表现出很大兴趣,共在的实际内容都是在刻画"芸芸众生"。上面说到,日常此在一上来就处在沉沦之中,完完全全被器物与芸芸众生所攫获。这就带来一个难题:非本真生存无所不包,本真生存又能从哪里透露消息?沉沦的此在如何能回升?又回升到哪里去?

海德格尔答说:这一切都要通过畏实现,畏将把此在带到本真生存。畏,畏惧的畏,Angst。畏跟怕看似接近,其实不然。我们害怕,是害怕某种有害之事将要临头,畏却不是怕任何具体的事情,这一点,我马上就会说到。

此在沉沦着,丧失真实的自己,错把芸芸众生当成他自己,他消散在各种事务之中,却以为他过着真实而具体的生活。陡然之间,畏袭来。

畏其来势也汹。畏一下子笼盖一切。存在者全体消隐,只剩下畏。我们自己也沉入一无所谓之中。我们在畏之中飘浮，无所依靠。是的，因为所有存在者都消隐了。只还留下这个"无"压境而来。**畏启示无**。畏把我们带入无何有之乡。这一点，等到畏消退之后，看得最为清楚。我们会说：我们所畏的，原来并无其事。

刚才说，我们害怕，是害怕某种有害之事将要临头，畏却不然。畏之所畏不是有害之事。实际上，当畏来临，万事万物都已消隐，有害无害的都已消隐。畏向此在开启的，是本来无一物，是空无。

说到无，我国读者定不陌生。老子云："天下万物生于有，有生于无。"庄子《天地篇》有言云："泰初有无。"但怎么可能议论无呢？泰初有无，但"有无"这话本身不就矛盾吗？

但另一方面，海德格尔指出，自从人们开始追问存在，人们同时也就开始追问无。例如，莱布尼茨就提出了这个根本问题：为什么存在者存在而无却不存在？

无不简简单单地是存在的对立面，也不简简单单是存在的否定，相反，无是存在者之能作为存在者显现的条件。无，名天地之始；有，名万物之母。浅浅说来，某物存在，某物是什么，总是针对它不是什么才能得到领会。

在畏之中，此在摆脱了日常生存中种种事务的包围，直面虚无，这时候，我们发现，此在彻头彻尾是超越的。对存在者有所作为，这就是要求此在既在存在者之中又在存在者之外。他既在庐山之中沉迷流连，又能在庐山之外审视庐山的整体。人能够超出他的现成状态，能够背靠虚无反过来重新审视纠缠他的种种事务。人不仅像鸟兽鱼虫那样对世界做出反应，人还依照他自己制定的目标引领自己行动。可以说，人的存在半踏实地半悬虚空。

海德格尔还用另外一些德文词来刻画超越，这些词可以译作

"出离自身"、"绽放"、"迷狂"等等。他用这些语词所要刻画的,我们也许可以说成是"放浪于形骸之外"。人所超越的,不仅是万物,他也超越自身,用尼采的话说,"我就是那必须一再克服我自己的东西"。人保持其自身,靠的不是墨守成规一成不变,正相反,人在他出神忘机之际是他自身,就像玫瑰在绽放中是其自身。

思考无,议论无,丝毫不增益我们关于世间事物的认识,但这有什么关系?为学日益,为道日损,哲学本来就不是要增益知识,而是求道。

问题倒在于,求道而至于无,我们还能言说吗?道可道,非常道,于是,老子说"知者不言"。海德格尔也说,"畏使我们忘言。面对无,一切'有'所说皆归沉默。"当然,老子还是说了点儿什么,海德格尔也说了不少。到底能说不能说,该说不该说?庄子答曰:"知而不言,所以之天也;知而言之,所以之人也。"也许,哲学本来就是穷究天人之际的尝试,在这个有无相邻的领域,即使言说,也不是寻常的言说,"以真实的方式来言说虚无从来是异乎寻常的"。言说转变为隐喻,转变为提示或暗示。

有与无的玄思太过玄妙,我们还是转回到先前的问题上来。我们曾问:在非本真生存包揽一切的日常生活中,本真生存从哪里透露消息?海德格尔的回答是:在畏这种情态中。第二节曾讲到,情本来就是一种知,而且是更源本的知,因为它对存在更加开放。海德格尔所说的畏,就是一种情态,是最根本的情态,它对存在最为开放,开启了对本真生存的知。

畏袭来之际,所有存在者,所有他人,都变得无关宏要。畏剥夺了此在从世上事物以及芸芸众生那里来领会自身的可能性,于是,畏使此在个别化,使他真正成为他自己。我们一开始就说,此在总是我的此在；但这个我是谁，其实并不分明。在日常生存中，此在并不是我，而是作为芸芸众生生存的我，如今，通过畏，此在才真正是他自己。

作为真正的自己来生存，就是本真生存。本真生存的核心则是个别化。本真生存是一种独立的生存，但并不是遗世独立，不是脱离了世界的生存。"找到你自己"这话并不是说，你从世界抽身回来，牢牢盯着自己，专注于自己的体验。去除了你在特定现实中的特定位置，也就没有你独特的自我，我们不是靠关注自己的体验找到真正自我的，我们靠的是承担自己独特的命运，在世界上有所作为。此在永远是在世的此在。在非本真的日常生活中，此在操心忙碌于种种事务，在本真生存中，此在仍不减其操心忙碌。海德格尔说："本真生存并不是任何飘浮在沉沦着的日常生活上空的东西，它是日常生活的某种变式。"悟道不离日用常行，我们曾经劈柴担水，现在仍然劈柴担水，只不过，现在，此在已有所了悟。本真的此在是自身通透的，我们会说，他现在活明白了。

本真和非本真不是刻在额头上的印记，一眼看去就分辨出来。我们无法问：本真生存到底是什么样子？本真生存有好多好多样子。恰恰是我们每个人的独特性构成了我们各自的本真生存，于是，谁也不可能为本真生存提供一块通用模板。

好吧，我们不从终点上问本真生存到底是什么样子，但我们似乎可以从起点上问。我们记得，是畏把此在带入本真生存，那么，我们怎样才能进入畏这种情态，从而达乎本真生存？依海德格尔，这个问题同样问得不对头。畏或不畏，不是我们自己决定的。绝大多数人根本无法进入畏的境界。唯大勇者能畏。但就连大勇者，也不是想畏就能畏的。海德格尔说："我们是如此地有限，乃至我们简直无法靠自己的决定和意愿把自己带到无面前。"我们所能做的，最多是为畏的来临做准备。我们现代人往往认为一切好东西都要靠自己去争取才能得来。这不是古人的想法，也不是海德格尔的想法。人所能做的很有限，生存中真正重要的东西，是命运使然的东西。晚期海德格尔认为，人类深陷于当代技术社会不能自拔，要说拯救，那也"只还有一个神明能拯救我们"，但天意从来高难问，神明显现还是不显现，不是我们说了算的，我们最多是为神明的到来做准备。

我们在第二节曾讨论此在与世界，海德格尔一方面说，此在总是我的此在，另一方面说，此在总是在一个世界之中生存。他把世上万物视作用具，用具千差万别，但归根到底是为此在所用，于是，兜了一圈，所有存在者兜回到此在身上。这两节，我们讨论此在与他人，海德格尔主张，此在的生存总是与他人共同存在，但这个共在大体上是从负面刻画的，要进入本真生存，此在必须个别化，成为他自己。

我们看到，海德格尔在处理此在与世界、此在与他人的时候，给出来的结构是相似的。前面已经说过，这个结构难免唯我论的嫌疑。那么，问题在哪里呢？在我看来，问题在于海德格尔没有真正重视他者。世上的物事并不都是我们的用具，只作为有用之物显现出来。更不用说他人了。世界和他人自有各自的独立存在。我不是自然的主人，更不是他人的主人。那些硬邦邦的他物，硬邦邦的他人，横亘在那里，无论如何都没办法完全统一到我的此在之中。人要赢获本真生存，赢获自身的独立，先就要把他物与他人的独立性接受下来。这个想法，我们在《存在与时间》里能够找到一些萌芽，在海德格尔后来的著作里，渐渐成为主题。

五、时间是探究存在的地平线

前面说过,《存在与时间》,书名里就已经给出了两个关键词,一个是存在,一个是时间。有人说过,和,and,这是哲学的敌人。大概的意思是说,哲学不是要把一些概念并排放在那里,哲学探究概念之间的内在联系。那么,时间跟存在是怎么内在地联系在一起的呢?海德格尔说,时间是探究存在的地平线,存在在时间的地平线上才显现出来,才凸显出来。

我们可以从一个很简单的角度来看存在与时间的内在关系。曹孟德曾经存在,在长江上横槊赋诗,而今安在?曾经存在的,大多已经死灭,现今活蹦乱跳的,不久也将消逝于无形。方生方死,万物都在变易之中;变易和存在形成一个对子,一边是 being,另一边是 becoming。也许,只有免于变易免于朽坏的才真正存在,那么,存在就等于永恒存在了?我们把 becoming 译成"变易",这也许不对,跟 becoming 连着的,是 becoming something,那么,becoming 就该译作"生成"。Becoming 并不只是变来变去,它成就着什么,或至少,它是向着某种可成就的东西运动。也许这种可成就的东西才是真正的"存在"?就像尼采所说的强力意志那样,它给"变易"打上了存在的烙印。那么,就像黑格尔所言,一时绽放的玫瑰并不比长存的岩石较少存在?或者像海德格尔所说,人的生存在于"成为你所是者"?

不管怎么看,存在与时间显而易见纠结在一起。

尽管对于《存在与时间》的总体构想来说,时间具有头等的重要性,但书中讨论时间的部分,往往杂乱而重复,海德格尔后来也说,那时候,他对时间的思考还远远不够成熟。在这个讲座里,我也只扼要介绍几点。

首先，海德格尔像他习惯的那样，认为我们平常的时间观念是流俗的时间观念。按照流俗的时间观，时间分成过去、现在与将来，在这三者之中，现在居于中心地位，过去被看成"以前存在过，但现在不再存在"，将来被看成"今后会存在，但现在还不存在"。跟这种流俗的时间观相对的，是海德格尔的本真时间。刻画本真时间的时候，海德格尔用"曾在"来代替"过去"，用"当前"来代替"现在"。在本真时间里，曾在并不曾过去，它只是不再现成存在而已，但它仍然以某种方式包含在当前之中。我们说此在作为他自己生存，这恰恰是说，他在当前仍然承担着他的曾在，或者说，承担着它的被抛状态。用我们平常的话说，割断了历史，生活就飘起来了。一个人忘本了，当然就不可能是本真的了。本真的将来也不是尚未到来，此在从来是面向将来的存在，它必须先行进入到将来才可能开展它当前的生存。我们记得，海德格尔不是从现成存在来理解世间万物的，至于此在，就更不是一个现成摆在这里的存在者了，此在是他将成为者。

我们由此可以看到，所谓本真时间，不是把时间当作跟我们无关、在我们身外不断流逝的东西，海德格尔是基于此在的生存来理解时间的。于是，时间不再是由过去、现在、将来一个个同质的瞬间先后相续形成的线性的、均匀流逝的东西，曾在、当前、将来结合在一个统一的立体结构里面。这个结构是：此在先行进入将来，在当下把自己的曾在承担起来。

此在先行进入将来，这一点，在此在有死这个事实里看得最清楚。

死亡不是一个与生存漠不相关的终点，唯因为有死亡这个终点，生命之弦才绷紧了。没有张力就没有生命。绵绵无尽的生命是不可设想的，任何作为都有时机，如果生命绵绵无尽，我们今天做什么事情都跟明天做它一样，我们就不会有任何作为了。至少在这个意义上，生存的确可以说是"向死存在"。

向死存在揭示出：此在根本上是有限的。人的有限性是海德格尔哲学的主题之一，在后来的著作里，他经常直接用"有死者"（mortal）来称呼人。然而，沉沦中的众生却不敢直面人固有一死这个最确定的事实，即使在临终者的床头，"最亲近的人们"还无谓地告慰他，让他相信他将逃脱死亡，重返他沉沦于其中的各种事务。我们刚才讲到畏，现在海德格尔说，畏才能把此在唤向他的向死存在。心怀大畏者才能大无畏。死亡的空无把此在从患得患失中解放出来，敞开了生存的一切可能性，任此在自由地纵身其间。

本真的此在在死的眼皮底下昂然直行，把它自身所是的命运整个承担下来，毅然决然投入真实的处境。此在我行我素，摆脱了蝇营狗苟的偶然性，不再被它偶然陷入其中的种种事故牵着走。当然，此在实际上决定要到哪些地方去，要做些什么，则不是生存论分析所能讨论的。陶渊明也许知其不可为而采菊东篱下，孔夫子则知其不可为而为之，鞠躬尽瘁死而后已。

无论从什么角度看，死亡都是个绕不过去的话题。不过，存在哲学格外少不了对死亡的思考。信仰某种宗教的人，可以把死亡看作通向另一个世界的大门，那另一个世界甚至可能是更好的世界。在传统的宗族社会，只要子孙满堂，后世一代一代有人祭祀，香火永续，一个人老了、死了，也没那么可怕。可是在存在哲学里，人靠不上上帝，靠不上子孙，人归根到底是他一个人。这也的确是现代人的真实状况。在元气饱满时，他自由自在，他特立独行，但代价是，元气流失的时候，他孤孤单单的，要单独去面对那种局面。总不能说，那时候我退回到宗教里去吧。自由思想最终要达到齐万物—死生的境界,否则,自由思想是残缺的,甚至是不真诚的。

《存在与时间》涉及的论题很广,存在论或本体论的,认识论的,伦理学的,历史哲学的。这篇讲稿提到了一些,还有很多没有讲到,例如语言、罪过与良知、解释学,等等。有些论题很深,有与无、时间、自我,这些都是很难理清楚的论题,我们也只是浮光掠影说了一些。此外,《存在与时间》采用的是建构大型理论的路子,一个大范畴分成几个小范畴,一个小范畴又分成几个更小的范畴,不同范畴又有对应关系,这个形式结构,我在这篇讲稿里完全没有涉及。

换句话说,这篇导论,只给出几个线头,很多重要的内容我都略过了。要了解《存在与时间》,当然还是要去读这本书。说到这儿,我还有个建议,我编写过一本《〈存在与时间〉读本》,我建议读者去读这个读本。我有时夸口说,这个读本篇幅小了很多,行文顺畅了不少,但这本书的基本内容应该都包括进来了。一般读者,不妨先去读这个读本。就像我们学微积分,都是去学教科书上的表述,不见得一上来直接去读牛顿或莱布尼茨。

当然,虽然《〈存在与时间〉读本》好读一点儿,读起来仍旧会有点儿难。好的哲学书总是有点儿难的。这里我又有一个建议。普通读者读哲学书,不一定要求自己完全读懂,你读了有收获,这是最重要的,不一定要计较你是不是读出了海德格尔的原意。不像哲学教师,哲学教师不能只讲自己的感悟,你讲海德格尔,不能离开他的原意太多。

最后我还要说明一点。海德格尔哲学,以及这一哲学的影响力,跟海德格尔的独特语言连在一起。他的语言的这种独特之处,在翻译成汉语的时候已经失去了很多,在这篇讲稿里则丢失得更多了。

好吧，我就讲到这里，剩下的就是自己去读书了。

六、答疑

第一讲：存在与此在。为什么海德格尔强调人与事物间的操劳关系？

海德格尔所讲的"操劳"（besorgen）是从亚里士多德的"实践"（praxis）来的。他想突出人与世界的关系首先是人在世界之中做各种事情，而不是像近代认识论所突出的，仿佛人在世界之外静观世界、认识世界。

第二讲：世界与认识世界。请再举一个类似锤子的例子，分析说明我们与世间上手之物的关系。

在《存在与时间》第17节，海德格尔讨论了一类特殊的"用具"：标志，例如路标、旗帜、汽车转向指示灯等等。我们不可把指示灯看作一种现成存在物，仿佛我们首先凝视它然后琢磨它的意义或指示。

我们首先处在行驶或过街之类的活动之中，标志恰恰是在这样的活动中作为特定的存在者显现，起到指引作用。通过对标志这类"上手事物"的分析，海德格尔还希望揭示用具中包含的互相联络互相指引等因素。

第三讲：共在与沉沦。海德格尔说："常人一直'曾是'担保的人,但又可以说'从无其人'。"请谈谈你对第二段原话中"从无其人"的理解。

很多事情一哄而上,看起来人多势众,事败之后,鸟兽尽散,似乎从没有一个人认真参与其中。

第四讲:进入本真生存。海德格尔说:"我们是如此地有限,乃至我们简直无法靠自己的决定和意愿把自己带到无面前。"你认为海德格尔说的"有限"包含几层意思呢?

在一切方面都不要忘记人的有限性。最直白的是,人是有死的,不像希腊的神祇更不像基督教的上帝。人的感知和经验是有限的,理性能突破感知和经验的限制,但人的理性仍然是十分有限的。我愿补充说:没有人拥有无限的同情心、爱和耐力,所以我们要珍惜这些美好的东西,善用它们。

第五讲:时间是探究存在的地平线。你怎么理解"死亡既限制了也决定了此在的可能性"这句话。

死亡限制了此在的可能性,这不须多说。但也由于这个限制,人才可能拥有真实的可能性,例如,在你父母的有生之年善待他们,例如,继承前辈为我们留下的精神遗产。

海德格尔《林中路》导读

一、科学

跟《存在与时间》不一样,《林中路》不是一本专著,是一本论文集,海德格尔在其中收录了他三四十年代的八篇重要文章,可以说,它们都是海德格尔中期的代表作。中文译本是孙周兴译的,实际上,海德格尔的中译本,大一半是他译的。

在一个授课单元里,我没办法把这八篇文章都讲一遍。我挑出三篇来讲。前两节讲《世界图像的时代》,中间两节讲《艺术作品的本源》,最近一节讲《诗人何为》。

1935年到1936年,海德格尔以艺术为题做了几次讲演,十分轰动,后来,他把讲演内容整理扩充,题为《艺术作品的本源》,翻译成中文大约六七十页。《世界图像的时代》是海德格尔1938年所做的一次讲演,中文约四十来页。《诗人何为》是1946的演讲,中文约四十来页。

《世界图像的时代》一上来先总结了现代社会的五个基本特征。我们知道,希腊哲人通常认为他们探求普遍的、永恒的真理,他们不把希腊社会当成自己的主题,近现代哲人跟他们不一样,尤其是二十世纪的哲学家，即使他们仍然相信永恒真理，他们往往也十分关心我们自己所处的时代，努力去理解现代世界是怎么回事，它是怎么来的，它会变成什么样子。也就是所谓现代性问题。

在《世界图像的时代》里，海德格尔总结了现代社会的五个基本特征。这五个特征是：一、科学的兴起；二、技术的统治；三、艺术被归结为体验；四、用文化来理解人类生活；五、去神圣化。这五个方面，海德格尔在他的中期和后期，翻来覆去地进行考察。"世界图像的时代"这篇文章，主要讨论第一点，即近代科学的本质。此外也涉及第二点，即技术的统治。我这一节讲科学，下一节讲技术时代。其他三个方面，我们后几节会讲到。

近代世界的一个重大改变是科学的兴起，这通常被视作人类的巨大进步。人类是否在不断进步？在有些方面，可能会有争议，例如，我们的道德水准比宋朝人的道德水准更高吗？我们现在的艺术比希腊艺术更优秀吗？人们可能会争议。可说到科学，人们一般认为，进步是那么明显，无可争议。

海德格尔不接受人类不断进步的观念，他的很多说法，听起来像是说人类在不断退步，不说退步吧，那也只能说人类社会在不断改变，说不上进步还是退步。即使说到科学，他也持这样的看法。

在他看来，我们不能把近代的自然研究与古代的自然研究拿来直接比较，因为两者对"自然"抱有完全不同的观念。近代科学革命所实现的，不是简简单单的进步，而是一整套观念的转变，例如，位置转变为绝对空间，运动转变为位移，物体转变为质点。这些转变的总体结果是，我们现在能够用数学来刻画自然。

《〈存在与时间〉导读》曾说到，海德格尔把希腊人表示"理性"

的 noein 一词译作 vernehmen，意思是说，希腊人所说的理性，或得到正当理解的理性，并不是电脑那样的计算能力，也不是经济学里所谓"理性人"那样的计算能力，而是包含感知在内的能力。真正的理性是有感有情的认知。对无生命的自然现象，数学化的研究是可行的，虽然即使在这里，数学化的研究也只是偏于一隅的研究。可人们现在试图用同样的方式来从事一切研究，甚至对人文学和历史学，也想用数学来研究，那就完全不得要领了。海德格尔断言，在这些领域，"非精确性不是缺点"，而是这些学科的本质要求。

近代科学大量使用数学，所以，人们常常把近代科学叫做精确科学，好像古代科学不那么精确。但若我们考虑到发生了改变的是自然的整体观念，那么，谈论谁比谁精确没多大意义。对科学来说，只有可测量、可计算的东西才是个东西，用普朗克一句言简意赅的话来概括："现实就是可以测量的东西。"古代人不是这样看的，实际上，除了在科学那里，我们也不是这样看待现实的。所以，我们无法直接比较牛顿和亚里士多德，就像我们无法谈论莎士比亚和埃斯库罗斯谁更高明。

我们都知道后来库恩提出的"科学范式"，按照库恩的想法，牛顿的范式完全不同于亚里士多德的范式，两者之间无法通约，也无法比较。库恩的主张和海德格尔在这里表述的主张颇有几分相似，要说的话，海德格尔的叙事更加宏大，考虑的是存在者整体的显现方式发生了什么转变。

能否谈论科学的进步？范式与范式能不能比较？牛顿与亚里士多德的区别是否相当于莎士比亚与埃斯库罗斯的区别？在这些事上，我不认为海德格尔和库恩有充分的说服力，不过，他们的主张至少有助于我们不再简单地看待"科学的进步"。

在《世界图像的时代》里，海德格尔概括了科学的三个主要特点。

第一个特点是学问转变为专业研究。在科学之前的时代，学者们拥有广泛的知识和兴趣，探究多种多样的道理，科学兴起之后，世界被划分成一些固定的方面，由不同的学科加以研究，例如物理学、化学、生物学。每一个学科都有自己特定的基本概念、研究程序和解释框架。例如牛顿的《自然哲学的数学原理》，看上去它研究世上的一切现象，但它只从力学这个角度来研究这些现象，只讨论事物的机械运动这个方面。

近代科学的第二个特点是科学实验。近代科学高度依赖于实验仪器和实验技术，同时自豪地把自己叫做实验科学，把注重实验视作自己的一大优势。但在海德格尔看来，这只不过表明科学对自然采取了一种新的态度。在科学那里，实验取代经验获得了促进人类认知的核心位置。从前，人们整体地经验自然，而现在，事物被分解成各个方面，每一个学科都从一个特定角度来看待存在者全体，要求我们从这个特定角度来经验世界。在自然状态下，我们不是这样经验世界的，于是，科学实验是要改变事物的自然状态，把一些人为的条件强加给事物，在这些条件下，事物会提供一个特定方面的新信息，而它在自然状态下不会提供这些信息。这就是培根所说的，我们得"拷问自然"才能让自然回答我们的问题。与此对照，亚里士多德要探究的，是真正的自然，是处在自然状态下的事物，而实验所设置的那些条件，恰恰破坏了事物的自然状态。"自然科学"不再认识自然。

近代科学的第三个特点是企业化和体制化。科学越来越费钱，必须跟商业结合在一起才能持续发展。不过，海德格尔在这里所说的企业化，主要不是指科学与商业结合，而是指近代科学内部的发展。科学的企业化、体制化,早在韦伯就已经看得相当清楚,他说:科学体制正在把学者改变成学术"生意人",他们没有自己的思想,只是一套制度之中的螺丝钉。刚才已经引用了海德格尔的话说,科学不思,到今天,科学中最主要的工作都是操作。海德格尔早在那时就断言,全部物理学都装在粒子加速器里面。这一点,今天看来更加明显。

  海德格尔一生关心的,是存在的真理。"存在的真理"这话,用日常的话说,大致相当于"是真的"、"真的是"、"其实是"。真理,在今天大多数人那里,跟科学是一回事,真理就是科学真理——科学告诉我们世界真正说来是什么样子的。我们看到日落西山,但科学告诉我们,"真实的太阳"几分钟以前已经落山了。更确切说,不是太阳落山,而是地球在旋转。我们看到的是罗密欧和朱丽叶相爱的故事,科学告诉我们的是基因寻找复制自身机会的故事。我们还不能说,此亦一是非彼亦一是非——科学并不是在讲述另一个故事,它声称自己提供的才是世界的真实存在。我们更不能说,科学无非是科学家们建构出来的世界图画,跟现实生活没有什么关系。汽车、宇宙飞船、苹果手机,这些都来自现代科学。所有这些全都是现实,科学实实在在地改变了地球和人。

  我们不一定懂科学,但人人都看到科学改变世界的巨大力量。科学的这种巨大力量是怎么来的呢?如果用一个词来概括,海德格尔大概会选"客体化"这个词。科学把万物都放置到人的对面,成为对象或客体——海德格尔说:"没有什么东西能够逃脱这种客体化。"科学把我们的生活世界转变为一个对象化的客体世界,而不是深入到人与自然的丰满本质之中。所以,无论科学取得了多么巨大的成就，对我们理解人类生存都没什么帮助。在海德格尔看来，只有艺术、诗、思想才能深入到人和自然的丰满本质之中，科学做不到这一点，据此，他口出惊人之语：科学不思。

像薛定谔这样的大物理学家也认为，科学把最重要的东西，心灵，排除到自己的眼界之外去了。他希望未来的科学把心灵包括进来。在海德格尔看来，这是不可能的。成也萧何败也萧何，科学的所有巨大成就恰恰来自它把一切，包括心灵在内，都变成了客体。

海德格尔进一步指出，把万物都视作客体，这不仅是科学的一个特点，这也是整个近代世界观的一个特点，说起来，科学态度本来就坐落在整个近代态度之中。

与万物相对的，是人，人与万物面面相觑。跟把万物理解为客体相应，近代世界把人理解为主体。那边是客体，这边是主体。第一步，主体要去认识客体、把握客体，进一步，主体是要去支配客体。人为了支配世界才去认识世界。

人支配世界的观念扩展开来，不仅要支配万物，而且也要支配他人，他人也被当成工具或者"人力资源"。我们也许认为那是不对的，应该像康德那样主张，人是目的，谁都不应该把人当作工具。但即使康德这样的主张，仍然是把人当作了主体。把人从自己的小我里解放出来，放到社会之中，放到大我之中，这并没有摆脱"人即主体"的观念，甚至反过来更加巩固了这样的观念。用海德格尔的话说，这里出现的是"人的全球性的帝国主义"，在这种全球帝国主义之中，"人的主体主义达到了登峰造极的地步"。

科学曾经是哲学的一部分，十八世纪的启蒙哲人总体上都为科学的进步欢欣鼓舞，把科学引为奥援，共同建设他们所向往的开明社会。然而，到了二十世纪，不少人开始对科学的发展表示忧虑，海德格尔是其中一个突出的代表。

二、技术时代

上一节说到，《世界图像的时代》总结了现代社会的五个基本特征。首先是科学的兴起。其次是技术的统治。我们知道，无论中西，学问和技术从前都分得很开，做学问的是上等人、士大夫，从事技术的，无论什么样的能工巧匠，都是手艺人、劳动者。近一两百年，情况发生了根本的改变。今天的重要技术，都是基于科学发展出来的。反过来，发展新技术成为科学发展的强大推动力，上一节说到，近代科学高度依赖于实验仪器和实验技术，没有这些技术，就没有我们今天所知道的科学真理。据此，海德格尔认为，我们切不可以为技术只是科学的应用。固然，先发生的是科学革命，技术时代是随后到来的，然而，其实是技术的本质规定着科学的发展。一切真正的开端都是最后显现出来的。所以，海德格尔把当代社会的本质定为技术时代，而不是科学时代。

《世界图像的时代》主要讨论科学，对技术说得不多。这里结合他后来的论著稍作补充。

现代人拥有强大的技术，这是常识，把我们的时代称作技术时代，看来没有什么新意。但海德格尔说到技术时代，却是完全从另一种眼光来说的。简单说，在海德格尔看来，不是我们在支配技术，而是技术在支配我们。海德格尔感慨说，直到今天，人们仍然怀抱老掉牙的看法，把技术当作某种中性的东西，当作供人类支配的工具。但若我们睁眼看看现实，我们看到的却是，技术早就开始支配我们现代生活的方方面面。

现代技术从一开始就把自然视作榨取的对象，视作"自然资源"。这样一种态度，从培根的"拷问自然"到康德的"理性为自然立法"就已经出现了。这种基本态度带来的必然后果是，不仅自然不再是人类的家园，而且人类自己也变成了可供榨取的资源，变成了"人力资源"。

现代人在意的，只是那些能够用技术来处理的东西，不能用技术来处理、来利用的东西，就好像不再存在的东西。你用利用、摆布的态度来对待世界，你就不可避免地陷入被利用、被摆布的境地。技术是现代人的天命，现代人受到技术的摆布，这种境况，海德格尔称之为"技术阱架"（Ge-stell）。总之，我们再也不应该把技术看作为人所操纵的工具，相反，现代人早就落在技术阱架之中，技术拘囚着人，控制着人，使得人们找不到路径去经验该怎样生存的本真指令。

现代人说起技术进步，往往欢欣鼓舞，先是蒸汽机、飞机，后来直到人工智能、基因编辑。而海德格尔说到现代技术，听起来主要是从负面说的。就说吧，生物工程技术看来有望大大延长人的寿命，甚至有人说最后能让人长生不老，这该是好事了吧，不然，在海德格尔听来，这不像是什么好消息。人终有一死，这对人之为人是根本的，可如今，有死的凡人竟然想自己变成不死的神明。在当今的技术统治下，天地人神四大尽毁，世界简直不再成其为世界。

本来，世上万物有远有近，有疏有密。现在，技术不断缩小时间和空间的尺度。从前经年旅行难到之处，而今飞机一夜就到了；从前数年后才听得到的消息，收音机转瞬就告诉了我们。远古的文化放映在银幕上，我们坐在现代化的影院里观看。新兴的电视更大有垄断一切信息传播之势。但距离的缩小并不带来亲近，缩小距离的结果也许只是把所有事物都挤成一堆。在原子弹和氢弹里，能量被聚集了。一旦爆炸开来，可以把地球上的生命收拾干净。

有时候，海德格尔干脆把技术称作"原子时代的形而上学"。因为，可怕的不是原子弹，而是那要求把原子弹制造出来的技术本身。即使我们把现存的原子武器统统销毁，它们还是可以随时被制造出来。看到从月球拍回来的地球照片以后，海德格尔大吃一惊，他说道："我们根本用不着原子弹了，人现在已被连根拔起。人今天生活在其上的，已不再是大地了。"

但干吗非要住在地球上呢？我们可以迁到别的行星上去嘛。实际上，在这个技术时代，人类确实把自己的全部兴趣和能量都投入到计算之中，算计着人怎样能够脱离地球，进入到"无世界性的宇宙空间"。然而，在海德格尔看来，只有在大地上，人才能营建栖居之所；只有营建起栖居之所，人才像人那样生活："从我们人类的经验和历史来看，只有当人有个家，当人扎根在传统中，才有本质性的和伟大的东西产生出来。"可如今，"无家可归成为一种世界命运"。技术的发展也许真能把我们带到银河系里的另一个行星上去。好吧，海德格尔回答说，假使这样的事情真的发生了，那也不是人到达了哪个行星，因为，那时候已经没有人了，人已经变成了机器，已经"从狂妄转变为疯癫"。

冤有头债有主，技术从哪里开始了它的狂妄统治？美国，苏联。在三十年代的海德格尔眼里，美国苏联是两只乌鸦一般黑。"俄国和美国是一回事：同样都是脱了缰的技术狂热，同样都是放肆的平民政制。"

带来技术统治的是美国和苏联，不过，要追溯思想的源头，这源头是在西欧。他说："美国主义其实是某种欧洲的东西。"解铃还须系铃人，要从技术的统治下解放出来，还要靠西欧，尤其靠德国人，因为德国地处欧洲中心，与此相应，"德国人的历史此在正是欧洲本身的中心"。德国人有可能发展出新的精神力量，引导人类摆脱技术统治的绝境。

可惜，结果不如人愿。二战以后，美苏成为两个超级大国。现代技术不断膨胀，占领了各大洲最偏僻的角落。尽管欧洲以外的居民往往对世界怎么发展到了这一步茫然无知，可是那些所谓不发达国家也照样一心一意忙着发展，忙不迭地服从技术世界的指令。人类进入了全球化的技术文明。这个文明的特点是精神世界日益萎缩。

精神的萎弱早有苗头，而在十九世纪上半叶变得相当明显。那时候，德国古典哲学开始衰落了。人们把这称作"德国唯心主义的破产"。其实，并非德国唯心主义破产了，而是我们的时代不再有力量来承受这一精神世界的伟大分量了。人不再向高处攀登，因为不再有品级，不再有高低。此在开始滑入一个没有深度的世界，所有的事物都被摆布在同一层面上，摆布在表层上，就像一面没有光泽的镜子，反映出来的是一片空白，而不再是各种事物的互相镜映。

精神萎弱的首要特征是把精神曲解为智能，曲解为计算的能力。作为计算式的智能，精神沦为为其他事情服务的工具。精神仿佛只是所谓"现实"的附属物，最多只是一些文化摆设，用来装饰现实。其实，"精神才是承载者和统治者，是首先的也是最终的"。肉体的力量和美丽，斗士的信心和勇敢，理智的真切和敏锐，无不基于精神，随精神的起落而消长。

在精神萎弱的种种方面中，海德格尔最痛惜的是创造性的丧失。在他的作品中，充满了对创造性的敬慕和颂扬，对平庸的蔑视与憎厌。可现在，创造者伏匿了。人人都变成了群众，自由创造招来的只是憎恨和怀疑。在当代的精神没落中,"拳击手被奉作民族伟人,千百万人的集会成了凯旋"。而同时,创造者,如诗人、思想家,还只被当作不懂人生的怪僻人物保留着。

当代世界已经深深陷入技术阱架。我们不知道世界文明是否马上会被突然毁灭抑或它会在不断变化中持续一个长时期。我们不知道人类最终有救没救。

海德格尔有一处说,或许,俄国或中国的古老传统哪一天会帮助人建立对技术世界的一种自由关系。不过,单靠接受东方世界观是不行的。"思想的这一转变须求助于欧洲传统及其革新。思想只会通过具有同一渊源同一规定的思想才能转型。"

海德格尔也曾猜想,诗和艺术将提供出路。不过,一方面,我们还不曾想清楚技术的本质,但另一方面,艺术的本质也同样奥秘莫测。反正,现代艺术看不出有什么建设性。

但海德格尔也不是一无所知,他知道,若还有拯救,拯救者必定从阱架本身中生长出来。我们所能做的,是为拯救者的成长和来临做准备。怎么准备?那就是,不要盲目地被技术发展所裹挟,也不要无望地诅咒顽抗。要做的是不懈地深思技术的本质所在,尤其是注视技术阱架的威胁。这些工作,海德格尔称作"克服形而上学"。当然,我们不可能通过克服形而上学克服技术时代。没有哪个个人可能看透世界现状的整体从而能从实践上加以指导。思想与提供权威指示是截然不同的两码事。在他晚年的一次重要采访中,海德格尔说:"哲学不能引起世界现状的直接变化。不仅哲学不能,而且任何纯粹人类的反思和努力都不能。"接下来他说了那句名言:"只还有一个神明能救渡我们。"

海德格尔对当代技术社会的刻画颇为生动有力。不过,我们在

海德格尔《林中路》导读　　399

别的作家那里也能找到类似的刻画。更具海德格尔特色的是他对技术时代的深层反思。他提出了很多新颖的、有冲击力的论旨。技术就其本质而言不是中性的工具，而是世界的一种显现方式。技术发展到今天，不是人在控制技术，而是技术在控制人。技术不只是科学的应用，是技术推动着近代科学的发展。这些思想对后来的技术社会研究产生了巨大的影响。

三、艺术的本质

前面两节讲的是《林中路》里的《世界图像的时代》一文，这一节和下一节讲这本论文集中的《艺术作品的本源》。

在他早期的主要著作《存在与时间》里，海德格尔没有谈到艺术作品。《存在与时间》里的中心是人，或此在，存在、真理等等都是从此在出发来讨论的。在这本大书里，除了人，其他东西都被看作是用具或器具。在这个格局里，艺术作品的确没有适当的地位——作品不是人，但也不是用具。进入三十年代以后，海德格尔不再采用此在和用具这样的讨论框架，同时，他越来越经常地讨论艺术和诗。他一直关注的存在、真理等等话题，通常是通过艺术、诗等等来讨论的。当然，他讨论这些话题的思路，自然是从《存在与时间》那里延续下来的。

海德格尔的思路经常有出奇之处。他对艺术的看法也与众不同。与亚里士多德不同，他认为艺术作品不是对现成事物的摹仿。与黑格尔不同，他不认为艺术作品是事物普遍本质的再现。"这普遍本质存在在什么地方？一座希腊神殿究竟与什么东西的什么本质相符？"艺术作品不是附加在物的底基之上的审美价值或美感上层建筑。艺术作品不是一种文化现象。不是供我们鉴赏用的，不是供我们陶冶性情用的，更不是供我们消遣娱乐用的。艺术变成了文化的一部分，只是艺术的堕落。本世纪的艺术，海德格尔一般都说成是堕落的甚至是具有破坏性的。

艺术作品不是上述这些，那么它是什么呢？海德格尔从描写一件具体的艺术作品着手。他选的是一座希腊神殿。

一座希腊神殿，它不摹画任何东西。它只是矗立于此，矗立于嶙峋岩谷之中。这座建筑环封着神的形象，环封掩蔽，同时又任这形象通过开敞的柱廊伸延而出，达乎神圣之域。有了这殿宇，神便可在这殿宇临现。神这样临现，这本身就是神圣之域的扩展延伸。……神殿这一作品第一次把种种路径与关联勾通聚拢，使成一统；而在这些路径与关联之中，生与死，祸与福，凯旋与耻辱，坚久与衰败，乃以命运的形态展现在人类面前。这种种业已开放的关联所御制的疆域，即是这一历史民族的世界。

殿宇栖立于岩基之上。岩石支承着殿宇，笨拙却无所迫求。高高矗立的作品从巉岩中从这支承中掬捧起一团晦秘。风暴肆虐在殿宇上；殿宇在风暴中屹立，才反衬出风暴的肆虐。山石闪着辉光；这辉光本来不过折射着太阳的恩赐，却复显示出白昼的明朗、天空的寥阔、夜幕的昏黑。殿宇横空雄立，一望无际的辽远便落入眼界。殿宇如磐屹立，与拍岸的浪涛恰成对照；它的泰然更衬托出大海的喧腾。树木和青草，鹰和野牛，蛇和蟋蟀，于是始获其各自有别的形态，从而如它们各自所是的那样显像。

海德格尔借着描述一座希腊神殿,表达出了他关于艺术作品的基本思想。一件艺术作品打开了一个场所,在这个场所里,天地人神前来聚会。这当然不是说,一座建筑要把天地人神都供在那里,一幅画要把天地人神都画在里面,而是说,一件艺术作品开启了一种视野,使我们能够看到世上万物的另一番景象。一座希腊神殿让我们看到的,绝不只是几根立柱,一片山墙,它让我们看到的,树木和青草,鹰和野牛,是生与死,凯旋与耻辱。梵高的向日葵远远不止于让我们看到向日葵的另一种样子,它让我们看到的,是世界的热烈生机。

我说"另一种样子",这个表达不怎么准确。在我们庸常的世界里,事物的样子是扭曲的,我们看到的是可加利用的东西,是我们可以用来算计的东西,而不是事物的真相。梵高让我们看到真相,看到事物的如其所是。再说一遍,梵高展现给我们的,不只是向日葵的如其所是,透过这一株向日葵,我们打开了看到万物生机的眼睛。

梵高的向日葵展现了事物的真相,莫奈的向日葵展现的又是什么呢?世界的同一个真相吗?说到真相,我们一下子想到物理学真理,世界只有一个真相,那就是物理学揭示出来的真相。海德格尔说到真,说到真相,指的当然不是这个,仿佛世界的纷繁现象都是假象,它们背后的物理实在才是真相。倒不如说,纷纷繁繁的世界现象之中,有假象,也有真相。何为真,何为假,也不是凝固的,真具有历史性,真不断演变,在它的演变中展现不同的面相。

海德格尔一般地反对在现成状态中理解事物,更不用说艺术作品了。他一般地把真理理解为发生和演历。

海德格尔一向反对把真理理解为认识与实在的符合。他说他是从希腊的真理观来理解真理的。我们说真理，希腊人用的词是aletheia，意思是去除掩蔽，还其本来面目。之所以需要去除掩蔽，是因为事物的本来面目，我们自己的本来面目，首先与通常对我们是掩蔽着的。我们并非一开始生活在真纯境界里，后来学会了掩饰伪装；事情也并非一开始明明白白，都是后来被理论弄糊涂了。真纯的人格从来是从芜杂的环境中锻炼出来的，事物的真相从来是从纷纷纭纭的假象里识别出来的。而且，真纯的人格复会堕落；真相大白，日久复又暧昧。真，不像一个定理，一旦获得就不会再失去，而是需要"时时勤拂拭"的。

我们不可以把去蔽理解成某个单独的事物露出了真相。每一个存在者，它愈是从自己的真本性得以展现，其他事物也愈加随之得到展现。艺术作品之真，不在于它符合了现实，而在于它揭去了蒙在现实之上的日常掩蔽，透露出事物的真际。随着艺术作品展现的，不是所有事物的相似性，而是每一事物自己各个不同的本来面目。正是在这样的意义上，艺术和真紧密相关。

我们若依此来想作品的创新，或能别有心得。一部小说，其中的故事怎么算新或不新？形式新也不是重点。重点在于能不能给予世界一种新的光照，让世界崭新显现，所谓"重启一个世界"。从这个角度，多多少少能分辨什么是通俗小说，什么小说是"艺术作品"。

作品开启了世界，但这并不是说，世上万物都向我们敞开来了，可以让我们里里外外来透视、浏览。真实的存在者自有它固守自身、深藏不露的一面，而正由于世界现在开敞了，我们才明白它们是深藏不露的。我们休想通过分解或分析看到那一面。我们把大块岩石切成小块岩石，看到的还是岩石；我们把色彩分析成光的波长，它们就不再是五彩斑斓的色彩。科学把一切都拿来分析，以为借此就可以钻透宇宙的核心。聪明人以为把世情人心看得透了，人世间的真相就摆在眼前了。艺术却把奥秘作为奥秘呈现给我们，教会我们用不同于科学的方式也是深于科学的方式来认识真相。

艺术作品开启世界，是为了让我们看到世界里固守着自身的种种物事。恰恰因为岩石承载着神殿，岩石才作为厚实凝重的岩石呈现出来。作品所使用的材料并不消融在作品整体之中，正相反，在出色的作品里，作品本身并不张扬，倒是让它所使用材料得以彰显。我们都强调一件作品是一个统一体，好像作品整体才是要紧的，材料服务于这个统一体。在作品里，退隐的是材料，张扬的是整体。海德格尔的看法正好相反：固然，作品是统一体，但这个统一体是为它的部分服务的。或者，倒过来说，每一个部分之所以需要统一体，因为它只有在统一体中才能彰显其自身。只有在梵高的画里，颜料才得以斑斓，只有在肖邦的钢琴曲里，音响才得以歌鸣，只有在荷尔德林的诗里，每一个音节才得以铿锵作响，每一个语词才得以诉说。

在统一体里，个体的优异之处才得以张扬，反过来，统一体是为个体张扬其优异之处服务的。海德格尔的这一基本思想，不限于艺术作品的讨论。我们不妨从这个角度来出发做更广泛的思考，思考社会与个人，思考什么是一个真正的统一体，什么只不过是很多东西的堆积。

我们已经看到，在《艺术作品的本源》里，真是核心概念。艺术的美也来自真。这说的当然不是摹仿来得逼真，它说的是存在者如其所是的显现。这是一种纯净的显现。在我们的日常世界里，到处都是磨疲了的物体，灰头土脸，不再显耀，也不再照耀他者的个性。而当存在者是其本身，依其本真显现之际，存在便得以显耀。因此也是一种显耀。这一显耀就是美。

在这个上下文，我愿引用一位希腊学专家伊迪丝·汉密尔顿的一段文字："希腊人想象不出有什么东西比真实的东西更美，更富有意义……希腊艺术家呈现神明之际，绝不会借用一些稀奇古怪的特征，把他们远远地举到我们的世界之上。他们拥有的，是人的形象，在希腊人眼里，这是最美丽的形象。"

海德格尔不愿放弃美这个观念，但没说两句。希腊人也谈论kalon，但更多的是谈论aesthetic，感性、感知。我认为从感性来思考艺术胜于从美感入手。不过，就像反对快乐主义的思想家说到最后，说的还是至乐而不是至苦，说到头来，丰满深刻的感性也必是大美。

在同期的另一部主要著作《形而上学导论》里，海德格尔对流俗的美学观念不屑一顾。在流行美学那里，"艺术是对美的东西的表现，而美指的则是令人愉快讨人喜欢的"。要找这种让人享受的美，我们最好是到糕点师傅那里去找。艺术享受、艺术鉴赏，这些都是海德格尔不能接受的俗套。这些话题就把我们引向他关于作品创造和作品葆真的讨论了。

四、作品的创造与葆真

艺术作品是创作出来的。讨论艺术，就不能不谈到创作、创作者等等。然而，谁要是期待海德格尔会从我们所熟悉的创作过程着手分析，他就对海德格尔还缺乏基本了解。首先，海德格尔认为，在伟大的艺术那里，艺术家和艺术品相比无足轻重。艺术家只不过像一条通道，作品通过艺术家进入其独立存在，而通道却自行消亡了。我们可以想想荷马、莎士比亚、曹雪芹，他们的作品无与伦比，但他们是谁，有什么事迹，我们几乎一无所知。就说歌德吧，他曾经说：我的作品是署名歌德的集体创作。

于是，海德格尔绕开了我们平常所说的创作者、创作过程等等，他谈论的是真和真相落实在一件作品中的过程。上一节说到，艺术作品一方面开启一个世界，另一方面让隐匿者固守自身。作品的创作过程就是这两个方面的斗争。用海德格尔的语词来说，在创作过程中，世界和土地互相撕扯。撕扯造成裂隙。裂隙不是一条鸿沟，把世界和土地远远隔开，相反，正是沿着裂隙，世界和土地互相吻接，显示出二者是不能互相分离的。艺术创作的难处在于，一方面要让世界开放以容纳土地，另一方面又要允许土地保持其自依自存。最后的结果是，世界和土地的冲突被保存在作品的统一体之中。作为统一体的作品是安宁的，但这种安宁包含着张力和冲突，所以，整部作品是"运动的内在聚集和最高的动势"。

我们一直在说，海德格尔对"存在"或"是"的理解是动态的。某物存在，说的不是一个对象摆在那里，说的是某物从被遮蔽的状态显现出来。每一个存在者都是在一个意义整体里显现出来的，同时，一个存在者显现出来都照明了其他存在者。这一点，在艺术作品那里最为明显。德文里面表示作品的词是 Werk，它既是作品，也是工作、作用。作品不是摆在眼前的某种对象、某种物品、某种玩艺儿，而是某种正在起作用的东西。

艺术作品怎么起作用？简单说，作品的出现使得我们司空见惯的事物进入了一种全新的光照。

每一件好作品都是独一无二的。科学试验关心能够不断重复的现象，工业生产成批生产出一模一样的产品；创作活动则是一次性的，不可重复。艺术作品的独特性并不要求艺术家刻意去标新立异，这种独特性的根据在于：作品越是独一无二，它提供的光照越是新鲜。关键之点不在于作品的不同寻常，而在于作品的作用不寻常——作品使得寻常事物变得不寻常了，使得世界变得不寻常了。

作品的不寻常使我们这些寻常人转变了对世界和土地的习惯方式，收束起流行的行为方式、评价、识知和眼界，以便延留于在作品中演历的真相。我们超出寻常之境，进入艺术作品初辟的新境界，这是一个新境界，因为真理现在展现出它的新面貌。一件作品照亮了一个或大或小的世界，为一个或大或小的世界提供了意义。

作品的另一个特点是独立性。这一点，拿艺术作品跟器具比较一下就十分清楚。器具不具有独立自依的存在——器具不是为它自身造出来的，而是为它的用途造出来的。用什么材料来制做它，这些材料怎么配置，都要看它服务于什么用途。实际上，器具用得越凑手，我们就越不注意器具本身是什么样子。一把锤子正被用得顺手，谁会在乎这把锤子是什么样子呢？与此对照，作品是为它自身创造出来的，它采用如此这般的材料，这些材料以如此这般的方式配置在一起，这些都不是为了服务于作品之外的某种目的，而是为了它自身的完美。艺术作品虽然是艺术家创造出来，但若那是一次成功的创造，这件作品就非得是它所是的那个样子不可。"东风不与周郎便，铜雀春深锁二乔"——一首诗是不可能换个说法说出来的。前面说到，作品通过艺术家进入其独立存在，作品一旦创造出来，艺术家倒消隐了。这也就是人们所说的，作品有它自己的命运。

我们由此也看到，作品的独立性跟作品的独一无二是一回事的两个方面。一样东西是独立的，就是说，它自在自为，没有别的东西可以取代它。旅馆老板雇一个保洁员，只要他能好好打扫卫生就好了，他并不关心这位保洁员有一个什么样的自我。你交朋友就不是这样，没有哪个朋友能够取代另一个朋友，他们每一个都有他独一无二的性情，有他独立的自我、独立的生活。一样东西，一个人，独一无二、无可替代，你非得把他如其所是的那样接受下来，这就是它的独立性，是它的独立存在。

说过作品的创造，最后再说几句作品跟受众的关系。

当代人，尤其是城里人，有很多"爱艺术"的，他们热衷于收集关于艺术品的种种情报，凡有展览，必定到场，这样，别人谈论艺术的时候，自己也能说上几句；即使独处的时候，他们仍然爱艺术，仔细欣赏一幅画作的奇巧神妙，或者聆听一曲音乐，带动起心灵深处的体验，默默流泪。我们说，艺术给人以美的享受。我们说，艺术带来心灵的体验，然而，所有这些说法，在海德格尔看来，不仅流俗，而且对理解作品的本性是有害的。

海德格尔不说欣赏、鉴赏、体验，他在这里使用的关键词是 bewahren，这个词平常是说收存、保存的意思，不过，海德格尔希望我们注意到这个词字面上说的是：使某物成其真，保持其真，葆真。前面说到，作品的作用在于它使得寻常事物变得不寻常了；所谓葆真，要从这里着眼，要从作品起作用的方式着眼。葆真是保护作品中呈现出来的真理，从而让作品作为作品起作用。葆真者不是鉴赏家，把作品放到自己的对面去欣赏、鉴赏。鉴赏家鉴赏一幅作品，靠的是对作品的熟悉，靠的是他积累了好多关于艺术的知识，而葆真者恰恰要把这些旧有的东西尽行搁置，以便进入作品开启的新境界。这时候，作品不是摆在我们对面的客体，我们被作品吸引，进入作品，去经验作品所开启的真理。

海德格尔说艺术创作把真固着在作品之中，我个人愿意把这理解为：作品给出了一个共同的原点，由此，不同的理解诠释形成合作。诗无达诂，但形形色色的真诚诠释依乎作品形成对话。

这里须注意，去经验作品开启的真理并不是要获得某种内心体验——那就把作品当成了用具，作品就沦为我们的体验的激发器了。作品始终保持自己的独立自在，不是为这个主体那个主体服务的工具。作品的作用不是让我们各自沉陷到自己的体验之中，而是把我们一道引到作品之中，共同归属于在作品中敞开的真理。

人们常问：艺术有什么用？艺术作品不是用具，它不像用具那么有用。但若艺术作品当真转换了我们看待世界的眼光，使得世界具有更高或更深的意义，那么，不妨说，这是无用之大用。

海德格尔的艺术论对很多当代艺术家产生了巨大影响。但也有人认为，哲学家讨论艺术，我们不能当真。一个理由是，哲学家不一定有多深的艺术修养。在《艺术作品的本源》这篇文章里，海德格尔讨论梵高的一幅画，梵高画的是农妇的一双鞋。海德格尔从这双鞋说起，说到晨露，说到土地与世界。他真能从一双鞋看出那么多内容吗？还有艺术史专家考证，海德格尔看到的那幅画，画面上的根本不是农妇的鞋而是梵高自己的鞋。

这段公案至今没有结论。但我们的问题是，我们要有多少艺术方面的知识才能讨论艺术？莱辛的《拉奥孔》是美学史上的名篇，但他并没有亲眼见过拉奥孔这件作品。温克尔曼被广泛认为是艺术史的奠基人，他的主导的艺术观念是从希腊艺术来的，但他没去过希腊，看过的希腊艺术品不多，跟现在的随便哪个艺术史家相比也少得可怜。

这里无法展开来讨论这个问题，我只说一句：艺术家、艺术评论家、艺术史家、美学家、哲学家，他们是从多多少少不同的角度来讨论艺术的。这些讨论往往是互补的，而不是互相排斥的。而且，艺术说到底是我们的生活的一部分，所以，别说这个家那个家的，就是我们普通人，不是也经常为一部小说、一首歌、一部电影争得面红耳赤吗？

五、诗人何为？

在《艺术作品的本源》接近尾声处，海德格尔断称"一切艺术本质上都是诗"。这是一句惊人的断语。对这个惊人的论断，海德格尔做了不少讲解，但我们这里不去深究。实际上，海德格尔并不经常讨论绘画、雕塑、建筑，讨论诗的文著则很多。在《艺术作品的本源》之后，他就开始以荷尔德林诗为题授课，他后期的很多思想，都是借着对诗歌的诠释发挥出来的。荷尔德林是海德格尔最钟爱的诗人。荷尔德林是贫瘠时代的诗人——这个时代，众神遁走，只留下踪迹，在荷尔德林的诗里可以看到，贫瘠时代的诗人的任务就是寻找这些踪迹。可以想见，作为哲学家，海德格尔会认为自己做的也是同样的事情，只不过是以另一种方式去做罢了。"诗人何为"这篇文章就是对荷尔德林诗的诠释。当然，听众诸君一定能猜到，海德格尔的诠释不会是我们通常读到的诗歌解析，在他的诠释和讨论中，他继续思考存在、真理、技术时代这些主题。这一节里，我也不准备复述"诗人何为"这篇文章，而是谈谈他对诗的一般看法，以及他借诗歌诠释展开的一些主题。

海德格尔关于诗歌所说的不少内容，他在讨论艺术作品的时候已经表达过了。当然,诗与其他艺术形式不同,诗是通过语言表达出来的。不过,这不是说,语言已经现成摆在那里,诗人使用这种语言工具来表达他的思想。倒不如说,诗造就了语言。"本真的诗绝不是日常语言的某种较高品类;毋宁说日常言谈是被遗忘了的诗,是精华尽损的诗。"

那么,精华未损的诗是什么样子的呢?让我们从诗歌与栖居的关系说起。海德格尔有一篇文章,题目是荷尔德林的一句诗,《人诗性地栖居……》。这句诗在中国很有名,我的朋友王炜在上世纪九十年代开了一间民营书店,风入松,一进门,就读到这句"人诗性地栖居"。

我们可以从德文词 bauen 说起。这个词不仅指盖房子居住,也指播种耕耘,制造器物。加在一起,就是让人乐业安居。但仅仅有吃有喝,人还不算安居,因为人还没有获得人的存在。人固然须汗流满面才得糊口,但人之为人,受到神明的特别的眷顾,能够在劳作之际仰望天界。仰望天穹并不是要立地飞升,脱离大地,恰恰相反,正因为人居住、劳作在大地上,他才能仰望,天穹才高高在上,可供人仰望。所谓栖居,说的就是凡人居住在土地之上,天空之下,居住在天地之间。

人为什么要仰望天穹呢?因为神明居住在那里。人区别于鸟兽鱼虫,因为人需要神明,人以神性衡量自己。用海德格尔的话说:"人之为人,总已经以某种天界之物度量自己了。神性是尺度,人依此尺度量出自己的栖居,量出他在大地上在天穹下的羁旅。"

诗人的任务就是承接神明的尺度。在海德格尔看来,诗不是生存的装饰品,诗人写诗,也不是在表达他个人内心的喜怒哀乐,这些激情一时慷慨激昂,转眼又消失得无影无踪。海德格尔对诗的理解跟我们平常所说的写诗、吟诗差得太远，我们实在不能把他所说的dichten译成"写诗"，勉为其难，我把它说成是"为诗"。

为诗是怎样一种活动？海德格尔断称，"为诗即是为度"。诗人为度，不是任性妄为，而是从神显现之处承接尺度。然而，我们凡人能知晓神意吗？不能，天意从来高难问。神不可知，诗人又怎么为度？海德格尔回答说："神明恰恰作为不可知者而成为诗人的尺度。"那么，这尺度是不是太异陌玄秘了？是的，天上并没有画好现成的尺度，好像诗人可以找到这样现成的尺度，复制下来，把它交付给人民大众。诗人为度，也绝不是用某种已知的量度去测量某种未知的长度。诗人始终面对陌生的东西，他的本事恰在于他能把无形之道化为有形之象。这形象里就隐藏着尺度。神明以不可知者公开的东西竟能成为人度量自身的尺度，"全靠诗人把陌生之物纳入熟悉的景观"。

这里我引用一段海德格尔的文字，听众可以听听他行文的调子。

> 诗人把天空诸景观之光华、天之运行与和风之声息唤入歌鸣之言，以使之昭明振响。不过诗人之为诗人并不仅仅描述天地的外貌。景观使不可见者得以自现，作为陌生者自现并始终保持其为陌生者，保持其为不可知者。透过这些景观，神明令人惊异。在这种惊异之中，神明昭示其不间断的临近。

荷尔德林问："大地之上可有尺度？"他自答曰"没有"。所以我们需要诗人。一方面，诗人截取诸神的无声之音，把它们变为有声之言传给他自己的人民。另一方面，诗人从民族的古老传说中听取对存在者整体的源始领会。这种领会多半在流传过程中磨得愚钝了，必须由诗人重新予以解释，使之重新振响。诗把这相向又相离的两方面结合在一起。"诗人立在诸神和人民之间。"

人们有时轻忽诗歌，说"那不过是诗人的想象而已"，好像现实是硬邦邦的，诗歌则是轻飘飘的。在海德格尔那里，事情却恰恰相反，"诗人所言说的，诗人所承担起来的东西，才是现实"。我们所谓的现实才是梦影呢。

是啊，如果我们终身匍匐在大地上，从不仰望天穹，那土地可能是硬邦邦的，太硬邦邦了，没有给人的自由留下任何空间。为诗松动了这个所谓"现实"。诗人从天穹承接尺度，用来度量大地，使得人能够建筑家园，安居乐业。人离不开大地，但他不是匍匐在大地上，人在大地上建造屋宇，以便他能够诗性地栖居在大地上。

海德格尔最喜爱的诗人是荷尔德林。他承认，荷马、索福克勒斯、维吉尔、但丁、莎士比亚、歌德像荷尔德林一样伟大甚至比他更伟大。但他自有偏爱荷尔德林的理由。首先，在他看来，荷尔德林明确地就诗的本质写作，所以他称他为"诗人的诗人"。其次，荷尔德林与海德格尔同属一个时代，同属一个"贫瘠的时代"。

这个时代之所以贫瘠，因为众神离开了这个世界。基督教徒仍然上教堂礼拜，但上帝却缺席。不仅诸神遁走，上帝缺席，而且，神性的光辉也从世界历史消失。时代已贫瘠到无力辨明上帝缺席的事实了。

诸神遁走，却并非丝毫不留踪迹。贫瘠时代的诗人，就有一种使命，引导我们寻求这些踪迹。

然而，在我们这个贫瘠的时代，众神隐遁了，生存的根据垮塌了，剩下的一片深渊，诗人还能到哪里去寻找神的踪迹？在这世界暗夜的时代里，诗人必须探入深渊，因为一切都藏匿在深渊里，神性的踪迹也必在那里。这是一场冒险。海德格尔断言：诗是一切事业中最危险的事业。海德格尔更以荷尔德林晚期陷入精神病状态这一实例佐证这一危险。关于这种精神病状态，海德格尔说，那是因为"诗人暴露在神明的闪电中。……过度的明亮把诗人驱入黑暗"。

正因为诗人冒着最大的危险，因此，诗是一切事业中最纯真无邪的。"纯真无邪"并不是说诗是单纯的兴味娱乐。为诗这件事之纯真无邪，是用以保护诗人的。为诗实在太危险，不能没有保护。海德格尔说道："假如诗人不被逐出日常生活之外，假如没有为诗无关利害这层表面来保护诗人不受日常生活之害，这种最危险的事业如何能生效如何能保存？"

神明偏爱洁净，这一点，人们自古就知道。古人迎神，必先沐浴焚香。迎来的不仅是神明，迎来的是天地人神四大的友爱团聚。最后再引一句荷尔德林的诗来结束这个讲座吧：

只要友爱，这纯真者仍与人心同在，
人便不会不愿
用神性度测自身。

说，所说，不可说
——读熊伟《说，可说；不可说，不说》

（原载于《外国哲学》，第 23 辑，2012 年）

熊伟先生的《说，可说；不可说，不说》是篇奇文。单说题目就奇，通常论及不可说，只与可说相涉，此文却拉进说与不说。不说，义近于不愿说，不可说，却是愿说也说不出。于是，不可说似乎比不说来得内在。然而，不说，怎么知道可说不可说？缘何不说？缘不当说，比如，说了只会造成误解。说了只会造成误解，那是可说还是不可说？所说未能说出要说的，也就不可说。

说好像在两类不可说中间，一类比语言琐碎，一类比语言高深。谁也说不清梨子的滋味、咖啡的香味、林妹妹的眉眼，好在，尝一口梨子，闻一闻咖啡，看一眼林妹妹，就无须多说。熊伟此文所涉，则是另一类不可说。天命不可说，神意不可说，对生活的至深体会不可说。这类不可说，伴着苦恼，苦恼缘于说的欲望，欲说而说不出，于是苦恼。此文似无这种苦恼——不可说吗？那好，不说。

熊伟是海德格尔亲炙弟子，深受海德格尔影响。他论及可说不可说，一上来就跟我、跟在、跟无连在一起。

说，是说者说，凡有所说，必连着一个说者之我。"我就是亲在的本身……只消我在，我就可以说。"〔凡未特别注明的引文皆出自熊伟的《说，可说；不可说，不说》一文〕但这个我，并不一昧在此。惟其有尽，才有此，惟其有死，才有我，惟其自知从无来向无去，才知天知地，才有知，才有的可说。"可说，要有可说的有；要有可说的有又要有不可说的无乃成其可说的有。"

亲在在，才有说者。而亲在在一世界中，说，总说出这一世界。"宇宙永远是在说着。无非它说必须用我的身份始说得出，若由它自己的身份则说不出。"

熊伟此文，始于与冯友兰"倾向实在论之眼光"相争。"此客观实在中有我的成分乎？……所谓'实'亦即有我去实，所谓'在'亦即有我去在矣。苟无我的成分，则不管客观实在尚有与否，不管其是什么样子，至少它已是不可说者。因说必须我说。若可说便有我的成分矣。"

所说总跟说者相连，却并非所说都是在说说者。说冰冷说的是冰，不是说说者如何如何。然而，说冰冷，已经连同说者一起说出。若无知冷知热的说者，冰无所谓冷热。

但我们也有办法，把所说与说者切断，不说冰冷，说这块冰零下五度。近代科学的一项主要努力，在于找到系统的方法不连着说者来说，做纯客观的陈述。

今人或以为唯这种纯客观的陈述才说出事物之真实所是，说出真正的存在。然而在熊伟看来，那已经远离了说的本源。哲学并非说我，亦非"说宇宙则已"。哲学说事穷理，说事理，事中之理。这些理，连着说者的理解，不是切断了说者的客观规律。哲学之说中，我与宇宙从不是"截成两半"的。

中国人读佛，尤其刚上手时，难免用老庄来格义。这篇文章，更把海德格尔拉进来。贬之，则谓混搅佛学、庄子、海德格尔，尊之，则谓贯通三学。

理解者，把不理解的连到已理解的，把理解不清楚的连到已经理解清楚的。依此，理解一个新的道理系统，必由格义。用佛学和庄子来讲海德格尔，亦理解海德格尔之一途。"无本身就不"陌生，不妨连到大家比较熟悉的"无其所以无"来理解。但不是要把海德格尔讲得跟庄子相同，只是讲到两者多有相通。如何能不同而相通，相通而不同，端赖讲者深入于各不同者。

为学日益为道日损。学，是学我们从前不知道的新东西，当然越学越多。道，却非远在天外，而在我们已知的种种之内。为道者稀，"天下皆知求其所不知而莫知求其所已知者"〔庄子语〕。

若道在我们已知的种种之内，何需"为道"？我们并不总知道我们知道什么。浮面看去，道东露一个端倪，西露一个端倪，所谓求道，是把在浮面上断断续续的道连通起来。越通，道越少，达乎至道，道通为一矣。

然而，这个为一之道岂可道哉？熊伟喜引庄子言，"既已为一矣，且得有言乎？既已谓之一矣，且得无言乎？"说，原是分疏，原出于分别心，"'有'若成了这样一个混成的物，则又不可说，不可说……我若不分别变异，施设种种名言，则我所思之有便尚若有若无……必欲说之，则便有'有'，且亦有名"。我们是说话的生物，即使一言不发，我们也是说话的生物，因而是有分别心的有限亲在。天下本无至道，此一分别心，彼一分别心，相通可矣，无缘尽归大同。天道无别，天何言哉？

维特根斯坦和海德格尔同为二十世纪大哲，两人都对不可说这个题目深感兴趣。不过，维特根斯坦只承认事实可说，其余皆不可说。而可说的都能说清楚。

我们有多种方式来言说，诗歌的言说，哲学的言说，宗教启示的言说。也许，这些言说，不在说出什么，而在显示什么？但若意在显示，何必说，拈花一笑也能显示。拈花一笑能显示的，不必说。但也不必不说，只要说也有所显示。只要我们心知并不是非如此这般说不可。即使最精妙的说，也只是精妙之一道，总归要随说随扫，总归要得意忘言。

可说者不是某种现成固着的东西，仿佛有待说出而已。说，原是可说者的初次成形。不可说者，更不是某种固着的东西，仿佛我们一层层逼近它却永远达不到它。不可说者随着言说起舞，唯其舞姿惚兮恍兮。言说可言说者，不可说也随之显示。"可说固须有说而始可，不可说亦须有说而始不可。"这就像说，无并不是笼统无别的，无与不同的有相映而无。"不可说者在今宇宙内，是达得到者，无非我们不以可说来达到，须以不可说来达到而已。"老子的无形，其中有象，无形也是气象万千的无形；庄子的无所谓，是有品有格的无所谓，惟其如此，我们在庄子里读到大悲大乐，读到大智大慧，无品无格的无所谓，不过滑头而已。

熊伟谈海德格尔，谈庄谈佛，终久却说："我们最正当的态度是应当恬然澄明，同时毫无怨尤地向尘世中滚将入去，自强不息。"这自强不息，明明是儒家语。中国之学，何曾是一家一派？我们原无须画地为牢党同伐异，却也无须立志挟泰山以超北海，统一儒释道。无非各依本性，择善而从。弟子云集熊门时，先生已七十有奇，率真如孺子，诲人不倦更甚于壮岁，以老教授之尊，一堂课一堂课讲授初级德文。说不说可说不可说，看来终是第二层的，第一层的，是做。立功、立言，终是第二层的，第一层是立德。这"恬然澄明"四个字，非先生之谓欤？

图书在版编目（CIP）数据

走出唯一真理观/陈嘉映著. -- 上海：上海文艺出版社,2020(2025.3重印)
(陈嘉映著作集)
ISBN 978-7-5321-7546-8
Ⅰ.①走… Ⅱ.①陈… Ⅲ.①随笔－作品集－中国－当代 Ⅳ.①I267.1
中国版本图书馆CIP数据核字(2020)第034193号

发 行 人：毕　胜
责任编辑：肖海鸥
封面设计：周安迪
内文制作：常　亭

书　　名：走出唯一真理观
作　　者：陈嘉映
出　　版：上海世纪出版集团　上海文艺出版社
地　　址：上海市闵行区号景路159弄A座2楼 201101
发　　行：上海文艺出版社发行中心
　　　　　上海市闵行区号景路159弄A座2楼206室 201101 www.ewen.co
印　　刷：苏州市越洋印刷有限公司
开　　本：889×1194　1/32
印　　张：13.375
插　　页：2
字　　数：307,000
印　　次：2020年5月第1版 2025年3月第16次印刷
Ｉ Ｓ Ｂ Ｎ：978-7-5321-7546-8/B.0065
定　　价：58.00元
告 读 者：如发现本书有质量问题请与印刷厂质量科联系　T:0512-68180628